Réussite brevet 2023

MATHÉMATIQUES – SCIENCES

PHYSIQUE-CHIMIE, SCIENCES DE LA VIE ET DE LA TERRE ET TECHNOLOGIE

Collège – 3e
Série générale

avec la collaboration de

Aurélie Cronier
Sylvie Grécourt
Pierre Larivière
Cyril Richard
Laurie Tassy
Pauline Thomas
Bernadette Peillot

rue des écoles

Éditions rue des écoles – 15, Boulevard Bourdon – 75004 Paris
EAN : 9782820813725
Achevé d'imprimer en France par Dupliprint à Domont (95) en août 2022.
Dépôt légal : septembre 2022 - N° d'impression : 2022060501

Éditorial de La Mutuelle Des Étudiants – LMDE

Pour que chacun puisse réussir, la LMDE a créé Réussite bac

En mars 2006, La Mutuelle Des Étudiants – LMDE a créé une solution inédite d'accompagnement des lycéens dans la préparation du baccalauréat, matérialisée par **un site Internet entièrement gratuit,** www.reussite-bac.com. **La gratuité est un principe auquel la LMDE est particulièrement attachée** afin de permettre à tous les lycéens d'accéder au site quelles que soient leurs origines sociales. L'égal accès de tous ne doit pas diminuer la qualité du contenu et des informations présentes sur le site.

Pour mener à bien ce projet, la LMDE a fédéré des partenaires éthiques et compétents dans leurs domaines respectifs : rue des écoles pour le contenu pédagogique et l'ONISEP pour l'orientation, la LMDE se chargeant des pages prévention santé. Chacune de ces rubriques participe d'une approche globale de santé permettant d'accompagner les lycéens dans leur préparation du baccalauréat.

Dès l'année prochaine, Réussite bac vous accompagnera pour vos années lycée.

Les périodes de révisions peuvent également être l'occasion d'excès : sauter des repas ou les rattraper, essayer des remèdes « miracle » contre le stress ou les insomnies, « booster » sa mémoire… C'est à l'inverse une bonne hygiène vie, un équilibre alimentaire, des temps de repos suffisants, de loisirs pour se détendre etc. qui sont nécessaires.

Vous retrouverez sur www.reussite-bac.com des fiches de révisions et des exercices, des conseils sur l'orientation, un coaching santé et des informations pratiques ainsi qu'un module spécifique destiné aux parents pour vos années de lycée.

Dès la seconde, La Mutuelle Des Étudiants – LMDE vous accompagnera avec
www.reussite-bac.com !

Mathématiques

Méthodologie pour l'épreuve de mathématiques

Descriptif de l'épreuve

I. Les thèmes d'étude définis par l'Éducation nationale : le programme

1. Nombres et calculs

Nombres entiers et rationnels ; écritures fractionnaires ; fractions irréductibles ; racine carrée ; écritures littérales : développement et factorisation ; identités remarquables ; puissances ; équations et inéquations du premier degré ; équations produits.

2. Organisation et gestion de données, fonctions

Notion de fonction, d'antécédent et d'image ; fonction linéaire ; lien entre fonction linéaire et proportionnalité ; fonction affine ; représentation graphique ; statistiques : moyenne, médiane, étendue ; notion de probabilité et calculs dans des cas simples.

3. Grandeurs et mesures

Aires et volumes (parallélépipède rectangle, pyramide, cylindre, cône et boule) ; agrandissement-réduction et effet sur les angles, les longueurs, les aires et les volumes ; grandeurs composées ; changement d'unités ; vitesse moyenne.

4. Géométrie

Figures planes : théorème de Pythagore et réciproque, trigonométrie, théorème de Thalès et réciproque ; transformations du plan (symétries axiale et centrale, translation, rotation et homothétie).

5. Algorithmique et programmation

Boucles et instructions conditionnelles, programmes simples.

II. L'organisation de l'épreuve

- Le sujet est constitué de six à dix exercices **indépendants** ; vous pouvez donc passer à l'exercice suivant si vous bloquez sur l'un d'eux. Pour chaque exercice, si le travail n'est pas terminé, **laissez une trace de votre recherche**, elle sera prise en compte dans la note.
- Un des exercices au moins a pour objet une tâche non guidée, exigeant une prise d'initiative de la part du candidat. Modélisez le problème par un schéma, puis recherchez dans vos connaissances mathématiques une situation familière correspondante.
- Soignez la **rédaction** et la **présentation** de votre copie. Elles comptent pour quatre points sur quarante dans la note. Introduisez chaque question par son numéro de référence. Présentez les résultats par une phrase, encadrez-les éventuellement.
- Gardez environ un quart d'heure pour relire l'ensemble de votre copie et corriger les éventuelles fautes.

Conseils pour bien se préparer

La veille de l'épreuve

- Vérifiez votre **matériel.** Pour faire les figures de géométrie, il vous faut : au moins deux crayons bien taillés, une gomme, un double-décimètre, une équerre et un compas.

• L'emploi des **calculatrices** est autorisé le jour de l'épreuve. Emportez de préférence une calculatrice scientifique simple. N'oubliez pas cependant qu'avant de faire un calcul sur une calculatrice, il vaut mieux chercher de tête un ordre de grandeur du résultat.
• Pensez aussi à emporter une montre que vous poserez sur la table devant vous en début d'épreuve, afin de surveiller le temps que vous consacrez à chaque partie.

Le jour de l'épreuve

I. Les travaux numériques

• Chaque fois que vous devez donner le résultat d'un calcul, vérifiez que l'on ne vous le demande pas sous une forme précise. Regardez en particulier si l'énoncé exige **une valeur exacte ou une valeur approchée**. Si rien n'est indiqué, vous devez donner une valeur exacte.
• Si, dans une question, on vous demande d'exprimer une **grandeur en fonction de** x, vous devez écrire une expression littérale contenant la lettre x. Pour déterminer cette expression, pensez au calcul que vous feriez si x était un nombre, et écrivez ce calcul en mettant x au lieu de ce nombre. Pensez à simplifier au maximum l'expression littérale obtenue.
• Quand vous devez réaliser un **graphique**, choisissez les unités de graduation des axes de façon à obtenir une figure de taille convenable (ni trop petite, ni trop grande). Pour placer un point ou pour lire ses coordonnées sur le graphique, n'hésitez pas à tracer des parallèles aux axes passant par ce point.

II. Les travaux géométriques

• Quand vous traitez une question de géométrie, vous avez souvent intérêt à faire au brouillon une **figure à main levée**, cela vous aide à construire la figure en vraie grandeur. N'oubliez pas de porter sur votre dessin les hypothèses de l'énoncé ainsi que les conséquences que vous pouvez en tirer.
• N'oubliez pas que, sur une **représentation en perspective**, les angles et les longueurs peuvent être déformés par rapport à la réalité. Ainsi, une face latérale d'un cube peut être représentée sur la figure en perspective par un parallélogramme, alors qu'il s'agit en réalité d'un carré. En revanche, deux droites parallèles en réalité sont toujours représentées par deux droites parallèles.
• Dans un problème de géométrie, si l'on vous demande de démontrer quelque chose, vous ne devez pas vous contenter d'écrire ce que vous constatez sur la figure : vous devez le justifier **en appliquant une propriété ou un théorème**. Assurez-vous alors que les hypothèses nécessaires à l'application de la propriété sont vérifiées.

III. Algorithmique et programmation

• Quand on vous demande de trouver ou de compléter un programme, testez-le vous-même ensuite pour vérifier si ce que vous proposez convient ou non.

Sujet national, juin 2022, exercice 2

20 points
Cet exercice est un questionnaire à choix multiples (QCM). Aucune justification n'est demandée.
Pour chaque question, trois réponses (A, B et C) sont proposées. **Une seule réponse est exacte.**
Recopier sur la copie le numéro de la question et la réponse.

Questions	Réponse A	Réponse B	Réponse C
1. On considère les deux figures suivantes. Par quelle transformation la figure 2 est-elle l'image de la figure 1 ? 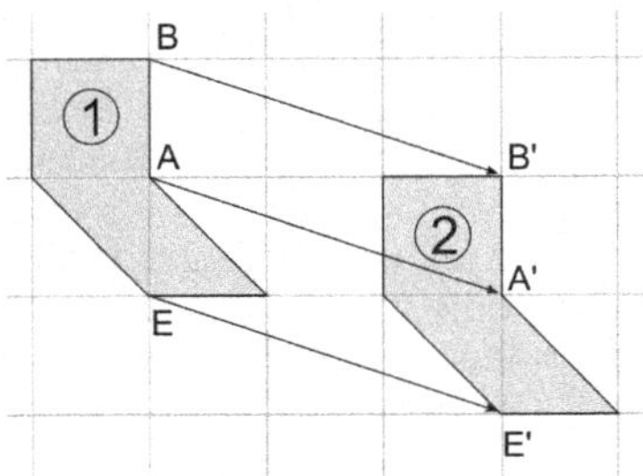	Une translation	Une homothétie	Une symétrie axiale

Observez bien les deux figures proposées et réfléchissez aux propriétés caractéristiques de chacune des transformations proposées pour choisir celle qui est utilisée ici.

Questions	Réponse A	Réponse B	Réponse C
2. On considère la représentation graphique de la fonction g suivante : 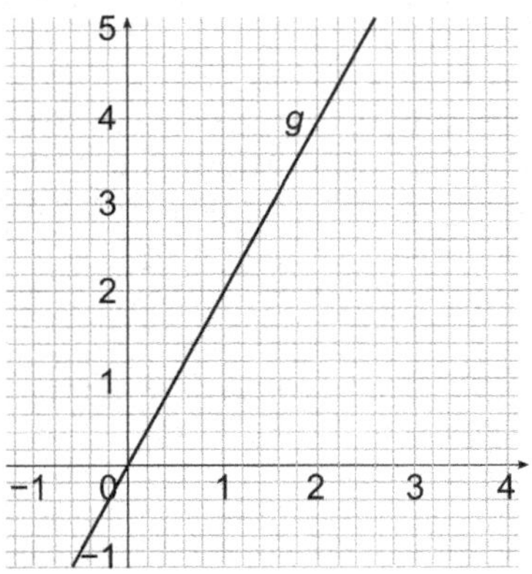	2	1	4

?

Questions	Réponse A	Réponse B	Réponse C
Quel est l'antécédent de 2 par la fonction g ? 3. Soit f la fonction définie par : $f: x \rightarrow 3x^2 - 7$ Quelle affirmation est correcte ?	29 est l'image de 2 par la fonction f.	$f(3) = 20$	F est une fonction affine.

Dans ces questions 2 et 3, on étudie deux fonctions, l'une représentée graphiquement et l'autre dont on connaît la formule. Il faut donc maîtriser le vocabulaire de base des fonctions (image, antécédent, fonction affine…) afin de comprendre la question pour ne pas tomber dans les pièges des différentes réponses proposées.

Questions	Réponse A	Réponse B	Réponse C
4. On a relevé les performances, en mètres, obtenues au lancer du poids par un groupe de 13 élèves d'une classe. ~~3,41 m~~ ; ~~5,25 m~~ ; ~~5,42 m~~ ; ~~4,3 m~~ ; ~~6,11 m~~ ; ~~4,28 m~~ ; ~~5,15 m~~ ; ~~3,7 m~~ ; ~~6,07 m~~ ; ~~5,82 m~~ ; ~~4,62 m~~ ; ~~4,91 m~~ ; ~~4,01 m~~. Quelle est la médiane de cette série de valeurs ?	7	4,91	5,15

Il faut que vous pensiez à réaliser les étapes de calculs d'une médiane dans l'ordre vu en classe afin d'éviter les erreurs de précipitation. N'hésitez pas à faire la rédaction au brouillon même si elle ne vous est pas demandée dans cet exercice, afin de ne rien oublier.

3,41 < 3,7 < 4,01 < 4,28 < 4,3 < 4,62 < 4,91
< 5,15 < 5,25 < 5,42 < 5,82 < 6,07 < 6,11

Questions	Réponse A	Réponse B	Réponse C
5. On considère la configuration suivante, dans laquelle les triangles LAC et BUT sont semblables. 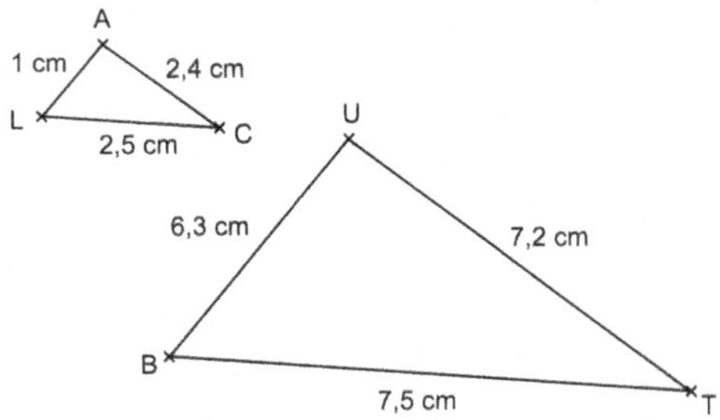 Par quel nombre doit-on multiplier l'aire du triangle LAC pour obtenir l'aire du triangle BUT ?	3	6	9

Souvenez-vous que les triangles semblables sont également des situations de proportionnalité et d'agrandissement. Utilisez donc toutes vos connaissances sur ces thèmes pour résoudre cette question.
N'hésitez pas à calculer approximativement l'aire de ces triangles pour vérifier grossièrement le coefficient qui les relie.

1. La figure 2 est l'image de la figure 1 par la translation qui transforme le point A en A'. **Réponse A.**

2. Graphiquement, on observe que la droite passe par le point vérifiant g(1) = 2. Ainsi, 1 est l'antécédent de 2 par la fonction g. **Réponse B.**

3. On calcule : $f(3) = 3 \times 3^2 - 7 = 3 \times 9 - 7 = 27 - 7 = 20$. **Réponse B.**

4. On commence par classer les valeurs de la série dans l'ordre croissant :
3,41 ; 3,7 ; 4,01 ; 4,28 ; 4,3 ; 4,62 ; 4,91 ; 5,15 ; 5,25 ; 5,42 ; 5,82 ; 6,07 ; 6,11.
Comme la série est composée de 13 valeurs, la valeur médiane est la 7e valeur de la série, soit 4,91 m. **Réponse B.**

5. En calculant le coefficient d'agrandissement entre les deux triangles, on observe que les longueurs du triangle LAC sont toutes multipliées par 3 pour obtenir celles du triangle BUT.
L'aire du triangle LAC est donc multipliée par 3^2 soit 9. **Réponse C.**

Sujet national, juin 2021, exercice 3

20 points
Cet exercice est un questionnaire à choix multiples (QCM). Aucune justification n'est demandée. Pour chaque question, trois réponses (A, B et C) sont proposées. **Une seule réponse est exacte.** Recopier sur la copie le numéro de la question et la réponse.

Partie A

Une urne contient 7 jetons verts, 4 jetons rouges, 3 jetons bleus et 2 jetons jaunes. Les jetons sont indiscernables au toucher. On pioche un jeton au hasard dans cette urne.

Questions	Réponse A	Réponse B	Réponse C
1. À quel événement correspond une probabilité de $\frac{7}{16}$?	Obtenir un jeton de couleur rouge ou jaune.	Obtenir un jeton qui n'est pas vert.	Obtenir un jeton vert.
2. Quelle est la probabilité de ne pas tirer un jeton bleu ?	$\frac{13}{16}$	$\frac{3}{16}$	$\frac{3}{4}$

> Il faut que vous pensiez à calculer le nombre total d'issues de cette expérience pour bien analyser la situation et ne pas choisir la réponse trop précipitamment.
> Les questions de ce QCM sont ici assez simples, et rapportent chacune 4 points, il faut donc bien prendre son temps pour y répondre correctement.

Partie B

On considère la figure suivante, composée de vingt motifs numérotés de 1 à 20, dans laquelle :

- $\widehat{AOB} = 36^\circ$.
- Le motif 11 est l'image du motif 1 par l'homothétie de centre O et de rapport 2.

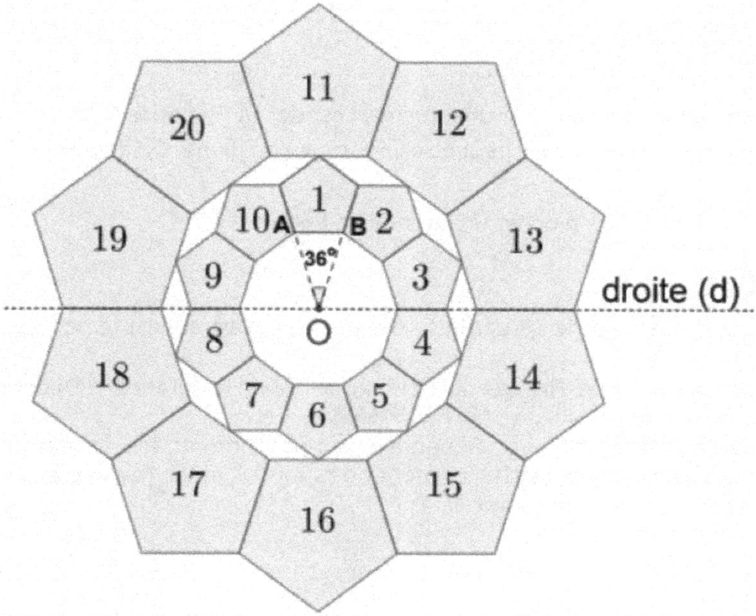

Questions	Réponse A	Réponse B	Réponse C
3. Quelle est l'image du motif 20 par la symétrie d'axe de la droite (d) ?	Le motif 17	Le motif 15	Le motif 12
4. Par quelle rotation le motif 3 est-il l'image du motif 1 ?	Une rotation de centre O, et d'angle 36°.	Une rotation de centre O, et d'angle 72°	Une rotation de centre O, et d'angle 90°.
5. L'aire du motif 11 est égale :	au double de l'aire du motif 1.	à 4 fois l'aire du motif 1.	À la moitié de l'aire du motif 1.

Mettez les éléments significatifs de chaque transformation en couleur pour mieux visualiser les figures initiales et les figures obtenues et ainsi mieux répondre.
Pour la rotation, vous devez compter le nombre de « cran » de décalage de la figure initiale lors de la rotation pour obtenir l'angle par un calcul en fonction de ces crans.
Pour l'homothétie, vous devez vous souvenir que le rapport d'agrandissement s'applique aux longueurs. Les aires sont alors multipliées par le même coefficient, mais au carré.

Partie A

1. Au total, il y a 16 jetons car : 7 + 4 + 3 + 2 = 16.

Donc la probabilité de piocher un jeton vert est de $\frac{7}{16}$ Réponse C.

2. Si le jeton n'est pas bleu, il peut être vert, rouge ou jaune. On a donc une probabilité de $\frac{13}{16}$ de ne pas piocher un jeton bleu. Réponse A.

Partie B

1. L'image du pentagone 20 par la symétrie axiale d'axe (d) est le pentagone 17. Réponse A.

2. Le pentagone 3 est l'image du pentagone 1 par la rotation de centre O et d'angle 72°, car on calcule 36° × 2. Réponse B.

3. Le pentagone 11 est l'image du pentagone 1 par l'homothétie de centre O et de rapport 2. C'est donc un agrandissement de rapport 2, donc l'aire de la figure est multipliée par 2^2 soit 4. Réponse B.

Sujet zéro du ministère, 2017, exercice 1

Pour chacune des affirmations suivantes, dire si elle est vraie ou fausse en justifiant soigneusement la réponse.

1. Un sac contient 6 jetons rouges, 2 jetons jaunes et des jetons verts.
La probabilité de tirer un jeton vert vaut 0,5.
Affirmation : le sac contient 4 jetons verts.

> Remarquez que si la probabilité de tirer un jeton vert est 0,5, alors le nombre de jetons verts est égal à la moitié de l'ensemble des jetons.

2. En informatique, on utilise comme unités de mesure les multiples suivants de l'octet :
1 Ko = 10^3 octets, 1 Mo = 10^6 octets, 1 Go = 10^9 octets, 1 To = 10^{12} octets,
où Ko est l'abréviation de kilooctet, Mo celle de mégaoctet, Go celle de gigaoctet, To celle de téraoctet.
On partage un disque dur de 1,5 To en dossiers de 60 Go chacun.
Affirmation : on obtient ainsi 25 dossiers.

> Convertissez 1,5 To en gigaoctets.

3. Sur la figure codée ci-après, les points B, A et E sont alignés.

Affirmation : l'angle $\widehat{EAC}$ mesure 137°.

> Notez x la mesure de l'angle $\widehat{EAC}$ et exprimez ensuite la mesure de l'angle $\widehat{BAC}$ de deux façons.

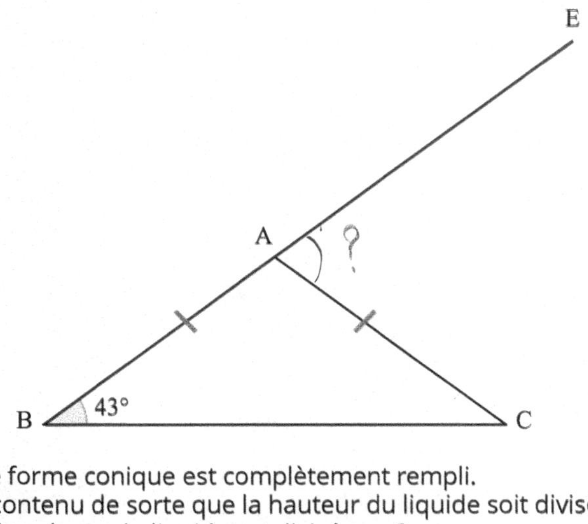

4. Un verre de forme conique est complètement rempli.
On verse son contenu de sorte que la hauteur du liquide soit divisée par 2.
Affirmation : le volume du liquide est divisé par 6.

> Remarquez que le cône que forme le liquide lorsque sa hauteur a été divisée par 2 est une réduction du cône que forme l'intérieur du verre rempli.

1. L'affirmation est fausse.
Si le sac contenait 4 jetons verts, alors le sac contiendrait au total :
6 + 2 + 4 = 12 jetons.
La probabilité de tirer un jeton vert serait $\frac{4}{12} = \frac{1}{3} \neq$ 0,5, donc l'affirmation est fausse.
Cherchons le nombre de jetons verts nécessaires, noté x, pour que la probabilité de tirer un jeton vert soit 0,5.
Si la probabilité de tirer un jeton vert est 0,5, on a $\frac{x}{6+2+x}$ = 0,5, puis :
x = 0,5 × (8 + x) = 0,5 × 8 + 0,5 × x = 4 + 0,5x et x − 0,5x = 0,5x = 4.
On a donc x = 2 × 4 = 8.
Pour que la probabilité de tirer un jeton vert dans ce sac soit 0,5, le sac doit contenir 8 jetons verts : autant de jetons verts que de jetons rouges et jaunes.
2. L'affirmation est vraie.
On a 1,5 To = 1,5 × 10^3 Go = 1 500 Go.
$\frac{1500}{60}$ = 25 donc si on partage un disque dur de 1,5 To en dossiers de 60 Go chacun, on obtient 60 dossiers.
3. L'affirmation est fausse.
Notons x la mesure de l'angle $\widehat{EAC}$ et exprimons la mesure de l'angle $\widehat{BAC}$ de deux façons.

Les points B, A et E étant alignés, on a $\widehat{BAC} = 180^\circ - \widehat{EAC} = 180^\circ - x$.
Aussi, la somme des angles d'un triangle étant de 180°, on a :
$\widehat{ABC} + \widehat{BCA} + \widehat{BAC} = 180^\circ$;
$43^\circ + 43^\circ + \widehat{BAC} = 180^\circ$, car le triangle BAC est isocèle en A,
donc $\widehat{ABC} = \widehat{BCA} = 43^\circ$.
$\widehat{BAC} = 180^\circ - 2 \times 43^\circ$.
D'après les deux expressions de la mesure de l'angle $\widehat{BAC}$, on a :
$\widehat{BAC} = 180^\circ - x = 180^\circ - 2 \times 43^\circ$, donc $x = 2 \times 43^\circ = 86^\circ$.
4. L'affirmation est fausse.
Le nouveau cône que forme le liquide lorsque sa hauteur a été divisée par 2 est une réduction de rapport 2 du cône que forme l'intérieur du verre rempli.

Or, une réduction de rapport k multiplie les volumes par k^3, donc ici par $\frac{1}{2^3} = \frac{1}{8}$ car $k = \frac{1}{2}$.
Lorsque la hauteur du liquide est divisée par 2, le volume du liquide est divisé par 8.

Sujet Inde, avril 2014, exercice 2

5 points

Cet exercice est un questionnaire à choix multiple (QCM). Pour chaque affirmation, trois réponses sont proposées, mais une seule est exacte. Toute réponse exacte vaut 1 point. Toute réponse inexacte ou toute absence de réponse n'enlève pas de point.

Indiquer sur votre copie le numéro de la question et, sans justifier, recopier la réponse exacte : a), b) ou c).

1. $\sqrt{(-5)^2}$:

a) n'existe pas.
b) est égal à – 5.
c) est égal à 5.

Souvenez-vous de la définition de la racine carrée d'un nombre positif.

2. Si deux surfaces ont la même aire, alors :

a) elles sont superposables.
b) elles ont le même périmètre.
c) leurs périmètres ne sont pas forcément égaux.

L'aire et le périmètre d'une surface sont-elles des grandeurs liées l'une avec l'autre ?

3. Soit f la fonction définie par : $f(x) = 3x - (2x + 7) + (3x + 5)$

a) f est une fonction affine.
b) f est une fonction linéaire.
c) f n'est pas une fonction affine.

Développez l'expression de $f(x)$ pour qu'elle soit écrite sous la forme $f(x) = ax + b$ où a et b sont deux nombres.

4. Hicham a récupéré les résultats d'une enquête sur les numéros qui sont sortis ces dernières années au Loto. Il souhaite jouer lors du prochain tirage.

a) Il vaut mieux qu'il joue les numéros qui sont souvent sortis.
b) Il vaut mieux qu'il joue les numéros qui ne sont pas souvent sortis.
c) L'enquête ne peut pas l'aider.

Les résultats des précédents tirages ont-ils une influence sur les suivants ?

5. Une expression factorisée de $(x - 1)^2 - 16$ est :

a) $(x + 3)(x - 5)$
b) $(x - 4)(x + 4)$
c) $x^2 - 2x - 15$

Pour factoriser cette expression, pensez à utiliser une identité remarquable.

1. $\sqrt{(-5)^2}$:

c) est égal à 5.

$\sqrt{(-5)^2} = \sqrt{25} = 5$.

$\sqrt{(-5)^2}$ existe et est égal à 5.

2. Si deux surfaces ont la même aire, alors :

c) leurs périmètres ne sont pas forcément égaux.
Si deux surfaces ont la même aire alors leurs périmètres ne sont pas forcément égaux.
Par exemple, un carré de 4 cm de côté et un rectangle de longueur 8 cm et de largeur 2 cm ont pour aire 4 × 4 = 2 × 8 = 16 cm^2.
Le périmètre du carré est 4 × 4 = 16 cm et le périmètre du rectangle est 2 × (8 + 2) = 20 cm.

3. Soit f la fonction définie par : $f(x) = 3x - (2x + 7) + (3x + 5)$

a) f est une fonction affine.
On a $f(x) = 3x - (2x + 7) + (3x + 5) = 3x - 2x - 7 + 3x + 5 = 4x - 2$ qui est l'expression d'une fonction affine.
f est donc une fonction affine.

4. Hicham a récupéré les résultats d'une enquête sur les numéros qui sont sortis ces dernières années au loto. Il souhaite jouer lors du prochain tirage.

c) L'enquête ne peut pas l'aider.
Les résultats des précédents tirages n'ont pas d'influence sur les suivants.
L'enquête ne peut donc pas aider Hicham à avoir une probabilité plus grande de gagner au Loto.

5. Une expression factorisée de $(x - 1)^2 - 16$ est :

c) $x^2 - 2x - 15$
Pour tout nombre a et b, on a l'identité remarquable $(a - b)^2 = a^2 + b^2 - 2ab$.
On a donc : $(x - 1)^2 - 16 = x^2 - 2 \times 1 \times x + 1^2 - 16 = x^2 - 2x + 1 - 16 = x^2 - 2x - 15$.

Polynésie, juin 2013, exercice 1

4 points

Pour chacune des questions suivantes, écrire sur votre copie (sans justification) le numéro de la question et la lettre de la bonne réponse.

1. $\dfrac{15-9\times10^{-3}}{5\times10^{2}}=\ldots$

a) 14,82

b) $29,982\times10^{-3}$

c) $1,2\times10^{-5}$

Faites attention car 15, lui, n'est pas multiplié par une puissance de 10.

2. Combien faut-il de temps pour parcourir 800 m à la vitesse moyenne de 40 km/h ?

a) 1 min 12 s

b) 1 min 20 s

c) 1 min 2 s

Pensez à exprimer le temps sous la forme d'un nombre décimal de minutes, puis en minutes et secondes.

3. Si on triple l'arête d'un cube alors par combien est multiplié le volume du cube ?

a) 3

b) 9

c) 27

Quel effet un agrandissement de rapport k a-t-il sur les volumes ?

4. Quelle est l'expression factorisée de $25x^2-16$?

a) $(5x-4)^2$

b) $(5x-8)(5x+8)$

c) $(5x+4)(5x-4)$

Pour factoriser cette expression, pensez à utiliser une identité remarquable.

1. $\dfrac{15-9\times10^{-3}}{5\times10^{2}}=\ldots$

b) $29,982\times10^{-3}$

$\dfrac{15-9\times10^{-3}}{5\times10^{2}}=\dfrac{15-0,009}{500}=\dfrac{14,991}{500}$ = 0,029 982 = 29,982 × 10^{-3}.

2. Combien faut-il de temps pour parcourir 800 m à la vitesse moyenne de 40 km/h ?

a) 1 min 12 s

On a la formule $v=\dfrac{d}{t}$ (v est exprimée en km/h, d en km et t en h), soit aussi $t=\dfrac{d}{v}$.

d = 800 m = 0,8 km et v = 40 km/h, donc on a :

$t=\dfrac{0,8}{40}$ = 0,02 h = 0,02 × 60 min = 1,2 min

t = 1 min + 0,2 × 60 s = 1 min 12 s.

Pour parcourir 800 m à la vitesse moyenne de 40 km/h, il faut 1 min 12 s.

3. Si on triple l'arête d'un cube alors par combien est multiplié le volume du cube ?

c) 27

Si on triple l'arête d'un cube, alors il s'agit d'un agrandissement de rapport 3.

Un agrandissement de rapport k multiplie les volumes par k^3 donc, ici, les volumes sont multipliés par $3^3 = 27$.

Si on triple l'arête d'un cube, le volume du cube est multiplié par 27.

4. Quelle est l'expression factorisée de $25x^2-16$?

c) $(5x+4)(5x-4)$

Pour tout nombre a et b, on a l'identité remarquable $a^2 - b^2 = (a + b)(a - b)$.

On a donc : $25x^2 - 16 = 5^2 \times x^2 - 4^2$

$25x^2 - 16 = (5x)^2 - 4^2$

$25x^2 - 16 = (5x + 4)(5x - 4)$.

Sujet national, juin 2022, exercice 3

20 points

Une collectionneuse compte ses cartes Pokémon afin de les revendre.
Elle possède 252 cartes de type « feu » et 156 cartes de type « terre ».

1. a) Parmi les trois propositions suivantes, laquelle correspond à la décomposition en produit de facteurs premiers du nombre 252 :

Proposition 1	Proposition 2	Proposition 3
$2^2 \times 9 \times 7$	$2 \times 2 \times 3 \times 21$	$2^2 \times 3^2 \times 7$

b) Donner la décomposition en produit de facteurs premiers du nombre 156.

> Prenez le temps de bien réfléchir à la notion de décomposition en produit de facteurs premiers et n'hésitez pas à lister les nombres premiers inférieurs à 30 pour vous aider à réaliser ces deux questions.Pour la question b, notez bien toutes vos étapes de calculs.

2. Elle veut réaliser des paquets identiques, c'est-à-dire contenant chacun le même nombre de cartes « terre » et le même nombre de cartes « feu » en utilisant toutes ses cartes.

a) Peut-elle faire 36 paquets ?

> Ne cherchez pas une résolution trop compliquée pour cette question.
> Pensez à bien détailler vos calculs et vos explications.

b) Quel est le nombre maximum de paquets qu'elle peut réaliser ?

> Utilisez les décompositions en produit de facteurs premiers obtenues pour trouver le plus grand diviseur commun aux deux nombres et donc le plus grand nombre de paquets que la collectionneuse peut réaliser. Pensez à bien noter tous vos calculs.

c) Combien de cartes de chaque type contient alors chaque paquet ?

> Pensez à bien détailler vos calculs et vos explications.
> Pensez à bien terminer la réponse avec une phrase concrète.

3. Elle choisit une carte au hasard parmi toutes ses cartes. On suppose les cartes indiscernables au toucher. Calculer la probabilité que ce soit une carte de type « terre ».

> Vous devez ici utiliser vos connaissances sur les probabilités pour résoudre cette question. Votre réponse peut être écrite sous différentes formes (fraction, nombre décimal ou pourcentage), mais vous devez dans tous les cas écrire vos étapes de calcul.

1. a) Comme les nombres 9 et 21 ne sont pas des nombres premiers, cela élimine les propositions 1 et 2 qui ne sont donc pas les décompositions cherchées.
La décomposition en produit de facteurs premiers de 252 est donc obtenue avec la proposition 3 : $2^2 \times 3^2 \times 7$.

b) On calcule la décomposition : $126 = 2 \times 78 = 2 \times 2 \times 39 = 2^2 \times 3 \times 13$.
La décomposition en produit de facteurs premiers du nombre 156 est donc $2^2 \times 3 \times 13$.

2. a) Le nombre 156 n'est pas divisible par 36 car $156 \div 36 \approx 4{,}33$.
Elle ne peut donc pas réaliser 36 paquets avec ses cartes.

b) La décomposition en produit de facteurs premiers du nombre 252 est : $2^2 \times 3^2 \times 7$ et celle du nombre 156 est : $2^2 \times 3 \times 13$.
Ces deux nombres ont donc $2^2 \times 3$ en commun dans leurs décompositions en produit de facteurs premiers. Comme $2^2 \times 3 = 12$, le plus grand diviseur commun aux nombres 252 et 156 est donc 12.
La collectionneuse peut donc réaliser 12 paquets au maximum.

c) On calcule le nombre de cartes par paquet : $252 \div 12 = 21$ et $156 \div 12 = 13$.
Dans chaque paquet, il y aura donc 21 cartes Pokémon de type « feu » et 13 cartes Pokémon de type « terre ».

3. Au total, cette collectionneuse possède 408 cartes Pokémon ($252 + 156 = 408$).
La probabilité qu'elle tire une carte de type « terre » dans son paquet est donc égale à $\frac{156}{408}$ qui se simplifie par 12 et donne $\frac{13}{34}$ ou encore environ 0,38 en nombre décimal soit 38 %.

Sujet national, juin 2022, exercice 5

20 points
Dans une habitation, la consommation d'eau peut être anormalement élevée lorsqu'il y a une fuite d'eau.
On considère la situation suivante :

- Une salle de bains est équipée d'une vasque de forme cylindrique, comme l'illustre l'image ci-dessous.
- Le robinet fuit à raison d'une goutte par seconde.
- En moyenne, 20 gouttes d'eau correspondent à un millilitre (1 mL).

Caractéristiques de la vasque
– Diamètre intérieur : 40 cm
– Hauteur intérieure : 15 cm
– Masse : 25 kg

Rappels
Volume du cylindre = $\pi \times \text{rayon}^2 \times \text{hauteur}$
$1 \text{ dm}^3 = 1$ litre

1 En raison de la fuite, montrer qu'il tombe 86 400 gouttes dans la vasque en une journée complète.

> Vous devez utiliser la proportionnalité de cette situation sans vous précipiter et en utilisant toutes les informations données dans l'énoncé pour obtenir la réponse proposée. Pensez à détailler vos calculs et à bien noter votre phrase réponse concrète.

2 Calculer, en litres, le volume d'eau qui tombe dans la vasque en une semaine en raison de la fuite.

> Vous devez utiliser la proportionnalité de cette situation sans vous précipiter et avec toutes les informations données dans l'énoncé. Pensez à détailler vos calculs et à bien noter votre phrase réponse concrète par rapport au problème posé.

3 Montrer que la vasque a un volume de 18,85 litres, arrondi au centilitre près.

> Vous devez utiliser la proportionnalité de cette situation et les méthodes de calcul vues en classe, avec toutes les informations données dans l'énoncé. Pensez à détailler vos calculs et à bien noter votre phrase réponse concrète par rapport au problème posé.

4 L'évacuation de la vasque est fermée et le logement inoccupé pendant une semaine.
L'eau va-t-elle déborder de la vasque ? Justifier la réponse.

> Pensez à détailler votre démarche pour cette question relativement simple et à bien noter votre phrase réponse concrète par rapport au problème posé.

5 À la fin du XIXe siècle, la consommation domestique d'eau par habitant en France était d'environ 17 litres par jour. Elle a fortement augmenté avec la généralisation de la distribution d'eau par le robinet dans les domiciles : elle est passée à 165 litres par jour et par habitant en 2004.
En 2018, la consommation des Français baisse légèrement pour atteindre 148 litres d'eau par jour et par habitant.
Calculer le pourcentage de diminution de la consommation quotidienne d'eau par habitant entre 2004 et 2018. On arrondira ce pourcentage à l'unité.

> N'hésitez pas à utiliser la proportionnalité de ces situations utilisant des pourcentages, soit à l'aide de fractions, ou à l'aide d'un tableau de proportionnalité. Il faut ici bien prendre en compte la situation de départ et ne pas s'embrouiller avec toutes les valeurs numériques qui sont proposées pour cette dernière question.
> Pensez à détailler vos calculs et à bien noter votre phrase réponse concrète par rapport au problème posé.

1 On calcule le nombre de secondes dans une journée : 24 × 60 × 60 = 86 400 secondes, car il y a 24 heures et 60 secondes par minute.
Comme il s'écoule une goutte du robinet par seconde, on en conclut qu'il tombe 86 400 gouttes dans la vasque en une journée.

2 Comme dans la semaine il y a 7 jours, on calcule : 86 400 × 7 = 604 800, donc il y a 604 800 gouttes qui sont tombées dans la vasque en une semaine.
Comme 20 gouttes représentent environ 1 mL d'eau, on utilise la proportionnalité : 604 800 ÷ 20 = 30 240.
Ainsi, le volume d'eau tombé dans la vasque en une semaine est égal à 30 240 mL, soit 30,24 L d'eau.

3 Le volume du cylindre est donné par la formule : $V = \pi \times r^2 \times h$.
Ainsi, le volume de la vasque est obtenu avec le calcul :

$$V = \pi \times \left(\frac{40}{2}\right)^2 \times 15 = 6\,000\ \pi \approx 18\,850\ \text{cm}^3.$$

Ainsi, le volume de la vasque est d'environ 18 850 cm^3 soit 18,85 L.

4 On sait, d'après la question 2, que le volume d'eau qui tombe dans la vasque pendant la semaine est de 30,24 L. D'après la question 3, on sait que la vasque a un volume de 18,85 L environ.
Comme 30,24 > 18,85, l'eau va donc déborder de la vasque.

5 En 2004, les foyers consommaient 165 L et en 2018, ils consommaient 148 L.
Entre 2004 et 2018, il y a donc une baisse de 17 L dans la consommation moyenne d'eau par foyer.
On utilise, par exemple, le tableau de proportionnalité :

Consommation d'eau en 2004	165 L	100 %
Baisse de la consommation d'eau entre 2004 et 2018	17 L	x

On utilise le produit en croix : $x = 17 \times 100 \div 165 \approx 10\ \%$
La consommation d'eau d'un habitant en France a donc baissé d'environ 10 % entre 2004 et 2018.

Sujet national, juin 2021, exercice 2

20 points

Le Futuroscope est un parc de loisirs situé dans la Vienne. L'année 2019 a enregistré 1,9 million de visiteurs.

1. Combien aurait-il fallu de visiteurs en plus en 2019 pour atteindre 2 millions de visiteurs ?

> Pensez à écrire les nombres en chiffres pour faire le calcul facilement.

2. L'affirmation « Il y a eu environ 5 200 visiteurs par jour en 2019 » est-elle vraie ? Justifier la réponse.

> Pensez à bien détailler vos calculs et vos explications.
> Pensez à l'interprétation concrète de la notion de moyenne qui permet ici de trouver le calcul à réaliser pour répondre à la question posée.

3. Un professeur organise une sortie pédagogique au Futuroscope pour ses élèves de troisième. Il veut répartir les 126 garçons et les 90 filles par groupes. Il souhaite que chaque groupe comporte le même nombre de filles et le même nombre de garçons.

a. Décomposer en produit de facteurs premiers les nombres 126 et 90.

> La décomposition doit être justifiée avec l'écriture des calculs, mais on vous recommande de vérifier vos résultats avec la touche decomp de la calculatrice.

b. Trouver tous les entiers qui divisent à la fois les nombres 126 et 90.

> Vous devez ici utiliser les décompositions obtenues à la question précédente et trouver ce qu'elles ont en commun. À partir de cela, vous pourrez en déduire les diviseurs en commun en calculant toutes les combinaisons possibles.

c. En déduire le plus grand nombre de groupes que le professeur pourra constituer. Combien de filles et de garçons y aura-t-il alors dans chaque groupe ?

> Utilisez les diviseurs en commun obtenus pour trouver le plus grand nombre de groupes que le professeur peut réaliser. Pensez à bien noter tous vos calculs.

4. Deux élèves de 3e, Marie et Adrien, se souviennent avoir vu en mathématiques que les hauteurs inaccessibles pouvaient être déterminées avec l'ombre. Ils souhaitent calculer la hauteur de la Gyrotour du Futuroscope.

Marie se place comme indiquée sur la figure ci-dessous, de telle sorte que son ombre coïncide avec celle de la tour. Après avoir effectué plusieurs mesures, Adrien effectue le schéma ci-dessous (le schéma n'est pas à l'échelle), sur lequel les points A, E et B ainsi que les points A, D et C sont alignés.

Calculer la hauteur BC de la Gyrotour.

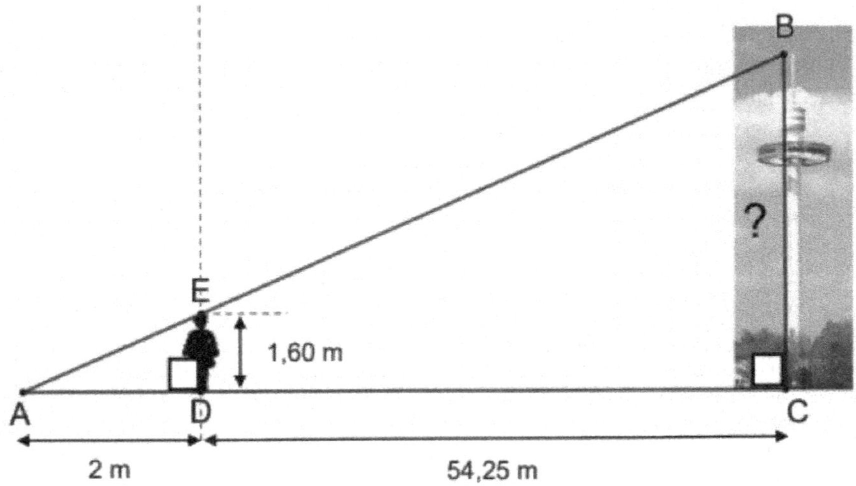

Vous devez reconnaître rapidement les situations classiques qui font penser aux théorèmes de Thalès et de Pythagore. Vous devez penser à justifier le parallélisme des droites pour appliquer le théorème de Thalès. Faites attention également, car les mesures données invitent à une erreur de calcul si vous ne calculez pas la longueur AC.

1. On sait que 1,9 million correspond à 1 900 000.
On calcule : 2 000 000 − 1 900 000 = 100 000.
Il aurait fallu 100 000 ou 0,1 million de visiteurs en plus en 2019 pour que le parc ait 2 millions de visiteurs dans l'année.

2. Pendant l'année 2019, il y a eu 365 jours, car ce n'était pas une année bissextile.
Au total, il y a eu 1 900 000 visiteurs dans cette année.

En moyenne, on a donc : $\dfrac{1900000}{365} \approx 5205\,.$

En moyenne, en 2019 il y a eu 5 205 visiteurs par jour soit environ 5 200 visiteurs.
L'affirmation est donc vraie.

3. a. On calcule : $126 = 2 \times 63 = 2 \times 7 \times 9 = 2 \times 3^2 \times 7$.
On a aussi : $90 = 2 \times 45 = 2 \times 5 \times 9 = 2 \times 3^2 \times 5$.

b. Dans la décomposition de 126 et 90, ces deux nombres ont en commun 2×3^2.
Les diviseurs en commun pour ces deux nombres sont donc : 1 ; 2 ; 3 ; 6 (2×3) ; 9 (3^2) et 18 (2×3^2).

c. Compte tenu des diviseurs qu'ils ont en commun, on voit que le professeur pourra constituer 18 groupes au maximum avec le même nombre de filles et de garçons.
Dans chaque groupe, il y aura alors 7 garçons ($126 \div 18 = 7$) et 5 filles ($90 \div 18 = 5$).

4. Dans cette situation, les points A, D et C et les points A, E et B sont alignés dans le même ordre. De plus, comme Marie et le Gyrotour sont supposés verticaux et donc perpendiculaires au sol, on en déduit que les droites (DE) et (CB) sont parallèles.

D'après le théorème de Thalès, on a : $\dfrac{AD}{AC} = \dfrac{AE}{AB} = \dfrac{DE}{BC}\,.$

Ainsi, on obtient : $\dfrac{2}{(2+54{,}25)} = \dfrac{AE}{AB} = \dfrac{1{,}6}{BC}\,.$

Avec un calcul de produit en croix, on a : $BC = 1{,}6 \times 56{,}25 \div 2 = 45$ m.
Conclusion : la Gyrotour mesure 45 m de haut.

Sujet national, juin 2019, exercice 1

10 points

Le capitaine d'un navire possède un trésor constitué de 69 diamants, 1 150 perles et 4 140 pièces d'or.

1. Décomposer 69, 1 150 et 4 140 en produits de facteurs premiers.

> La décomposition doit être justifiée avec l'écriture des calculs, mais il est recommandé de vérifier vos résultats avec la touche « decomp » de votre calculatrice.

2. Le capitaine partage équitablement le trésor entre les marins. Combien y a-t-il de marins sachant que toutes les pièces, perles et diamants ont été distribués ?

> Démarrez votre recherche du nombre de marins par la décomposition la plus simple, c'est-à-dire celle des diamants car les 69 diamants n'ont pas autant de diviseurs que les autres nombres.

1. On décompose les trois nombres :
$69 = 3 \times 23$
$1\,150 = 115 \times 10 = 5 \times 23 \times 2 \times 5 = 2 \times 5^2 \times 23$
$4\,140 = 10 \times 414 = 2 \times 5 \times 2 \times 207 = 2 \times 5 \times 2 \times 9 \times 23$
$4\,140 = 2 \times 5 \times 2 \times 3 \times 3 \times 23 = 2^2 \times 3^2 \times 5 \times 23$.

2. Avec les trois décompositions, on voit que le diviseur en commun pour les trois nombres est 23. Donc le capitaine a partagé le trésor entre 23 marins.

Sujet national, juin 2018, exercice 3

12 points

Dans son lecteur audio, Théo a téléchargé 375 morceaux de musique. Parmi eux, il y a 125 morceaux de rap. Il appuie sur la touche « lecture aléatoire » qui lui permet d'écouter un morceau choisi au hasard parmi tous les morceaux disponibles.

1. Quelle est la probabilité qu'il écoute du rap ?

> Donnez la probabilité sous la forme d'une fraction irréductible.

2. La probabilité qu'il écoute du rock est égale à $\dfrac{7}{15}$.

Combien Théo a-t-il de morceaux de rock dans son lecteur audio ?

> Notez x le nombre de morceaux de rock du lecteur audio de Théo et résolvez une équation simple.

3. Si Théo et Alice appuient tous les deux sur la touche « lecture aléatoire » de leur lecteur audio, lequel a le plus de chances d'écouter un morceau de rock ?

> Il s'agit de comparer 40 % avec la fraction $\dfrac{7}{15}$.

1. Parmi les 375 morceaux de musique que Théo a téléchargés, il y a 125 morceaux de rap.
En appuyant sur la touche « lecture aléatoire » qui lui permet d'écouter un morceau choisi au hasard parmi tous les morceaux disponibles, la probabilité qu'il écoute du rap est donc de $\frac{125}{375} = \frac{125}{3 \times 125} = \frac{1}{3}$.

2. Notons x le nombre de morceaux de rock du lecteur audio de Théo.
Parmi les 375 morceaux de musique que Théo a téléchargés, il y a x morceaux de rock.
La probabilité que Théo écoute du rock est égale à $\frac{7}{15}$, donc :

$$\frac{x}{375} = \frac{7}{15}$$

$15 \times x = 7 \times 375 = 2\,625$ en utilisant l'égalité des produits en croix

$$x = \frac{2625}{15}$$

$x = 175$.
Théo a donc 175 morceaux de rock dans son lecteur audio.

3. En appuyant sur la touche « lecture aléatoire », la probabilité que Théo écoute du rock est de $\frac{7}{15} \approx 0{,}47$ au centième près.

La probabilité qu'Alice écoute du rock est de 40 % = $\frac{40}{100}$ = 0,40.

En appuyant sur la touche « lecture aléatoire », entre Alice et Théo, c'est donc Théo qui a le plus de chance d'écouter un morceau de rock.

Sujet national, juin 2018, exercice 7

17 points

Le hand-spinner est une sorte de toupie plate qui tourne sur elle-même.

On donne au hand-spinner une vitesse de rotation initiale au temps $t = 0$, puis, au cours du temps, sa vitesse de rotation diminue jusqu'à l'arrêt complet du hand-spinner. Sa vitesse de rotation est alors égale à 0.

Grâce à un appareil de mesure, on a relevé la vitesse de rotation exprimée en nombre de tours par seconde.

Sur le graphique ci-dessous, on a représenté cette vitesse en fonction du temps exprimé en seconde :

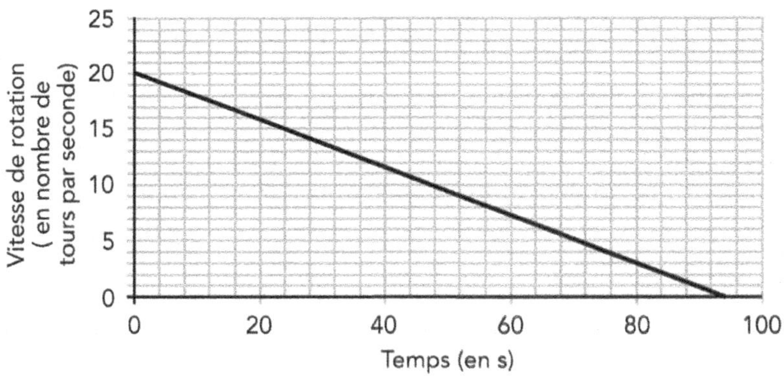

1. Le temps et la vitesse de rotation du hand-spinner sont-ils proportionnels ? Justifier.

> Rappelez-vous du lien qui existe entre situation de proportionnalité et représentation graphique.

2. Par **lecture graphique**, répondre aux questions suivantes :

a) Quelle est la vitesse de rotation initiale du hand-spinner (en nombre de tours par seconde) ?

> Remarquez qu'il s'agit de déterminer l'ordonnée y du point de la droite qui a pour abscisse $t = 0$.

b) Quelle est la vitesse de rotation du hand-spinner (en nombre de tours par seconde) au bout de 1 minute et 20 secondes ?

> Remarquez que 1 min 20 s = 80 s.

c) Au bout de combien de temps, le hand-spinner va-t-il s'arrêter ?

> Remarquez qu'il s'agit de déterminer l'abscisse t du point de la droite qui a pour ordonnée $y = 0$.

3. Pour calculer la vitesse de rotation du hand-spinner en fonction du temps t, notée $V(t)$, on utilise la fonction suivante :
$V(t) = -0{,}214 \times t + V_{initiale}$
– t est le temps (exprimé en seconde) qui s'est écoulé depuis le début de la rotation du hand-spinner.
– $V_{initiale}$ est la vitesse de rotation à laquelle on a lancé le hand-spinner au départ.
a) On lance le hand-spinner à une vitesse initiale de 20 tours par seconde. Sa vitesse de rotation est donc donnée par la formule : $V(t) = -0{,}214 \times t + 20$. Calculer sa vitesse de rotation au bout de 30 s.

> Il s'agit de calculer $V(30)$.

b) Au bout de combien de temps le hand-spinner va-t-il s'arrêter ? Justifier par un calcul.

> Remarquez qu'il s'agit de déterminer, par le calcul, le temps t tel que $V(t) = 0$.

c) Est-il vrai que, d'une manière générale, si l'on fait tourner le hand-spinner deux fois plus vite au départ, il tournera deux fois plus longtemps ? Justifier.

> Modifiez l'expression $V(t)$ et résolvez la nouvelle équation $V(t) = 0$.

1. Une situation de proportionnalité est représentée graphiquement par une droite qui passe par l'origine.
Ici, la courbe représentative est une droite, mais elle ne passe pas par l'origine du repère. Le temps et la vitesse de rotation du hand-spinner ne sont donc pas proportionnels.

2. a) Graphiquement, la vitesse de rotation initiale du hand-spinner est de 20 tours par seconde.

b) 1 min 20 s= 80 s.
Graphiquement, au bout de 80 s, la vitesse de rotation du hand-spinner est de 3 tours par seconde.

c) Graphiquement, lorsque le hand-spinner s'arrête, l'ordonnée du point de la droite est $y = 0$ et son abscisse est approximativement $x = 94$.
Le hand-spinner va donc s'arrêter au bout de 94 s = 1 min 34 s.
De la figure complétée, on déduit que la valeur mise dans la variable « Longueur » à la ligne 9 est 300 − 2 × 50 = 300 − 100 = 200.

3. a) La vitesse de rotation (en tours par seconde) est donnée par la formule : $V(t) = -0{,}214 \times t + 20$ où t est exprimé en seconde.
La vitesse de rotation du hand-spinner au bout de 30 s est donc $V(30) = -0{,}214 \times 30 + 20 = -6{,}42 + 20 = 13{,}58$ tours par seconde.

b) Lorsque le hand-spinner s'arrête, on a $V(t) = 0$ car sa vitesse de rotation est nulle.
On a donc $-0{,}214 \times t + 20 = 0$, puis $0{,}214 \times t = 20$ et $t = \dfrac{20}{0{,}214} \approx 93{,}5$ s au dixième près.
Le hand-spinner va donc s'arrêter au bout d'environ 94 s.

c) Si l'on fait tourner le hand-spinner deux fois plus vite au départ, la vitesse de rotation (en tours par seconde) est donnée par la formule :
$V(t) = -0{,}214 \times t + 40$ où t est exprimé en seconde.
Lorsque le hand-spinner s'arrête, on a $V(t) = 0$ donc :

$-0{,}214 \times t + 40 = 0$, puis $0{,}214 \times t = 40$ et $t = \dfrac{40}{0{,}214} \approx 186{,}9$ s au dixième près.

On a bien $\dfrac{40}{0{,}214} = 2 \times \dfrac{20}{0{,}214}$.

Il est donc vrai que si l'on fait tourner le hand-spinner deux fois plus vite au départ, il tournera deux fois plus longtemps.

Sujet national, juin 2017, exercice 5

8 points

1. Lors des jeux Olympiques de Rio en 2016, la danoise Pernille Blume a remporté le 50 m nage libre en 24,07 secondes.
A-t-elle nagé plus rapidement qu'une personne qui se déplace en marchant vite, c'est-à-dire à 6 km/h ?

> Calculez la vitesse à laquelle a nagé Pernille Blume en m/s, puis convertissez cette vitesse en km/h.

2. On donne l'expression $E = (3x + 8)^2 - 64$.

a) Développer E.

> Rappelez-vous que pour tous les nombres a et b, $(a + b)^2 = a^2 + 2ab + b^2$ (identité remarquable).

b) Montrer que E peut s'écrire sous forme factorisée : $3x(3x + 16)$.

> Mettez $3x$ en facteur dans l'expression trouvée à la question **2. a)**.

c) Résoudre l'équation $(3x + 8)^2 - 64 = 0$.

> Remarquez qu'il s'agit de résoudre une équation-produit.

3. La distance d de freinage d'un véhicule dépend de sa vitesse et de l'état de la route.
On peut la calculer à l'aide de la formule suivante :
$d = k \times V^2$ avec
d : distance de freinage en m
V : vitesse du véhicule en m/s
k : coefficient dépendant de l'état de la route (k = 0,14 sur route mouillée ; k = 0,08 sur route sèche)
Quelle est la vitesse d'un véhicule dont la distance de freinage sur route mouillée est égale à 15 m ?

> Remplacez k et d par leur valeur numérique, puis calculez V à la calculatrice.

1. Pernille Blume a nagé à la vitesse de $\frac{50}{24,07} \approx$ 2,077 m/s au millième près.
Convertissons cette vitesse en km/h :

2,077 m/s = $\frac{2,077\,\text{m}}{1\text{s}}$

2,077 m/s = $\frac{2,077 \times 3600\,\text{m}}{3600\,\text{s}}$

2,077 m/s = $\frac{7477,2\,\text{m}}{1\text{h}}$ car 1 h = 60 min = 60 × 60 s = 3 600 s.

2,077 m/s = 7,4772 km/h.
Lors des jeux Olympiques de Rio en 2016, lorsque Pernille Blume a remporté le 50 m nage libre, elle a nagé plus rapidement qu'une personne qui se déplace à 6 km/h.
Remarque : en utilisant la proportionnalité, Pernille Blume a nagé 50 m en 24,07 s donc, si elle conservait la même vitesse, elle nagerait 6 000 m = 120 × 50 m en 120 × 24,07 = 2 888,4 s donc en moins de 3 600 s = 1 h.
Si elle effectue 6 km en moins d'une heure, sa vitesse est de plus de 6 km/h.

2. a) En utilisant l'identité remarquable $(a + b)^2 = a^2 + 2ab + b^2$ où a et b sont deux nombres, on a :
$E = (3x+8)^2 - 64$
$E = (3x)^2 + 2 \times 3x \times 8 + 8^2 - 64$
$E = 9x^2 + 48x + 64 - 64$
$E = 9x^2 + 48x.$

b) En mettant $3x$ en facteur dans l'expression précédente, on a :
$E = 3x \times 3x + 3x \times 16$
$E = 3x \times (3x + 16).$
E peut s'écrire sous forme factorisée : $3x(3x + 16)$.

c) D'après la question précédente, $E = (3x+8)^2 - 64 = 3x(3x+16)$.
Résoudre l'équation $(3x+8)^2 - 64 = 0$ revient donc à résoudre l'équation-produit :
$3x(3x + 16) = 0$.
$3x(3x + 16) = 0$ est équivalent à $3x = 0$ ou $3x + 16 = 0$, c'est-à-dire $x = 0$ ou $3x = -16$, puis $x = 0$ ou $x = \frac{-16}{3}$.
Les solutions de l'équation $(3x+8)^2 - 64 = 0$ sont donc les valeurs $x = 0$ et $x = \frac{-16}{3}$.

3. Sur route mouillée, le coefficient k est égal à 0,14.
On a $d = k \times V^2$ avec $k = 0,14$ et $d = 15$.
On a donc $15 = 0,14 \times V^2$, puis $V^2 = \frac{15}{0,14}$ et $V = \sqrt{\frac{15}{0,14}}$.

À la calculatrice, $V = \sqrt{\frac{15}{0,14}} \approx$ 10,35 m/s.

10,35 m/s = $\frac{10,35\,\text{m}}{1\text{s}} = \frac{10,35 \times 3600\,\text{m}}{3600\,\text{s}} = \frac{37\,260\,\text{m}}{1\text{h}}$ = 37,260 km/h.
En utilisant cette formule, la vitesse d'un véhicule dont la distance de freinage sur route mouillée est égale à 15 m est d'environ 37,260 km/h.

Sujet national, juin 2017, exercice 7

7 points

Léo a ramassé des fraises pour faire de la confiture.

1. Il utilise les proportions de sa grand-mère : 700 g de sucre pour 1 kg de fraises. Il a ramassé 1,8 kg de fraises. De quelle quantité de sucre a-t-il besoin ?

Remarquez qu'il s'agit d'une situation de proportionnalité.

2. Après cuisson, Léo a obtenu 2,7 litres de confiture.
Il verse la confiture dans des pots cylindriques de 6 cm de diamètre et de 12 cm de haut, qu'il remplit jusqu'à 1 cm du bord supérieur.
Combien pourra-t-il remplir de pots ?
Rappels : 1 litre = 1 000 cm^3 ;
Volume d'un cylindre = $\Pi \times R^2 \times h$.

Calculez le volume d'un cylindre de 6 cm de diamètre et de 11 cm de hauteur.

3. Il colle ensuite sur ses pots une étiquette rectangulaire de fond blanc qui recouvre toute la surface latérale du pot.

a) Montrer que la longueur de l'étiquette est d'environ 18,8 cm.

Remarquez que la longueur de l'étiquette est le périmètre d'un cercle.

b) Dessiner l'étiquette à l'échelle $\frac{1}{3}$.

Vous devez diviser les dimensions de l'étiquette par 3 pour la dessiner à l'échelle $\frac{1}{3}$.

1. Il s'agit d'une situation de proportionnalité.
Pour faire de la confiture, s'il faut 1 kg de fraises pour 700 g de sucre, pour 1,8 kg de fraises il faut 700 × 1,8 = 1 260 g = 1,260 kg de sucre.

2. Le volume de confiture dans chaque pot est un cylindre de diamètre 6 cm, donc de rayon 3 cm, et de hauteur 11 cm.
Le volume de ce cylindre est $V = \Pi \times 3^2 \times 11 = 99\Pi \approx 311$ cm^3 à l'unité près.
On a : 2,7 L = 2,7 × 1 000 cm^3 = 2 700 cm^3.

De plus, $\dfrac{2700}{311} \approx$ 8,7 au dixième près, donc Léo pourra remplir 8 pots.
Avec 2,7 litres de confiture, Léo pourra donc remplir 8 pots de confiture (jusqu'à 1 cm du bord supérieur), et un neuvième sera partiellement rempli.

3. a) L'étiquette a la forme d'un rectangle de largeur 12 cm et de longueur le périmètre d'un cercle de diamètre 6 cm, donc de rayon 3 cm.
Le périmètre d'un cercle de rayon R est P = 2ΠR.
Ici, R = 3 cm donc P = 2ΠR = 2 × Π × 3 $\approx$ 18,8 cm au dixième près.
La longueur de l'étiquette est d'environ 18,8 cm.

b) L'étiquette a la forme d'un rectangle de largeur 12 cm et de longueur environ 18,8 cm.
12 ÷ 4 = 3 et 18,8 ÷ 3 $\approx$ 6,3 cm au dixième près.

L'étiquette dessinée à l'échelle $\dfrac{1}{3}$ est donc un rectangle de largeur 4 cm et de longueur 6,3 cm.

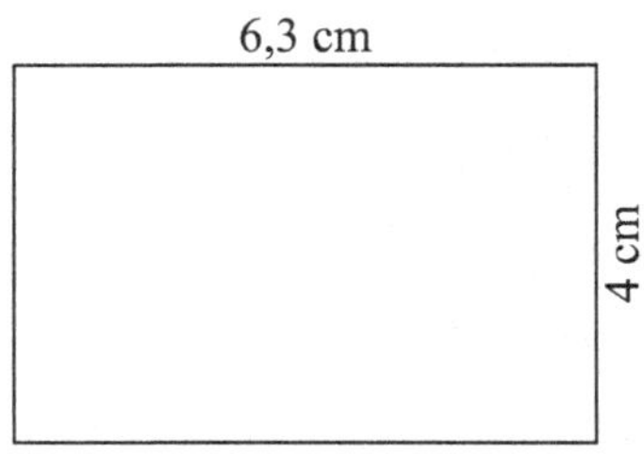

Sujet national, juin 2016, exercice 2

4,5 points

On considère les deux programmes de calcul ci-dessous.

Programme A	Programme B
1) Choisir un nombre.	1) Choisir un nombre.
2) Multiplier par −2.	2) Soustraire 7.
3) Ajouter 13.	3) Multiplier par 3.

1. Vérifier qu'en choisissant 2 au départ avec le programme A, on obtient 9.

Commencez par multiplier ce nombre par − 2, puis rajoutez 13 au résultat.

2. Quel nombre faut-il choisir au départ avec le programme B pour obtenir 9 ?

À partir du nombre 9, suivez la troisième puis la deuxième étape du programme B en trouvant à chaque fois la consigne « inverse ».

3. Peut-on trouver un nombre pour lequel les deux programmes de calcul donnent le même résultat ?

Pour les deux programmes, notez x le nombre choisi au départ et déterminez l'expression obtenue en fonction de x.
Vous devrez ensuite résoudre une équation du premier degré d'inconnue x.

1. En choisissant 2 au départ avec le programme A, on obtient successivement $2 \times (-2) = -4$, puis $-4 + 13 = 9$.
En choisissant 2 au départ avec le programme A, on obtient bien 9.

2. Pour obtenir 9 avec le programme B, il faut que :
- le nombre obtenu après l'étape 2 soit $9 \div 3 = 3$ car la consigne « inverse » à celle de multiplier par 3 est celle de diviser par 3 ;
- le nombre de l'étape 1 soit $3 + 7 = 10$ car la consigne « inverse » à celle de soustraire 7 est celle de rajouter 7.

Pour obtenir 9 avec le programme B, il faut donc choisir au départ le nombre 10.
En effet, on obtient successivement $10 - 7 = 3$, puis $3 \times 3 = 9$.

3. En choisissant un nombre noté x au départ avec le programme A, on obtient successivement $x \times (-2) = -2x$, puis $-2x + 13$.
En choisissant un nombre noté x au départ avec le programme B, on obtient successivement $x - 7$, puis $3(x - 7) = 3x - 21$.
Supposons qu'il existe un nombre noté x pour lequel les deux programmes de calcul donnent le même résultat.
On a donc :
$-2x + 13 = 3x - 21$
$13 + 21 = 3x + 2x$
$34 = 5x$
$x = \dfrac{34}{5}$
$x = 6{,}8$.
Vérification : en choisissant 6,8 au départ avec le programme A, on obtient successivement :
$6{,}8 \times (-2) = -13{,}6$, puis $-13{,}6 + 13 = -0{,}6$.
En choisissant 6,8 au départ avec le programme B, on obtient successivement $6{,}8 - 7 = -0{,}2$, puis $3 \times (-0{,}2) = -0{,}6$.
En choisissant le nombre 6,8 au départ, on obtient le même résultat (−0,6) avec les deux programmes de calcul.

Sujet national, juin 2016, exercice 4

5 points

Lors des soldes, un commerçant décide d'appliquer une réduction de 30 % sur l'ensemble des articles de son magasin.

1. L'un des articles coûte 54 € avant la réduction. Calculer son prix après la réduction.

> Quel est le coefficient multiplicateur associé à une réduction de 30 % ?

2. Le commerçant utilise la feuille de calcul ci-dessous pour calculer les prix des articles soldés.

	A	B	C	D	E	F
1	prix avant réduction	12,00 €	14,80 €	33,00 €	44,20 €	85,50 €
2	réduction de 30%	3,60 €	4,44 €	9,90 €	13,26 €	25,65 €
3	prix soldé					

a) Pour calculer la réduction, quelle formule a-t-il pu saisir dans la cellule B2 avant de l'étirer sur la ligne 2 ?

> Comment calcule-t-on le montant de la réduction de 30 % à partir du prix avant réduction ?

b) Pour obtenir le prix soldé, quelle formule peut-il saisir dans la cellule B3 avant de l'étirer sur la ligne 3 ?

> Comment calcule-t-on le prix soldé à partir du montant avant réduction et de la réduction ?

3. Le prix soldé d'un article est 42,00 €. Quel était son prix initial ?

> Notez x le prix initial de l'article dont le prix soldé est 42,00 € et résolvez une équation simple.

1. Le coefficient multiplicateur associé à une réduction de 30 % est :

$1 - \frac{30}{100} = 1 - 0,3 = 0,7$.

Le prix d'un article coûtant 54 € avant la réduction de 30 % est donc 0,7 × 54 = 37,80 € après réduction.

2. a) Pour calculer le montant de la réduction de 30 % à partir du prix avant réduction, on multiplie ce prix par $\frac{30}{100} = 0,3$.

Pour calculer la réduction, la formule saisie dans la cellule B2, qui est étirée ensuite sur la ligne 2, est donc : « = 0,3*B1 ».

b) Le prix soldé est la différence entre le prix avant réduction et le montant de la réduction.

Pour calculer le prix soldé, la formule saisie dans la cellule B3, qui est étirée ensuite sur la ligne 3, est donc : « =B1 − B2 ».

Remarque : le prix soldé étant égal au prix avant réduction multiplié par 0,7, on peut aussi saisir dans la cellule B3 la formule : « = 0,7*B1 ».

3. Notons x le prix initial de l'article dont le prix soldé est 42,00 €.

En fonction de x, le prix de l'article après la réduction de 30 % est $0,7 \times x = 0,7x$.

On a donc $0,7x = 42$, puis $x = \frac{42}{0,7} = 60$ €.

Le prix initial d'un article dont le prix soldé est 42,00 € est 60,00 €.

Sujet zéro du ministère, 2017, exercice 2

Le *marnage* désigne la différence de hauteur entre la basse mer et la pleine mer qui suit.

On considère qu'à partir du moment où la mer est basse, celle-ci monte de $\frac{1}{12}$ du marnage pendant la première heure, de $\frac{2}{12}$ pendant la deuxième heure, de $\frac{3}{12}$ pendant la troisième heure, de $\frac{3}{12}$ pendant la quatrième heure, de $\frac{2}{12}$ pendant la cinquième heure et de $\frac{1}{12}$ pendant la sixième heure. Au cours de chacune de ces heures, la montée de la mer est supposée régulière.

1. À quel moment la montée de la mer atteint-elle le quart du marnage ?

> Exprimez la fraction $\frac{1}{4}$ en douzième et calculez la proportion du marnage pendant la première, la deuxième heure, etc.

2. À quel moment la montée de la mer atteint-elle le tiers du marnage ?

> Exprimez la fraction $\frac{1}{3}$ en douzième et calculez la proportion du marnage pendant la première, la deuxième heure, etc.

1. On a $\frac{1}{4} = \frac{3}{12}$. Il s'agit donc de savoir au cours de quelle heure la montée de la mer atteint les trois douzièmes du marnage.
Pendant la première heure, la mer monte d'un douzième du marnage.
Pendant la deuxième heure, la mer monte de deux douzièmes du marnage.
$\frac{1}{12} + \frac{2}{12} = \frac{3}{12}$ donc, pendant la deuxième heure, la mer sera montée de trois douzièmes du marnage.
C'est donc pendant la deuxième heure de la montée de la mer qu'elle atteint le quart du marnage.

2. On a $\frac{1}{3} = \frac{4}{12}$. Il s'agit donc de savoir au cours de quelle heure la montée de la mer atteint les quatre douzièmes du marnage.
Pendant la première heure, la mer monte d'un douzième du marnage.
Pendant la deuxième heure, la mer monte de deux douzièmes du marnage.
$\frac{1}{12} + \frac{2}{12} = \frac{3}{12}$ donc, pendant la deuxième heure, la mer sera montée de trois douzièmes du marnage.
Pendant la troisième heure, la mer monte de trois douzièmes du marnage.
$\frac{3}{12} + \frac{3}{12} = \frac{6}{12}$ donc, pendant la troisième heure, la mer sera montée de six douzièmes du marnage.
C'est donc pendant la troisième heure de la montée de la mer qu'elle atteint le tiers du marnage.

Sujet zéro du ministère, 2017, exercice 3

Pour la fête d'un village on organise une course cycliste. Une prime totale de 320 euros sera répartie entre les trois premiers coureurs.
Le premier touchera 70 euros de plus que le deuxième et le troisième touchera 80 euros de moins que le deuxième.
Déterminer la prime de chacun des trois premiers coureurs.

> Notez x la prime (en euros) du deuxième coureur et exprimez celles du premier et du troisième coureur en fonction de x. Vous devrez ensuite résoudre une équation.

Notons x la prime (en euros) du deuxième coureur.
La prime du premier coureur est de $x + 70$ euros et la prime du troisième coureur est de $x - 80$ euros.
La prime totale répartie entre les trois premiers coureurs étant de 320 euros, on a :

$(x - 80) + x + (x + 70) = 320$, puis $3x - 10 = 320$, donc $3x = 320 + 10 = 330$ et $x = \dfrac{330}{3} = 110$ euros.

La prime du premier coureur est de 110 + 70 = 180 euros, celle du deuxième coureur de 110 euros et celle du troisième coureur de 110 − 80 = 30 euros.

Sujet national, juin 2015, exercice 2

4,5 points

Voici un programme de calcul sur lequel travaillent quatre élèves :

- Prendre un nombre ;
- Lui ajouter 8 ;
- Multiplier le résultat par 3 ;
- Enlever 24 ;
- Enlever le nombre de départ.

Voici ce qu'ils affirment :

- Sophie : « Quand je prends 4 comme nombre de départ, j'obtiens 8 » ;
- Gabriel : « Moi, j'ai pris −3 au départ et j'ai obtenu −9 » ;
- Martin : « En appliquant ce programme à 0, je trouve 0 » ;
- Faïza : « Pour n'importe quel nombre choisi, le résultat final est égal au double du nombre de départ ».

Pour chacun de ces quatre élèves, expliquer s'il a raison ou tort.

Nos conseils

Vous devez trouver que trois élèves exactement sur les quatre ont raison.

Pour les affirmations de Sophie, Gabriel et Martin, calculez le résultat obtenu en fonction du nombre de départ choisi et vérifiez s'il correspond ou non à leur résultat.

Pour l'affirmation de Faïza, notez x le nombre de départ et donnez les expressions successives en fonction de x obtenues par le programme de calcul. Quelle est la dernière expression obtenue, en fonction de x ?

Affirmation de Sophie : en prenant 4 comme nombre de départ, on obtient successivement les nombres suivants avec le programme de calcul :
$4 + 8 = 12$; $12 \times 3 = 36$; $36 - 24 = 12$; $12 - 4 = 8$.
Sophie a donc raison.
Affirmation de Gabriel : en prenant −3 comme nombre de départ, on obtient successivement les nombres suivants avec le programme de calcul :
$-3 + 8 = 5$; $5 \times 3 = 15$; $15 - 24 = -9$; $-9 -(-3) = -9 + 3 = -6$.
Gabriel a donc tort.
Affirmation de Martin : en prenant 0 comme nombre de départ, on obtient successivement les nombres suivants avec le programme de calcul :
$0 + 8 = 8$; $8 \times 3 = 24$; $24 - 24 = 0$; $0 - 0 = 0$.
Martin a donc raison.
Affirmation de Faïza : en notant x le nombre de départ, on obtient successivement les nombres suivants avec le programme de calcul :
$x + 8$; $3 \times (x + 8) = 3x + 24$; $3x + 24 - 24 = 3x$; $3x - x = 2x$ qui est le double de x.
Faïza a donc raison.

Sujet national, juin 2015, exercice 5

6 points

Agnès envisage de peindre la façade de son hangar.

Information 1. Caractéristiques de la peinture utilisée.

Renseignements concernant un pot de peinture

Volume : 6 l
Temps de séchage : 8 h
Surface couverte : 24 m^2
Monocouche*
Prix : 103,45 €

* Une seule couche de peinture suffit.

Information 2. Schéma de la façade.

(Le schéma n'est pas à l'échelle)

La zone grisée est la zone à peindre.

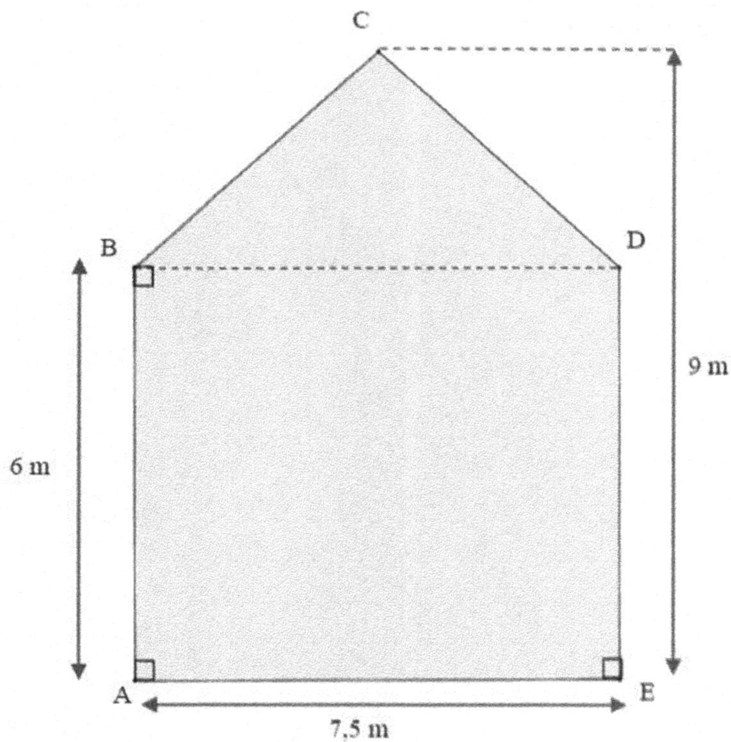

1. Quel est le montant minimum à prévoir pour l'achat des pots de peinture ?

> Calculez l'aire du polygone ABCDE, puis déduisez-en le nombre (entier) de pots de peinture qu'Agnès doit acheter pour peindre cette surface.
> Rappelez-vous que l'aire d'un triangle de la longueur de base B et de hauteur associée h est $\frac{B \times h}{2}$.

2. Agnès achète la peinture et tout le matériel dont elle a besoin pour ses travaux. Le montant total de la facture est de 343,50 €.

Le magasin lui propose de régler $\frac{2}{5}$ de la facture aujourd'hui et le reste en trois mensualités identiques.
Quel sera le montant de chaque mensualité ?

> Commencez par calculer le montant qu'Agnès règle aujourd'hui, puis déduisez-en le montant restant à payer en trois mensualités. Vous devez trouver un montant proche de 70 € pour chaque mensualité.
>
> Une autre méthode plus rapide consiste à exprimer chaque mensualité sous la forme d'une fraction de 343,50 € et d'effectuer le calcul.

1. Commençons par calculer l'aire du polygone ABCDE, qui est la somme de l'aire du rectangle ABDE et du triangle BCD.
L'aire du rectangle ABDE est AB × AE = 6 × 7,5 = 45 cm².
L'aire du triangle BCD est $\frac{3\text{BD}}{2} = \frac{3 \times 7,5}{2}$ = 11,25 cm², car la hauteur de ce triangle est égale à 9 − 6 = 3 cm.
L'aire du polygone ABCDE est donc 45 + 11,25 = 56,25 cm².
Calculons ensuite le nombre de pots de peinture nécessaire pour peindre cette surface.
Chaque pot de peinture permet de peindre 24 m² de surface et :
2 × 24 = 48 < 56,25 < 3 × 24 = 72, donc Agnès doit acheter 3 pots de peinture pour peindre cette surface.
Le montant minimum à prévoir pour l'achat de pot de peinture est donc de 3 × 103,45 = 310,35 €.

2. Première méthode :

Aujourd'hui, Agnès règle $\frac{2}{5}$ × 343,50 = $\frac{2 \times 343,50}{5} = \frac{687}{5}$ = 137,40 €.
Il reste donc à régler en 3 mensualités identiques la somme de 343,50 − 137,40 = 206,10 €.
Le montant de chaque mensualité sera donc de $\frac{206,10}{3}$ = 68,70 €.

Deuxième méthode :

Agnès règle aujourd'hui deux cinquièmes de la facture, donc les trois mensualités identiques de la somme restant à payer représentent trois cinquièmes de la facture.
Le montant de chaque mensualité est donc d'un cinquième de la facture, c'est-à-dire : $\frac{1}{5}$ × 343,50 = $\frac{343,50}{5}$ = 68,70 €.

Sujet national, juin 2014, exercice 2

6 points

Léa a besoin de nouveaux cahiers. Pour les acheter au meilleur prix, elle étudie les offres promotionnelles de trois magasins. Dans ces trois magasins, le modèle de cahier dont elle a besoin a le même prix avant promotion.

Magasin A	**Magasin B**	**Magasin C**
Cahier à l'unité ou lot de 3 cahiers pour le prix de 2.	Pour un cahier acheté, le deuxième à moitié prix.	30 % de réduction sur chaque cahier acheté.

1. Expliquer pourquoi le magasin C est plus intéressant si elle n'achète qu'un cahier.

Pour ce cas, remarquez qu'il n'y a que dans le magasin C qu'il y a une réduction.

2. Quel magasin doit-elle choisir si elle veut acheter :

a) deux cahiers ?

Comparez le prix de 2 cahiers dans chaque magasin en fonction du prix du cahier avant promotion.

b) trois cahiers ?

Comparez le prix de 3 cahiers dans chaque magasin en fonction du prix du cahier avant promotion.

3. La carte de fidélité du magasin C permet d'obtenir 10 % de réduction sur le ticket de caisse, y compris sur les articles ayant déjà bénéficié d'une première réduction. Léa possède cette carte de fidélité, elle l'utilise pour acheter un cahier. Quel pourcentage de réduction totale va-t-elle obtenir ?

Calculez le coefficient multiplicateur associé à ces deux baisses successives et déduisez-en le pourcentage de réduction correspondant.

1. Pour un cahier acheté, il n'y a pas de réduction dans les magasins A et B : dans le magasin A, la réduction est à partir de 3 cahiers achetés et, dans le magasin B, la réduction est à partir de 2 cahiers achetés.
Par contre, il y a une réduction dans le magasin C dès le premier cahier acheté.

Une baisse de 30 % correspond au coefficient multiplicateur de $1 - \frac{30}{100} = 1 - 0{,}3 = 0{,}7$ donc, dans le magasin C, Léa paiera le cahier 0,7 fois son prix avant promotion.

2. a) <u>Magasin A :</u>
Pour l'achat de deux cahiers, il n'y a pas de promotion, donc Léa les paie au prix de deux cahiers avant promotion.
<u>Magasin B :</u>
Pour l'achat de deux cahiers, Léa paie le deuxième à moitié prix, donc Léa les paie au prix de 1,5 cahier avant promotion.
<u>Magasin C :</u>
Pour l'achat de deux cahiers, il y a 30 % de réduction sur chacun, donc Léa les paie au prix de $2 \times 0{,}7 = 1{,}4$ cahier avant promotion.
Pour l'achat de deux cahiers, Léa doit choisir le magasin C.

b) <u>Magasin A :</u>
Pour l'achat de trois cahiers, Léa les paie au prix de deux cahiers avant promotion.
<u>Magasin B :</u>
Pour l'achat de trois cahiers, Léa paie le premier et le troisième au prix avant promotion et le deuxième à moitié prix.
Léa les paie donc au prix de 2,5 cahiers avant promotion.
<u>Magasin C :</u>
Pour l'achat de trois cahiers, il y a 30 % de réduction sur chacun, donc Léa les paie au prix de $3 \times 0{,}7 = 2{,}1$ cahiers avant promotion.
Pour l'achat de trois cahiers, Léa doit choisir le magasin A.

3. Une baisse de 30 % correspond au coefficient multiplicateur de 0,7 et une baisse de 10 % au coefficient multiplicateur de $1 - \frac{10}{100} = 1 - 0{,}1 = 0{,}9$.

Une baisse de 30 % suivie d'une baisse de 10 % correspond donc au coefficient multiplicateur de $0{,}7 \times 0{,}9 = 0{,}63$.

$0{,}63 = 1 - 0{,}37 = 1 - \frac{37}{100}$ qui correspond au coefficient multiplicateur d'une baisse de 37 %.

Avec la carte de fidélité, le pourcentage de réduction totale dans le magasin C est de 37 %.

Sujet national, juin 2014, exercice 3

5 points

Voici un programme de calcul :

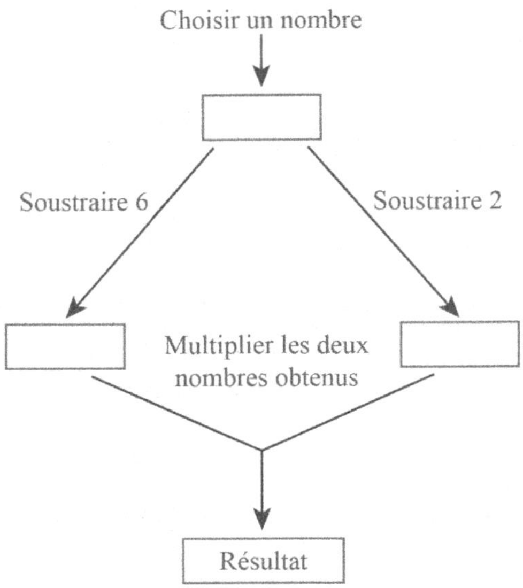

1. Montrer que si on choisit 8 comme nombre de départ, le programme donne 12 comme résultat.

> Dans ce programme de calcul, en prenant comme nombre de départ 8, le premier nombre à gauche est $8 - 6 = 2$.

2. *Pour chacune des affirmations suivantes, indiquer si elle est vraie ou fausse. On rappelle que les réponses doivent être justifiées.*

a) Le programme peut donner un résultat négatif.

> Pour montrer que cette proposition est vraie, il suffit de trouver un nombre de départ pour lequel c'est le cas.

b) Si on choisit $\frac{1}{2}$ comme nombre de départ, le programme donne $\frac{33}{4}$ comme résultat.

> Rappelez-vous que pour a, b, c et d quatre nombres (b et d non nuls), $\frac{a}{b} \times \frac{c}{d} = \frac{a \times c}{b \times d}$.

c) Le programme donne 0 comme résultat pour exactement deux nombres.

> Utilisez la propriété suivante : un produit est nul si et seulement si l'un de ses facteurs est nul.

d) La fonction qui, au nombre choisi au départ, associe le résultat du programme est une fonction linéaire.

> En notant x le nombre de départ, exprimez en fonction de x le résultat du programme. Pensez à développer et réduire cette expression.

1. En effectuant ce programme de calcul avec 8 comme nombre de départ, on obtient les nombres 8 – 6 = 2 et 8 – 2 = 6, puis le nombre 2 × 6 = 12 comme résultat.

2. *Pour chacune des affirmations suivantes, indiquer si elle est vraie ou fausse. On rappelle que les réponses doivent être justifiées.*

a) La proposition est vraie.
En prenant un nombre de départ strictement compris entre 2 et 6, le résultat de ce programme de calcul est négatif.
Par exemple, en prenant comme nombre de départ 4, on obtient les nombres 4 – 6 = –2 et 4 – 2 = 2, puis le nombre (–2) × 2 = –4 comme résultat.

b) La proposition est vraie.

En prenant $\frac{1}{2}$ comme nombre de départ, on obtient les nombres :

$\frac{1}{2} - 6 = \frac{1-12}{2} = -\frac{11}{2}$ et $\frac{1}{2} - 2 = \frac{1-4}{2} = -\frac{3}{2}$, puis le nombre :

$(-\frac{11}{2})\times(-\frac{3}{2}) = \frac{(-11)\times(-3)}{2\times 2} = \frac{33}{4}$ comme résultat.

c) La proposition est vraie.
Un produit est nul si et seulement si l'un de ses facteurs est nul.
En notant x le nombre de départ, le résultat du programme est 0 si et seulement si $x - 6 = 0$ ou $x - 2 = 0$, donc si et seulement si $x = 6$ ou $x = 2$.
Le programme donne donc 0 comme résultat pour exactement deux nombres.

d) La proposition est fausse.
En notant x le nombre de départ, on obtient les nombres $x - 6$ et $x - 2$, puis le nombre $(x - 6) \times (x - 2) = x^2 - 2x - 6x + 6 \times 2 = x^2 - 8x + 12$.
La fonction qui, au nombre choisi au départ, associe le résultat du programme est $x \longmapsto x^2 - 8x + 12$ qui n'est pas une fonction linéaire.

Sujet national, juin 2014, exercice 7

7 points

Un agriculteur produit des bottes de paille parallélépipédiques.

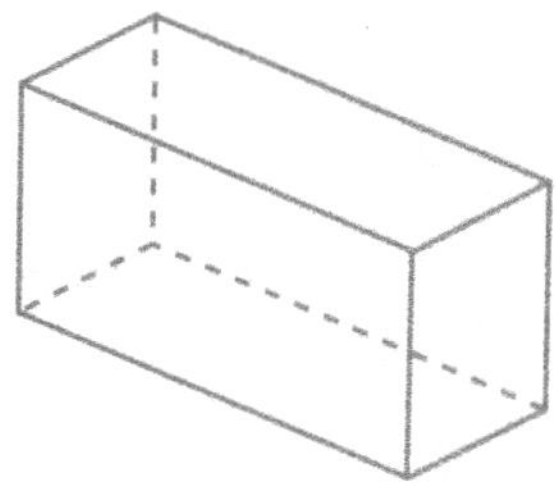

Information 1 : Dimensions des bottes de paille : 90 cm × 45 cm × 35 cm.
Information 2 : Le prix de la paille est de 40 € par tonne.
Information 3 : 1 m^3 de paille a une masse de 90 kg.

1. Justifier que le prix d'une botte de paille est 0,51 € (arrondi au centime).

Calculez le volume d'une botte de paille, puis sa masse et enfin son prix.

2. Marc veut refaire l'isolation de la toiture d'un bâtiment avec des bottes de paille parallélépipédiques. Le bâtiment est un prisme droit dont les dimensions sont données sur le schéma ci-dessous.

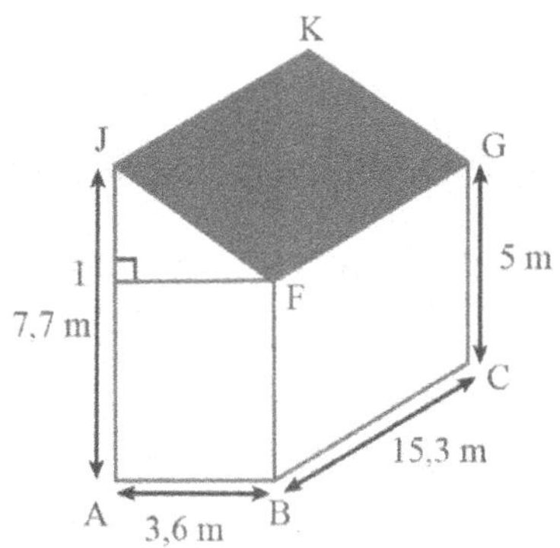

Il disposera les bottes de paille sur la surface correspondant à la zone grisée, pour créer une isolation de 35 cm d'épaisseur. Pour calculer le nombre de bottes de paille qu'il doit commander, il considère que les bottes sont disposées les unes contre les autres. Il ne tient pas compte de l'épaisseur des planches entre lesquelles il insère les bottes.

a) Combien de bottes devra-t-il commander ?

Il s'agit tout d'abord de calculer la longueur JF, puis de calculer le nombre de rectangles de 90 cm sur 45 cm que l'on peut mettre dans le rectangle FGKJ.

b) Quel est le coût de la paille nécessaire pour isoler le toit ?

Utilisez les questions 1 et 2. a).

1. À l'aide de l'information 1 :
Le volume d'une botte de paille est V = 90 × 45 × 35 = 141 750 cm^3 = 141,750 dm^3 = 0,141750 m^3.
À l'aide de l'information 3 :
1 m^3 de paille a une masse de 90 kg donc une botte de paille pèse 90 × 0,141750 = 12,7575 kg.
À l'aide de l'information 2 :
Le prix de la botte de paille est de 40 € par tonne (1 000 kg), donc le prix d'une botte de paille est de $\dfrac{40 \times 12,7575}{1000} = \dfrac{510,3}{1000}$ = 0,51 € au centime près.

2. a) Calculons la longueur JF.
Le triangle FIJ est rectangle en I, donc d'après le théorème de Pythagore :
$JF^2 = IJ^2 + IF^2 = (AJ - IA)^2 + IF^2 = (7,7 - 5)^2 + 3,6^2 = 2,7^2 + 12,96 = 7,29 + 12,96 = 20,25$.

JF est un nombre positif car c'est une distance donc JF = $\sqrt{20,25}$ = 4,5 m.

Dans la longueur JK = 15,3 m, il y a $\dfrac{15,3}{0,9}$ = 17 fois la longueur 90 cm = 0,9 m.

Dans la longueur JF = 4,5 m, il y a $\dfrac{4,5}{0,45}$ = 10 fois la longueur 45 cm = 0,45 m.

Finalement, Marc devra commander 17 × 10 = 170 bottes de paille pour refaire son isolation.

b) D'après la question **1.**, chaque botte de paille coûte 0,51 €.
D'après la question **2. a)**, Marc a besoin de 170 bottes de paille pour refaire son isolation.
Finalement, le coût de la paille nécessaire pour isoler le toit est 170 × 0,51 = 86,7 €.

Amérique du Nord, juin 2014, exercice 3

3 points

L'exercice suivant traite du thème « le canal du Midi »[1]. Le vocabulaire spécifique est donné sur le schéma ci-dessous.

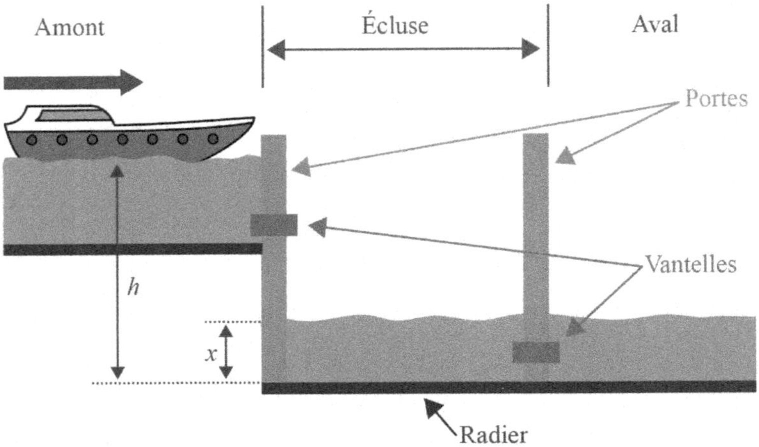

1. La longueur du canal du Midi est de 240 km de Toulouse à l'étang de Thau et la vitesse des embarcations y est limitée à 8 km/h.
Combien de temps, au moins, faut-il pour effectuer ce trajet en péniche sans faire de pause ?

> Utilisez la formule $v = \dfrac{d}{t}$ avec les unités qui conviennent.

2. On assimilera une écluse à un pavé droit de 8,4 m de large, de 30 m de long et de 3 m de hauteur.
Calculer le volume de cette écluse.

> Rappelez-vous que le volume d'un parallélépipède rectangle de dimensions a, b et c est $V = a \times b \times c$.

3. Le prix hebdomadaire de la location d'un bateau à moteur dépend de la période.
Il est de 882 € du 01/01/2014 au 28/04/2014.
Il augmente de 27 % pour la période du 29/04/2014 au 12/05/2014.
Calculer le prix de la location pour cette période.

> Quel est le coefficient multiplicateur associé à une hausse de 27 % ?

1. Le canal du Midi est un canal qui rejoint l'Atlantique à la Méditerranée.

1. On a la formule $v = \dfrac{d}{t}$ avec v exprimée en km/h, d en km et t en h.

On a donc $t = \dfrac{d}{v} = \dfrac{240}{8}$ = 30 h.

Le temps minimal qu'il faut pour effectuer ce trajet en péniche sans faire de pause est 30 heures.

2. Le volume d'un pavé de 8,4 m de large, 30 m de long et de 3 m de hauteur est : V = 8,4 × 30 × 3 = 756 m^3.

Le volume de l'écluse qui est assimilé à ce pavé est 756 m^3.

3. Le coefficient multiplicateur associé à une hausse de 27 % est $1 + \dfrac{27}{100}$

= 1 + 0,27 = 1,27.

Le prix de la location pour la période du 29/04/2014 au 12/05/2014 est : 1,27 × 884 = 1 122,68 €.

Amérique du Nord, juin 2014, exercice 7

5 points
On étudie plus précisément le remplissage d'une écluse pour faire passer une péniche de l'amont vers l'aval.
Principe : il s'agit de faire monter le niveau de l'eau dans l'écluse jusqu'au niveau du canal en amont afin que l'on puisse ensuite faire passer la péniche dans l'écluse. Ensuite, l'écluse se vide et le niveau descend à celui du canal en aval. La péniche peut sortir de l'écluse et poursuivre dans le canal en aval.

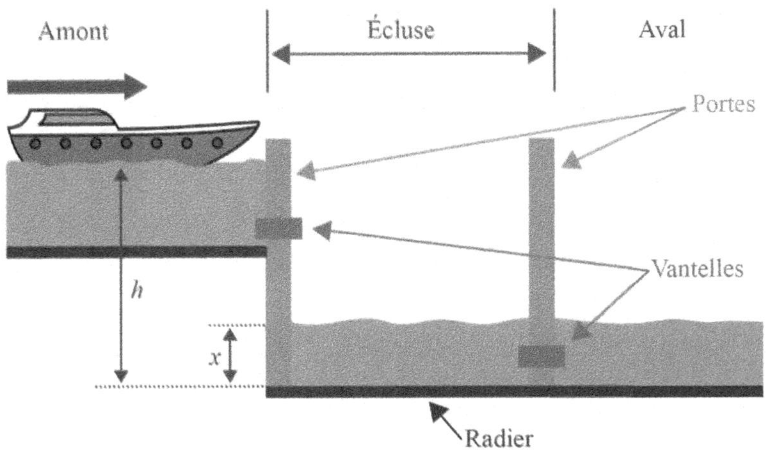

Toutes les mesures de longueur sont exprimées en mètres.
On notera h la hauteur du niveau de l'eau en amont et x la hauteur du niveau de l'eau dans l'écluse.
Ces hauteurs sont mesurées à partir du radier (fond) de l'écluse. (voir schéma ci-dessus.)
Lorsque la péniche se présente à l'écluse, on a : $h = 4{,}3$ m et $x = 1{,}8$ m.
La vitesse de l'eau s'écoulant par la vantelle (vanne) est donnée par la formule suivante :

$v = \sqrt{2g(h - x)}$ où $g = 9{,}81$ (accélération en mètre par seconde au carré notée m.s^{-2}) et v est la vitesse (en mètre par seconde noté m.s^{-1})

1. Calculer l'arrondi à l'unité de la vitesse de l'eau s'écoulant par la vantelle à l'instant de son ouverture. (On considère l'ouverture comme étant instantanée.)

> Pour calculer v, remplacez g, h et x par les valeurs données dans l'énoncé.

2. Pour quelle valeur de x, la vitesse d'écoulement de l'eau sera-t-elle nulle ? Qu'en déduit-on pour le niveau de l'eau dans l'écluse dans ce cas ?

> Observez l'expression de v pour savoir quand elle pourrait s'annuler.

3. Le graphique donné ci-dessous représente la vitesse d'écoulement de l'eau par la vantelle en fonction du niveau x de l'eau dans l'écluse.

Déterminer, par lecture graphique, la vitesse d'écoulement lorsque la hauteur de l'eau dans l'écluse est de 3,4 m.

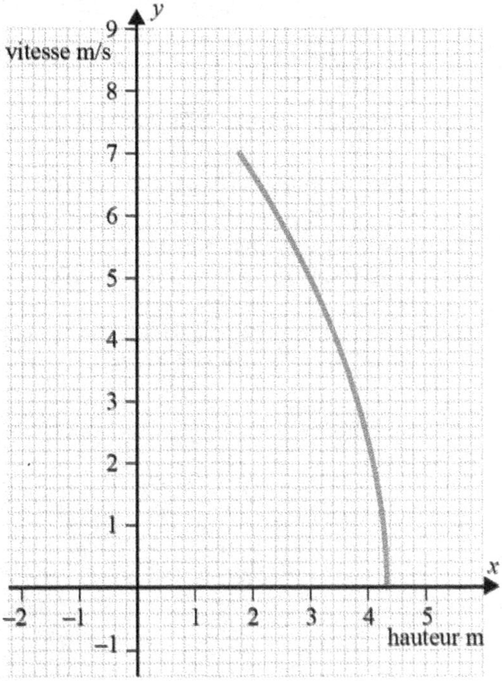

Il s'agit de déterminer graphiquement l'image de 3,4 par la fonction représentée. N'oubliez pas ensuite l'unité.

1. La vitesse de l'eau s'écoulant par la vantelle à l'instant de son ouverture est donnée par la formule $v = \sqrt{2g(h-x)}$ avec g = 9,81 m.s^{-2}, h = 4,3 m et x = 1,8 m.

On a donc : $v = \sqrt{2\times 9,81\times(4,3-1,8)} = \sqrt{2\times 9,81\times 2,5} = \sqrt{49,05} \approx$ 7 m.s^{-1} à l'unité près.

La vitesse de l'eau s'écoulant par la vantelle à l'instant de son ouverture est proche de 7 m.s^{-1}.

2. La vitesse d'écoulement de l'eau est donnée par la formule $v = \sqrt{2g(h-x)}$ où seule la valeur x varie.

La vitesse sera nulle lorsque $h - x = 0$, c'est-à-dire $x = h$.

Dans ce cas, le niveau de l'eau dans l'écluse sera le même que le niveau de l'eau en amont, et la péniche pourra passer dans l'écluse.

3. Graphiquement, lorsque la hauteur de l'eau dans l'écluse est de 3,4 m, la vitesse d'écoulement est proche de 4,2 m.s^{-1} (noté aussi m/s).

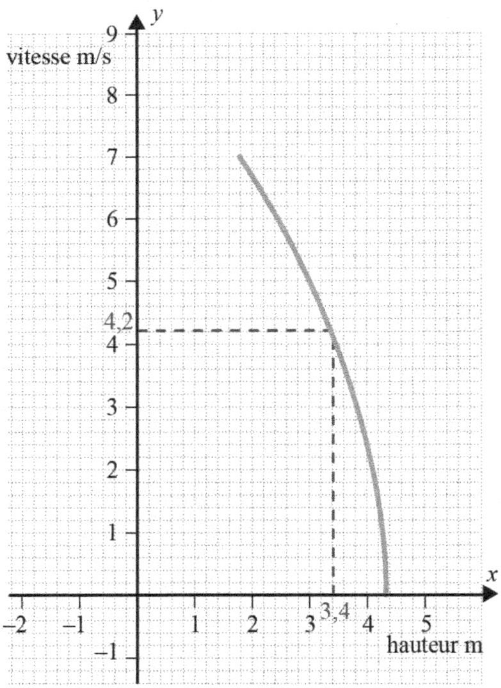

Amérique du Nord, juin 2014, exercice 8

4 points

L'exercice suivant traite du thème « le canal du Midi »[1]. Le vocabulaire spécifique est donné sur le schéma ci-dessous.

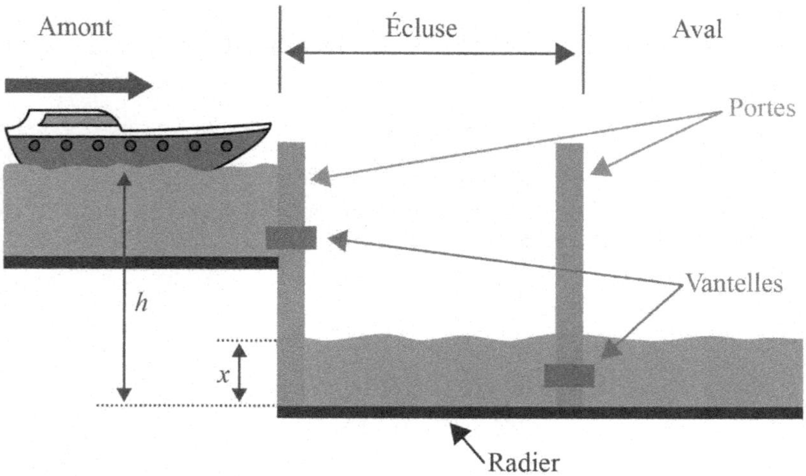

Le débit moyen q d'un fluide dépend de la vitesse moyenne v du fluide et de l'aire de la section d'écoulement d'aire S. Il est donné par la formule suivante :
$q = S \times v$ où q est exprimé en $m^3.s^{-1}$; S est exprimé en m^2 ; v est exprimé en $m.s^{-1}$.
Pour cette partie, on considérera que la vitesse moyenne d'écoulement de l'eau à travers la vantelle durant le remplissage est $v = 2{,}8$ $m.s^{-1}$.
La vantelle a la forme d'un disque de rayon R = 30 cm.

1. Quelle est l'aire exacte, en m^2, de la vantelle ?

L'aire d'un disque de rayon R est πR^2. Faites attention aux unités dans le calcul.

2. Déterminer le débit moyen arrondi au millième de cette vantelle durant le remplissage.

Pour calculer q, remplacez S et v par les valeurs données dans l'énoncé.

3. Pendant combien de secondes faudra-t-il patienter pour le remplissage d'une écluse de capacité 756 m^3 ? Est-ce que l'on attendra plus de 15 minutes ?

Rappelez-vous que la formule du débit est donnée par $D = \frac{V}{t}$ ($m^3.s^{-1}$) où V est le volume (m^3), t est le temps (s).

1. Le canal du Midi est un canal qui rejoint l'Atlantique à la Méditerranée.

1. L'aire d'un disque de rayon R est πR^2.
La vantelle a la forme d'un disque de rayon R = 30 cm = 0,3 m donc son aire exacte est $S = \pi \times 0{,}3^2 = 0{,}09\pi$ m².
2. Le débit moyen arrondi au millième de cette vantelle durant le remplissage est donné par la formule $q = S \times v$ avec $S = 0{,}09\pi$ m² et $v = 2{,}8$ m.s⁻¹.
On a donc : $q = 0{,}09\pi \times 2{,}8 = 0{,}252\pi \approx 0{,}792$ m³.s⁻¹ au millième près en utilisant la touche « π » de la calculatrice.
3. En notant t (en secondes) le temps qu'il faudra pour remplir une écluse de 756 m³, on a :

$0{,}792 \approx \dfrac{756}{t}$ donc $t \approx \dfrac{756}{0{,}792}$ = 955 s à l'unité près.

955 s = 15 × 60 + 55 s = 15 min 55 s.
Le temps de remplissage d'une écluse de capacité 756 m³ est 15 min 55 s, donc il faudra attendre plus de 15 minutes.

Amérique du Nord, juin 2014, exercice 9

5 points

Certaines écluses ont des portes dites « busquées », qui forment un angle pointé vers l'amont de manière à résister à la pression de l'eau.

En vous appuyant sur le schéma ci-dessous, déterminer la longueur des portes au cm près.

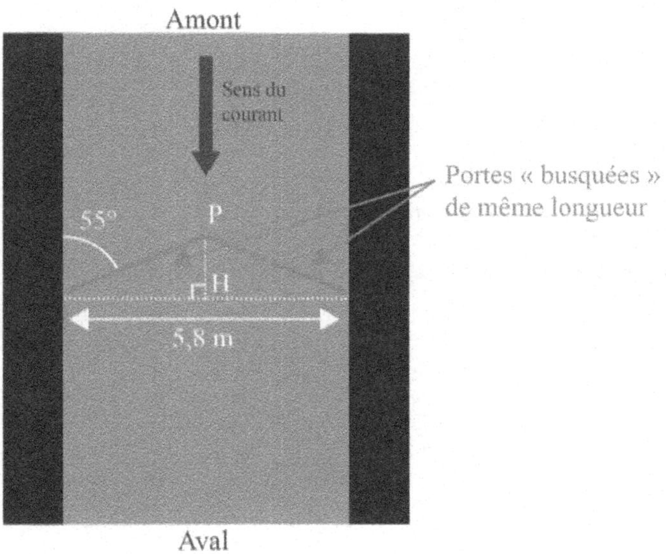

Si le travail n'est pas terminé, laisser tout de même une trace de la recherche. Elle sera prise en compte dans la notation.

> Pensez à utiliser les propriétés du triangle isocèle, puis une relation trigonométrique pour calculer la longueur AP d'une porte busquée.

PA = PB donc le triangle APB est isocèle en P.
Dans un triangle isocèle, la hauteur issue du sommet principal est aussi médiatrice : on a donc AH = $\frac{\mathrm{AB}}{2} = \frac{5,8}{2}$ = 2,9 m.

On a $\widehat{\mathrm{PAH}} = 90^\circ - 55^\circ = 35^\circ$.
Dans le triangle PAH rectangle en H, on a :

cos($\widehat{\mathrm{PAH}}$) = $\frac{\mathrm{AH}}{\mathrm{AP}}$ donc :

AP = $\frac{\mathrm{AH}}{\cos(\widehat{\mathrm{PAH}})}$ puis :

AP = $\frac{2,9}{\cos(35^\circ)} \approx$ 3,54 m au centimètre près.
La longueur de chacune des deux portes dites « busquées » est de 3,54 m environ.

Centres étrangers, juin 2014, exercice 4

5 points

Paul en visite à Paris admire la Pyramide, réalisée en verre feuilleté au centre de la cour intérieure du Louvre.

Cette pyramide régulière a :

- pour base un carré ABCD de côté 35 mètres ;
- pour hauteur le segment [SO] de longueur 22 mètres.

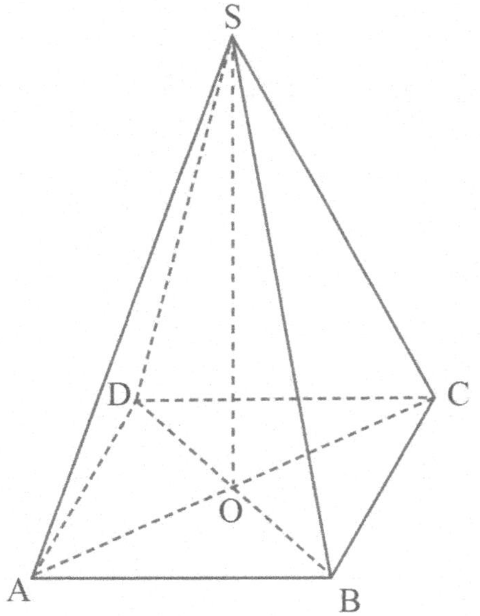

Paul a tellement apprécié cette pyramide qu'il achète comme souvenir de sa visite une lampe à huile dont le réservoir en verre est une réduction à l'échelle $\frac{1}{500}$ de la vraie pyramide.

Le mode d'emploi de la lampe précise que, une fois allumée, elle brûle 4 cm^3 d'huile par heure.

Au bout de combien de temps ne restera-t-il plus d'huile dans le réservoir ? Arrondir à l'unité d'heures.

Rappel : Volume d'une pyramide = un tiers du produit de l'aire de la base par la hauteur.

Faire apparaître sur la copie la démarche utilisée. Toute trace de recherche sera prise en compte lors de l'évaluation même si le travail n'est pas complètement abouti.

> Commencez par calculer le volume de la pyramide SABCD en m^3, puis calculez le volume de sa réduction à l'échelle $\frac{1}{500}$ en cm^3.

Le volume de la pyramide à base carrée SABCD est :

$V = \dfrac{A_{\text{ABCD}} \times \text{SO}}{3} = \dfrac{35^2 \times 22}{3} = \dfrac{26\,950}{3}$ m³.

Une réduction de rapport $\dfrac{1}{500}$ multiplie les volumes par $(\dfrac{1}{500})^3 = \dfrac{1}{500^3}$

$= \dfrac{1}{125\,000\,000}$.

Le volume de la lampe à huile qui est une réduction à l'échelle $\dfrac{1}{500}$ de la vraie pyramide est donc :

$V' = \dfrac{26\,950}{3} \times \dfrac{1}{125\,000\,000}$ m³

$V' = \dfrac{26\,950\,000}{3} \times \dfrac{1}{125\,000\,000}$ dm³

$V' = \dfrac{26\,950\,000\,000}{3} \times \dfrac{1}{125\,000\,000}$ cm³

$V' = \dfrac{26\,950\,000\,000}{3 \times 125\,000\,000}$ cm³

$V' = \dfrac{26\,950}{3 \times 125}$ cm³

$V' = \dfrac{26\,950}{375}$ cm³

$V' \approx 71{,}9$ cm³ au dixième près.

La lampe à huile brûle 4 cm³ d'huile par heure donc il ne restera plus d'huile au bout d'environ $\dfrac{71{,}9}{4} \approx 18$ h arrondi à l'unité d'heures près.

Centres étrangers, juin 2014, exercice 5

3 points

1. Développer et réduire l'expression : $(2n + 5)(2n - 5)$ où n est un nombre quelconque.

> Pensez à utiliser une identité remarquable.

2. En utilisant la question 1, calculer 205×195.

> Utilsez le résultat de la question 1 avec une valeur particulière de n.

1. On a l'identité remarquable : $(a - b)(a + b) = a^2 - b^2$.
Pour n un nombre quelconque, en prenant $a = 2n$ et $b = 5$, on a :
$(2n + 5)(2n - 5) = (2n)^2 - 5^2 = 4n^2 - 25$.
2. En remplaçant n par 100 dans la question 1, on a :
$(2 \times 100 + 5)(2 \times 100 - 5) = 205 \times 195 = 4 \times 100^2 - 25 = 4 \times 10\,000 - 25 = 40\,000 - 25$
$= 39\,975$.

Centres étrangers, juin 2014, exercice 6

6 points

Pour préparer son voyage à Marseille, Julien utilise un site Internet pour choisir le meilleur itinéraire. Voici le résultat de sa recherche :

Calculez votre itinéraire		**59 000 Lille - 13 000 Marseille**	
Départ 59 000 Lille France		**Coût estimé**	Péage 73,90 € Carburant 89,44 €
		Temps	8 h 47 dont 8 h 31 sur autoroutes
Arrivée 13 000 Marseille France		**Distance**	1004 km dont 993 km sur autoroutes

1. Quelle vitesse moyenne, arrondie au km/h, cet itinéraire prévoit-il pour la portion de trajet sur autoroute ?

> Utilisez la formule $v = \dfrac{d}{t}$ en écrivant t en heures décimales.

2. Sachant que la sécurité routière préconise au moins une pause de 10 à 20 minutes toutes les deux heures de conduite, quelle doit être la durée minimale que Julien doit prévoir pour son voyage ?

> Demandez-vous combien de pauses Julien doit faire pendant les 8 h 47 min de trajet.

3. *Pour cette question, faire apparaître sur la copie la démarche utilisée. Toute trace de recherche sera prise en compte lors de l'évaluation même si le travail n'est pas complètement abouti.*

Sachant que le réservoir de sa voiture a une capacité de 60 L et qu'un litre d'essence coûte 1,42 €, peut-il faire le trajet avec un seul plein d'essence en se fiant aux données du site Internet ?

> Calculez le nombre de litres d'essence nécessaires pour effectuer ce trajet.

1. On a la formule $v = \dfrac{d}{t}$ avec v exprimée en km/h, d en km et t en h.

d = 993 km et t = 8 h 31 min = 8 h + $\dfrac{31}{60}$ h $\approx$ 8,52 h, donc :

$v \approx \dfrac{993}{8,52} \approx$ 117 km/h au km/h près.

La vitesse moyenne de cet itinéraire pour la portion de trajet sur autoroute est de 117 km/h environ.

2. Pendant les 8 h 47 min de trajet, Julien doit faire une pause au bout de 2 h, 4 h, 6 h et 8 h de conduite.

Il doit donc faire au moins 4 pauses de 10 minutes, soit 40 minutes de pause.

Finalement, la durée minimale que Julien doit prévoir pour son voyage est 8 h 47 min + 40 min = 9 h 27 min.

3. Pour ce trajet, le coût du carburant est 89,44 €.

Un litre d'essence coûte 1,42 € donc la voiture consommera $\dfrac{89,44}{1,42} \approx$ 63 L pour ce trajet.

La capacité du réservoir de cette voiture étant de 60 L, en se fiant aux données du site Internet, Julien ne peut pas faire le trajet avec un seul plein.

Centres étrangers, juin 2014, exercice 7

7 points

Il existe différentes unités de mesure de la température : en France on utilise le degré Celsius ($^\circ\mathrm{C}$), aux États-Unis on utilise le degré Fahrenheit ($^\circ\mathrm{F}$).

Pour passer des degrés Celsius aux degrés Fahrenheit, on multiplie le nombre de départ par 1,8 et on ajoute 32 au résultat.

1. Qu'indiquerait un thermomètre en degrés Fahrenheit si on le plonge dans une casserole d'eau qui gèle ? On rappelle que l'eau gèle à 0 $^\circ\mathrm{C}$.

> Suivez le processus défini dans l'énoncé pour passer des degrés Celsius aux degrés Fahrenheit.

2. Qu'indiquerait un thermomètre en degrés Celsius si on le plonge dans une casserole d'eau portée à 212 $^\circ\mathrm{F}$? Que se passe t-il ?

> Notez x la température recherchée exprimée en degrés Celsius. Il s'agit ensuite de résoudre une équation d'inconnue x.

3. a) Si l'on note x la température en degré Celsius et $f(x)$ la température en degré Fahrenheit, exprimer $f(x)$ en fonction de x.

> En notant x la température exprimée en degrés Celsius, déterminez l'expression de la température exprimée en degrés Farenheit.

b) Comment nomme-t-on ce type de fonction ?

> Observez l'expression de $f(x)$.

c) Quelle est l'image de 5 par la fonction f ?

> Il s'agit de calculer $f(5)$.

d) Quel est l'antécédent de 5 par la fonction f ?

> Il s'agit de calculer la valeur dont l'image par f est 5.

e) Traduire en terme de conversion de température la relation $f(10) = 50$.

> Relisez le processus défini dans l'énoncé pour passer des degrés Celsius aux degrés Fahrenheit.

1. Si le thermomètre indique 0 °C, il indiquerait 1,8 × 0 + 32 = 0 + 32 = 32 °F.
Si on plonge le thermomètre dans une casserole d'eau qui gèle, il indiquerait 32 °F.

2. Si on note x la température (en °C) correspondant à 212 °F, on a :

1,8x + 32 = 212, soit 1,8x = 212 − 32 = 180 puis $x = \frac{180}{1,8} = 100$.

Si on plonge le thermomètre dans une casserole d'eau portée à 212 °F, le thermomètre indiquerait 100 °C.
À cette température, l'eau bout.

3. a) D'après l'énoncé, on a $f(x)$ = 1,8x + 32.

b) $f(x)$ s'écrit sous la forme $f(x) = ax + b$ où a et b sont deux nombres, et b est non nul.
f est donc une fonction affine.

c) $f(5)$ = 1,8 × 5 + 32 = 9 + 32 = 41.
L'image de 5 par la fonction f est 41.

d) L'antécédent de 5 par la fonction f est la valeur x telle que $f(x)$ = 5.

$f(x)$ = 1,8x + 32 = 5 lorsque 1,8x = 5 − 32 = −27 donc $x = \frac{-27}{1,8} = -15$.

L'antécédent de 5 par la fonction f est −15.

e) La relation $f(10)$ = 50 signifie que lorsque la température est de 10 °C, elle est de 50 °F.

Sujet Inde, avril 2014, exercice 3

3 points

« Je prends un nombre entier. Je lui ajoute 3 et je multiplie le résultat par 7. J'ajoute le triple du nombre de départ au résultat et j'enlève 21. J'obtiens toujours un multiple de 10. »

Est-ce vrai ? Justifier.

Si le travail n'est pas terminé, laisser tout de même une trace de la recherche. Elle sera prise en compte dans l'évaluation.

> Notez x la valeur de départ et déterminez l'expression en fonction de x du résultat du programme de calcul.

Notons x la valeur de départ du programme de calcul.
Si on lui ajoute 3, l'expression devient $x + 3$.
Si on multiplie le résultat par 7, l'expression devient $7(x + 3)$.
Si on ajoute le triple du nombre de départ, qui est $3x$, l'expression devient $7(x + 3) + 3x$.
Si on enlève ensuite 21, l'expression devient $7(x + 3) + 3x - 21$.
En développant cette dernière expression, on a :
$7(x + 3) + 3x - 21 = 7x + 7 \times 3 + 3x - 21 = 7x + 21 + 3x - 21 = 10x$ qui est un multiple de 10.
Finalement, quel que soit le nombre de départ de ce programme de calcul, le résultat est toujours un multiple de 10.

Sujet national, juin 2013, exercice 5

7 points

Pour réaliser un abri de jardin en parpaings, un bricoleur a besoin de 300 parpaings de dimensions 50 cm × 20 cm × 10 cm pesant chacun 10 kg.
Il achète les parpaings dans un magasin situé à 10 km de sa maison. Pour les transporter, il loue au magasin un fourgon.

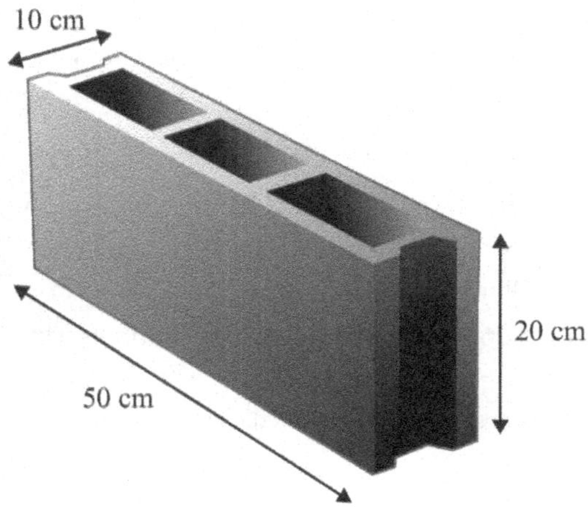

Information 1. Caractéristiques du fourgon :
- 3 places assises ;
- dimensions du volume transportable (L × l × h) : 2,60 m × 1,56 m × 1,84 m ;
- charge pouvant être transportée : 1,7 tonne ;
- volume du réservoir : 80 L ;
- Diesel (consommation : 8 L aux 100 km).

Information 2. Tarifs de location du fourgon :

1 jour 30 km maximum 48 €	1 jour 50 km maximum 55 €	1 jour 100 km maximum 61 €	1 jour 200 km maximum 78 €	km supplémentaire 2 €

Ces prix comprennent le kilométrage indiqué hors carburant.

Information 3. 1 litre de carburant coûte 1,50 €.

1. Expliquer pourquoi il devra effectuer deux allers-retours pour transporter les 300 parpaings jusqu'à sa maison.

Pour pouvoir répondre, observez les caractéristiques du fourgon.

2. Quel sera le coût total du transport ?

Remarquez que le coût total du transport comprend le coût de la location du fourgon et le coût du carburant.

3. Les tarifs de location du fourgon sont-ils proportionnels à la distance maximale autorisée par jour ?

Pour pouvoir répondre, calculez des quotients et comparez-les.

1. Le volume occupé par les 300 parpaings est :
$0,5 \times 0,2 \times 0,1 \times 300 = 3\ m^3$.
Le volume transportable par le fourgon est :
$2,6 \times 1,56 \times 1,84 = 7,46\ m^3$ arrondi au centième.
Comme $3 < 7,46$, le fourgon est donc assez grand pour contenir les 300 parpaings.
Les 300 parpaings pèsent au total :
$300 \times 10 = 3\ 000$ kg = 3 t.
Le fourgon ne peut transporter que 1,7 t. Or $1,7\ t < 3\ t < 2 \times 1,7\ t = 3,4\ t$, donc les 300 parpaings doivent être transportés en deux allers-retours.
Il devra donc effectuer deux allers-retours pour transporter les 300 parpaings jusqu'à sa maison.

2. Le coût total du transport comprend le coût de la location du fourgon et le coût du carburant.
Le bricoleur va faire deux allers-retours entre sa maison et le magasin, soit $2 \times 2 \times 10 = 40$ km.
Pour cette distance, le tarif de location du fourgon sera de 55 €, car 40 km est strictement supérieur à 30 km et inférieur à 50 km (Information 2).
D'après les caractéristiques du fourgon (Information 1), il consomme 8 L aux 100 km, donc il consommera $\frac{8 \times 40}{100} = 3,2$ L pour 40 km.

Un litre de carburant coûte 1,5 € (information 3) donc le coût du carburant sera, pour faire 40 km, de : $3,2 \times 1,5 = 4,8$ €.
Le coût total du transport sera de $55 + 4,8 = 59,80$ € pour faire les deux allers-retours entre sa maison et le magasin.

3. $\frac{48}{30} = 1,6$ et $\frac{55}{50} = 1,1$.

Or $1,6 \neq 1,1$, donc les tarifs de location du fourgon ne sont pas proportionnels à la distance maximale autorisée par jour.

Sujet national, juin 2013, exercice 7

4,5 points

Chacune des trois affirmations suivantes est-elle vraie ou fausse ? On rappelle que les réponses doivent être justifiées.

1. **Affirmation 1 :**

Dans un club sportif, les trois quarts des adhérents sont mineurs et le tiers des adhérents majeurs a plus de 25 ans. Un adhérent sur six a donc entre 18 ans et 25 ans.

> Commencez par calculer la fraction d'adhérents qui sont majeurs, puis celle des adhérents majeurs qui ont entre 18 ans et 25 ans.

2. **Affirmation 2 :**

Durant les soldes, si on baisse le prix d'un article de 30 % puis de 20 %, au final le prix de l'article a baissé de 50 %.

> Déterminez le coefficient multiplicateur associé à une baisse de 30 %, ainsi que celui associé à une baisse de 20 %.

3. **Affirmation 3 :**

Pour n'importe quel nombre entier n, $(n + 1)^2 - (n - 1)^2$ est un multiple de 4.

> Utilisez deux identités remarquables pour développer l'expression $(n + 1)^2 - (n - 1)^2$ pour tout nombre entier n.

1. L'affirmation est **vraie**.
Les trois quarts des adhérents sont mineurs, donc un quart des adhérents sont majeurs (plus de 18 ans).
Parmi ce quart d'adhérents majeurs, le tiers a plus de 25 ans, donc les deux tiers ont entre 18 ans et 25 ans.
Finalement, les deux tiers du quart des adhérents a entre 18 ans et 25 ans.

Or, $\frac{2}{3} \times \frac{1}{4} = \frac{2 \times 1}{3 \times 4} = \frac{1}{3 \times 2} = \frac{1}{6}$, donc un adhérent sur six a entre 18 ans et 25 ans.

2. L'affirmation est **fausse**.

Le coefficient multiplicateur associé à une baisse de 30 % est $1 - \frac{30}{100} = 1 - 0{,}3 = 0{,}7$ et celui associé à une baisse de 20 % est $1 - \frac{20}{100} = 1 - 0{,}2 = 0{,}8$.
Le coefficient multiplicateur associé à une baisse de 30 % suivie d'une baisse de 20 % est donc $0{,}7 \times 0{,}8 = 0{,}56$.

Or, $0{,}56 = 1 - 0{,}44 = 1 - \frac{44}{100}$ donc la baisse globale est de 44 %.

3. L'affirmation est **vraie**.
On considère un nombre entier n.
Pour tous les nombres a et b, on a les identités remarquables :
$(a + b)^2 = a^2 + 2ab + b^2$
$(a - b)^2 = a^2 - 2ab + b^2$.
Avec $a = n$ et $b = 1$, on a :
$(n + 1)^2 - (n - 1)^2 = n^2 + 2 \times n \times 1 + 1^2 - (n^2 - 2 \times n \times 1 + 1^2) = n^2 + 2n + 1 - (n^2 - 2n + 1)$
$= n^2 + 2n + 1 - n^2 + 2n - 1 = 4n$ qui est un multiple de 4 (pour toutes les valeurs du nombre entier n).
Ainsi, pour n'importe quel nombre entier n :
$(n + 1)^2 - (n - 1)^2$ est un multiple de 4.

Inde, avril 2013, exercice 1

6 points

Pour chacune des quatre affirmations données ci-dessous, indiquer si elle est vraie ou fausse en argumentant la réponse.

1. **Affirmation 1 :**

$(\sqrt{5}-1)(\sqrt{5}+1)$ est un nombre entier.

> Développez l'expression en utilisant une identité remarquable.

2. **Affirmation 2 :**

4 n'admet que deux diviseurs.

> Cherchez tous les diviseurs de 4 compris entre 1 et 4.

3. **Affirmation 3 :**

Un cube, une pyramide à base carrée et un pavé droit totalisent 17 faces.

> Cherchez le nombre de faces d'un cube, d'une pyramide à basse carrée et d'un pavé, puis additionnez ces nombres.

4. **Affirmation 4 :**

Les droites (AB) et (CD) sont parallèles.

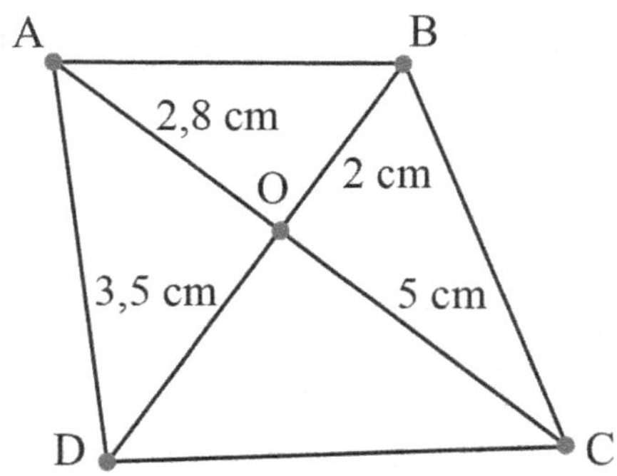

> Que pouvez-vous dire à propos des quotients $\dfrac{OA}{OC}$ et $\dfrac{OB}{OD}$?

1. Cette affirmation est **vraie**.
En utilisant l'identité remarquable $(a - b)(a + b) = a^2 - b^2$:
$(\sqrt{5}-1)(\sqrt{5}+1) = (\sqrt{5})^2 - 1^2 = 5 - 1 = 4$ qui est un nombre entier.

2. L'affirmation est **fausse**.
4 admet trois diviseurs : 1, 2 et 4.

3. L'affirmation est **vraie**.
Un cube a 6 faces : 3 paires de faces opposées.
Une pyramide à base carrée a 5 faces : sa base carrée qui a quatre côtés et donc quatre autres faces triangulaires.
Un pavé droit a 6 faces : 3 paires de faces opposées.
Ces trois solides ont au total 6 + 5 + 6 = 17 faces.

4. L'affirmation est **fausse**.

On a $\dfrac{\text{OA}}{\text{OC}} = \dfrac{2{,}8}{5} = 0{,}56$ et $\dfrac{\text{OB}}{\text{OD}} = \dfrac{2}{3{,}5} \approx 0{,}57$, donc $\dfrac{\text{OA}}{\text{OC}} \neq \dfrac{\text{OB}}{\text{OD}}$.

Montrons « par l'absurde » que les droites (AB) et (CD) ne sont pas parallèles :

Si les droites (AB) et (CD) étaient parallèles, on aurait $\dfrac{\text{OA}}{\text{OC}} = \dfrac{\text{OB}}{\text{OD}}$, d'après le théorème de Thalès appliqué aux triangles OAB et OCD.

Or $\dfrac{\text{OA}}{\text{OC}} \neq \dfrac{\text{OB}}{\text{OD}}$ donc les droites (AB) et (CD) ne sont pas parallèles.

Remarque : ce raisonnement est appelé « contraposée du théorème de Thalès ».

Inde, avril 2013, exercice 4

4 points

On donne la feuille de calcul ci-dessous.

La colonne B donne les valeurs de l'expression $2x^2 - 3x - 9$ pour quelques valeurs de x de la colonne A.

1. Si on tape le nombre 6 dans la cellule A17, quelle valeur va-t-on obtenir dans la cellule B17 ?

> Remarquez qu'il s'agit de calculer l'image de 6 par la fonction f définie par :
>
> $f(x) = 2x^2 - 3x - 9.$

2. À l'aide du tableau ci-dessous, trouver 2 solutions de l'équation $2x^2 - 3x - 9 = 0.$

	A	B
	x	$2x^2 - 3x - 9$
1	-2,5	11
2	-2	5
3	-1,5	0
4	-1	-4
5	-0,5	-7
6	0	-9
7	0,5	-10
8	1	-10
9	1,5	-9
10	2	-7
11	2,5	-4
12	3	0
13	3,5	5
14	4	11
15	4,5	18
16	5	26
17		

> Remarquez que les nombres à trouver sont dans la colonne A.

3. L'unité de longueur est le cm.

Donner une valeur de x pour laquelle l'aire du rectangle ci-dessous est égale à 5 cm². Justifier.

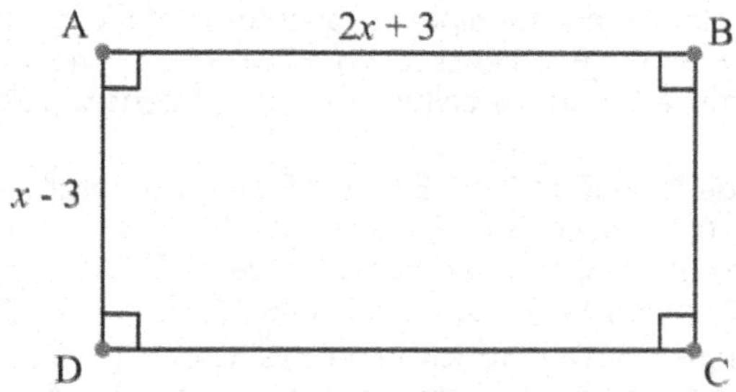

Calculez l'aire du rectangle ABCD en fonction de x, puis développez et réduisez cette expression.
Lisez ensuite la ou les réponses dans la feuille de calcul du tableur, en vérifiant qu'elles conviennent bien.

1. Il s'agit de calculer l'image de 6 par la fonction f définie par $f(x) = 2x^2 - 3x - 9$.
On a $f(6) = 2 \times 6^2 - 3 \times 6 - 9$, ou encore $f(x) = 72 - 18 - 9 = 45$.
Si on tape le nombre 6 dans la cellule A17, on obtient la valeur 45 dans la cellule B17.

2. Les solutions de l'équation $2x^2 - 3x - 9 = 0$ sont les nombres x de la colonne A dont l'image par f (dans la colonne B) est 0.
En lisant la feuille de calcul du tableur, on trouve −1,5 et 3.
Les solutions de l'équation $2x^2 - 3x - 9 = 0$ sont −1,5 et 3.

3. L'aire du rectangle ABCD en fonction de x est $(2x + 3)(x - 3)$.
En développant et en réduisant cette expression, on obtient :
$(2x + 3)(x - 3) = 2x^2 - 6x + 3x - 9$
$(2x + 3)(x - 3) = 2x^2 - 3x - 9$
qui est l'expression de la colonne B.
En lisant la feuille de calcul du tableur, les valeurs de x pour lesquelles l'image par f est 5 sont −2 et 3,5.
Or, on doit avoir $x - 3 > 0$, donc −2 est exclu et la seule valeur possible est 3,5.
Une valeur de x pour laquelle l'aire du rectangle ABCD est égale à 5 cm² est 3,5.

Sujet national, juin 2022, exercice 1

20 points

Une famille se promène au bord d'une rivière.
Les enfants aimeraient connaître la largeur de la rivière.
Ils prennent des repères, comptent leurs pas et dessinent le schéma ci-dessous sur lequel les points C, E et D, de même que A, E et B sont alignés. (Le schéma n'est pas à l'échelle.)

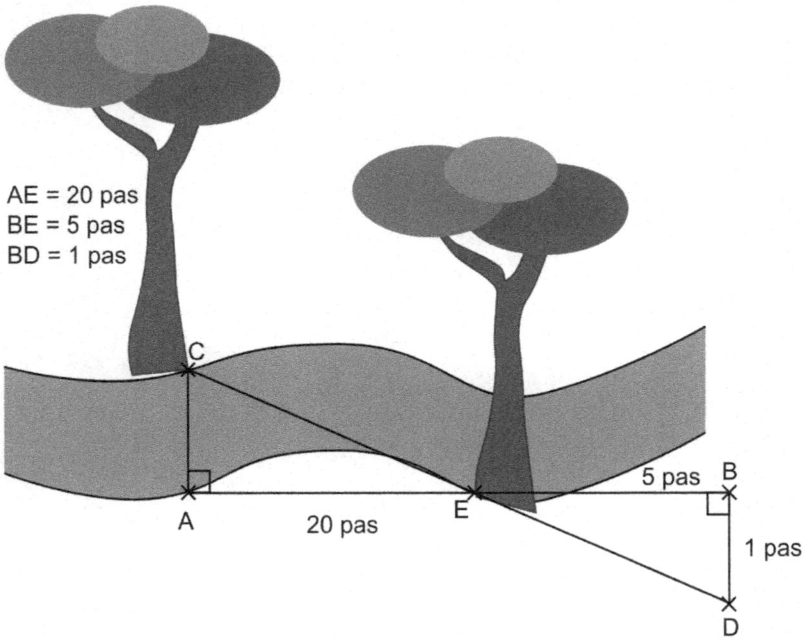

1. Démontrer que les droites (AC) et (BD) sont parallèles.

> C'est la première question de l'exercice et nous n'avons pas assez de mesures pour utiliser le théorème de Thalès, il faut donc chercher dans les notions plus basiques afin de montrer le parallélisme des deux droites.

2. Déterminer, en nombre de pas, la largeur AC de la rivière.

> Avec le parallélisme obtenu à la question précédente, il faut se laisser guider par l'exercice et utiliser l'un des théorèmes fondamentaux pour trouver cette mesure.

Pour les questions qui suivent, on assimile la longueur d'un pas à 65 cm.

3. Montrer que la longueur CE vaut 13,3 m, en arrondissant au décimètre près.

> À nouveau, on se laisse guider par la figure de l'exercice qui nous guide vers un autre théorème fondamental pour trouver la mesure demandée dans cette question.

4. L'un des enfants lâche un bâton dans la rivière au niveau du point E. Avec le courant, le bâton se déplace en ligne droite en 5 secondes jusqu'au point C.

a) Calculer la vitesse du bâton en m/s.

> Vous pouvez procéder de plusieurs manières pour résoudre cette question. On est en présence d'un problème de proportionnalité, il faut donc utiliser les méthodes de calcul appropriées et bien rédiger les étapes de vos calculs.

b) Est-il vrai que « le bâton se déplace à une vitesse moyenne inférieure à 10 km/h » ?

> Cette question traite à nouveau un sujet de proportionnalité qui peut donc être résolu de plusieurs façons différentes, mais pour lequel il faut détailler vos calculs.
> Il faut également être vigilant lors des conversions nécessaires à la résolution de cette question, car elles sont souvent sources d'erreurs de calcul.

1. Les droites (AC) et (BD) sont toutes les deux perpendiculaires à la droite (AB). Ainsi, on en déduit que les droites (AC) et (BD) sont parallèles entre elles.
2. Dans les triangles EAC et EBD, on a :
- Le point E qui appartient aux segments [AB] et [CD] ;
- Les droites (AC) et (BD) qui sont parallèles.

D'après le théorème de Thalès, on obtient : $\frac{\text{EC}}{\text{ED}} = \frac{\text{EA}}{\text{EB}} = \frac{\text{AC}}{\text{BD}}$.

On obtient alors : $\frac{20}{5} = \frac{\text{AC}}{1}$ soit AC = 4.

La largeur de la rivière est donc de 4 pas.
3. Dans le triangle ACE rectangle en A, on peut appliquer le théorème de Pythagore et on obtient : $CE^2 = AC^2 + AE^2$. Ainsi, on a : $CE^2 = 4^2 + 20^2 = 16 + 400 = 416$.

Donc, on obtient : $\text{CE} = \sqrt{416}\,\text{pas} \approx 20,4\ \text{pas}$.

Comme un pas mesure 65 cm, on obtient : $\text{CE} = 0,65 \times \sqrt{416} \approx 13,3\ \text{m}$ lorsqu'on arrondit au dm près.
4. a) La vitesse du bâton est donnée par la formule : $\text{v} = \frac{\text{d}}{\text{t}}$. Ainsi, on a : $\text{v} = \frac{\text{CE}}{5} = \frac{0,65 \times \sqrt{416}}{5} \approx 2,65\ \text{m / s}$.

Remarque : si on prend CE $\approx$ 13,3 m, la vitesse moyenne obtenue est d'environ 2,66 m/s.

b) On sait que 1 km représente 1 000 m et que 1 h compte 3 600 secondes. Ainsi, si on convertit, on obtient : $10\ \text{km / h} = \frac{10\ \text{km}}{1\text{h}} = \frac{1000\ \text{m}}{3600\ \text{s}} \approx 2,78\ \text{m}$.

Ainsi, l'affirmation proposée est exacte, car le bâton se déplace à une vitesse inférieure à 10 km/h.

Sujet national, juin 2021, exercice 5

20 points

La production annuelle de déchets par Français était de 5,2 tonnes par habitant en 2007. Entre 2007 et 2017, elle a diminué de 6,5 %.

1. De combien de tonnes la production annuelle de déchets par Français en 2017 a-t-elle diminué par rapport à l'année 2007 ?

> Vous devez utiliser la proportionnalité de ces situations utilisant des pourcentages soit à l'aide de fractions, ou à l'aide d'un tableau de proportionnalité. Pensez à détailler vos calculs.

2. Pour continuer à diminuer leur production de déchets, de nombreuses familles utilisent désormais un composteur.

Une de ces familles a choisi le modèle ci-dessous, composé d'un pavé droit et d'un prisme droit (la figure du composteur n'est pas à l'échelle). Le descriptif indique qu'il a une contenance d'environ 0,5 m^3. On souhaite vérifier cette information.

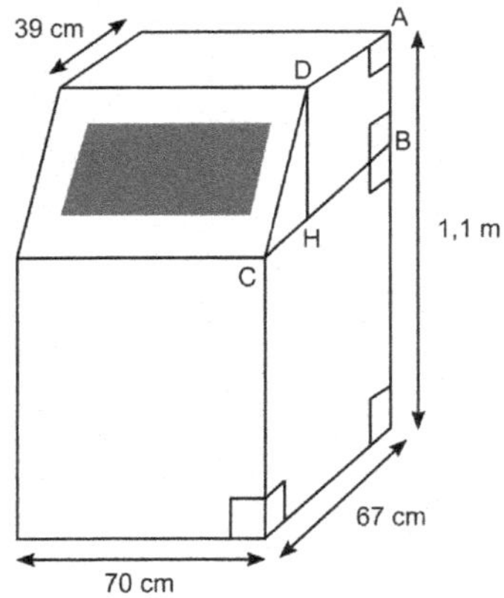

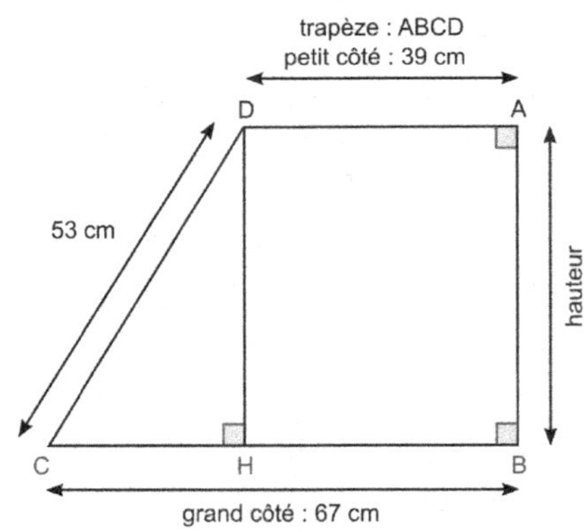

a. Dans le trapèze ABCD, calculer la longueur CH.

> Pensez à bien utiliser le fait que le quadrilatère ABHD est un rectangle, ce qui vous permet d'obtenir la longueur BH. N'hésitez pas à l'ajouter sur la figure de votre sujet.

b. Montrer que la longueur DH est égale à 45 cm.

> Comme ci-dessus, pensez à ajouter la longueur CH que vous connaissez grâce à la question précédente.
> On reconnaît alors un triangle rectangle dans lequel on recherche une longueur, il faut donc utiliser le théorème de Pythagore. Pensez à vous appliquer sur la rédaction, ne négligez aucune étape et notez bien vos calculs.

c. Vérifier que l'aire du trapèze ABCD est de 2 385 cm^2.

> Pour cette question, deux possibilités s'offrent à vous. Vous pouvez utiliser la formule qui est rappelée à la fin de l'énoncé de cet exercice, et dans ce cas détailler votre réflexion et vos calculs. Sinon, vous pouvez remarquer que le trapèze ABCD est constitué d'un rectangle et d'un triangle rectangle. Vous pouvez alors calculer l'aire de chacun d'eux grâce aux formules usuelles, puis en déduire l'aire du trapèze. Attention aux unités dans vos phrases réponses.

d. Calculer le volume du composteur.
L'affirmation « Il a une contenance d'environ 0,5 m^3 » est-elle vraie ? Justifier.

> De nouveau, le volume du composteur peut être calculé de deux façons. Soit vous remarquez que ce composteur à une forme de prisme, vous devez alors calculer l'aire totale d'un côté du composteur pour utiliser la formule du prisme. Sinon vous pouvez décomposer le composteur en deux solides : un pavé droit pour la partie basse et un prisme droit pour la partie haute. Vous pouvez alors calculer chaque volume, en vous aidant de la question précédente pour le volume du prisme.
> Soyez vigilant avec les unités dans vos calculs, notamment lors de la conversion pour répondre correctement à la question posée.

Rappels :

$$\text{Aire du trapèze} = \frac{(\text{petit côté} + \text{grand côté}) \times \text{hauteur}}{2}$$

Volume du prisme droit = Aire de la base × hauteur
Volume du pavé droit = Longueur × largeur × hauteur

1. Pour calculer la baisse de production annuelle de déchets entre 2007 et 2017, on peut construire un tableau de proportionnalité :

Production de déchets (en tonnes)	5,2	
Pourcentages (%)	100	6,5

On calcule alors à l'aide du produit en croix : $5,2 \times 6,5 \div 100 = 0,338.$
La production de déchets en France a baissé de 0,338 tonne, soit 338 kg, entre 2007 et 2017.

On peut aussi calculer : $\dfrac{6,5}{100} \times 5,2 = 0,338.$

2. a. Les points C, H et B sont alignés. Ainsi, on peut calculer :
CH = CB − HB = 67 − 39 = 28 cm.

b. Dans cette situation, le triangle CHD est rectangle en H.
D'après le théorème de Pythagore : $HD^2 = CD^2 - CH^2$.
Ainsi, on a : $HD^2 = 53^2 - 28^2 = 2\,809 - 784 = 2\,025$.

Donc : $\text{HD} = \sqrt{2025} = 45\text{cm}.$

Ainsi, la longueur HD est de 45 cm.

c. On peut calculer l'aire de ce trapèze de deux manières.

$$\text{Aire}_{\text{trapèze ABCD}} = \frac{(\text{Petit côté} + \text{Grand côté}) \times \text{Hauteur}}{2} = \frac{(39+67)\times 45}{2} = 2385\ \text{cm}^2.$$

OU : $\text{Aire}_{\text{trapèze ABCD}} = \text{Aire}_{\text{triangle CHD}} + \text{Aire}_{\text{rectangle DABH}} = \dfrac{\text{L} \times \text{l}}{2} + \text{L} \times \text{l}$

$$\text{Aire}_{\text{trapèze ABCD}} = \frac{28 \times 45}{2} + 39 \times 45 = 2385\ \text{cm}^2.$$

d. Le composteur est composé d'un prisme de base CDAB et d'un pavé droit.
$\text{Volume}_{\text{composteur}} = \text{Volume}_{\text{prisme}} + \text{Volume}_{\text{pavé droit}}$.
$\text{Volume}_{\text{prisme}} = \text{Aire}_{\text{base}} \times \text{hauteur} = 2\,385 \times 70 = 166\,950\ \text{cm}^3$.
$\text{Volume}_{\text{pavé droit}} = \text{L} \times \text{l} \times \text{h} = 67 \times 70 \times (100 - 45) = 304\,850\ \text{cm}^3$.
$\text{Volume}_{\text{composteur}} = 166\,950 + 304\,850 = 471\,800\ \text{cm}^3 \approx 0,472\ \text{m}^3$.
L'affirmation est donc vraie, le composteur a donc un volume assez proche de 0,5 m^3.

Sujet national, juin 2019, exercice 2

19 points

Dans cet exercice, on donnera, si nécessaire, une valeur approchée des résultats au centième près.

Pour construire le décor d'une pièce de théâtre (figure 1), Joanna dispose d'une plaque rectangulaire ABCD de 4 m sur 2 m dans laquelle elle doit découper les trois triangles du décor avant de les superposer. Elle propose un découpage de la plaque (figure 2).

Figure 1

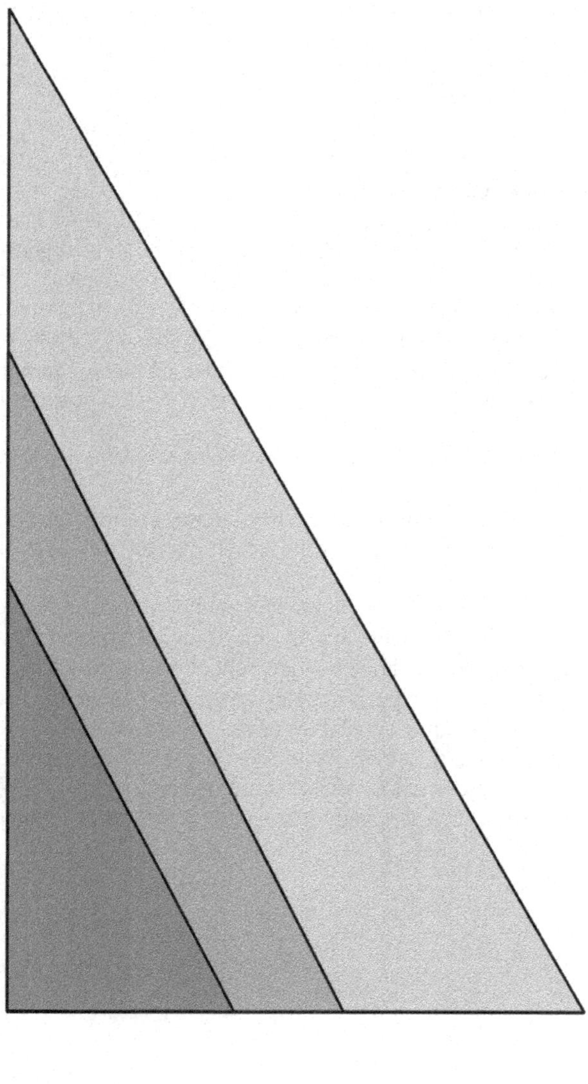

Figure 2

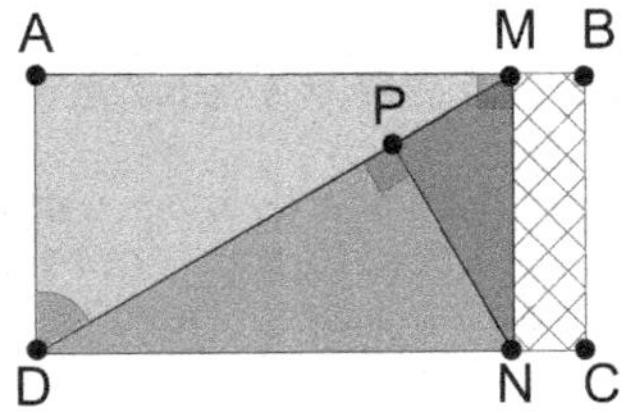

Pour cet exercice de géométrie, il est fortement conseillé de noter toutes les mesures données dans l'énoncé sur le schéma du découpage de la figure 2.
Il faut être vigilant et donner tous vos résultats en valeurs approchées au centième, car c'est précisé au début de l'exercice, et il ne faut pas l'oublier.

Le triangle ADM respecte les conditions suivantes :

- le triangle ADM est rectangle en A ;
- AD = 2 m ;
- $\widehat{ADM} = 60°$.

1. Montrer que [AM] mesure environ 3,46 m.

Comme ADM est un triangle rectangle, pour calculer la longueur d'un côté, il faut utiliser le théorème de Pythagore ou les formules de trigonométrie. Ici, vous ne pouvez pas utiliser le théorème de Pythagore, car on ne connaît qu'un côté du triangle.
Vous devez connaître les trois formules de trigonométrie (SOH CAH TOA) et savoir choisir la bonne formule en fonction du côté connu et du côté cherché dans le triangle.

2. La partie de la plaque non utilisée est représentée en quadrillé sur la figure 2. Calculer une valeur approchée au centième de la proportion de la plaque qui n'est pas utilisée.

La plaque non utilisée correspond à une surface donc vous devez faire des calculs de proportion sur des aires.

3. Pour que la superposition des triangles soit harmonieuse, Joanna veut que les trois triangles AMD, PNM et PDN soient semblables. Démontrer que c'est bien le cas.

Des triangles sont superposables si les triangles sont proportionnels, c'est-à-dire si leurs côtés sont proportionnels ou si leurs angles sont égaux. Les mesures d'angles sont souvent plus faciles à calculer, car les rédactions sont plus simples.

4. Joanna aimerait que le coefficient d'agrandissement pour passer du triangle PDN au triangle AMD soit plus petit que 1,5. Est-ce le cas ? Justifier.

Pour calculer le coefficient d'agrandissement, vous devez connaître la mesure de deux côtés associés, un dans chacun des deux triangles. Comme ce sont des triangles rectangles, vous pouvez toujours utiliser la trigonométrie ou le théorème de Pythagore.

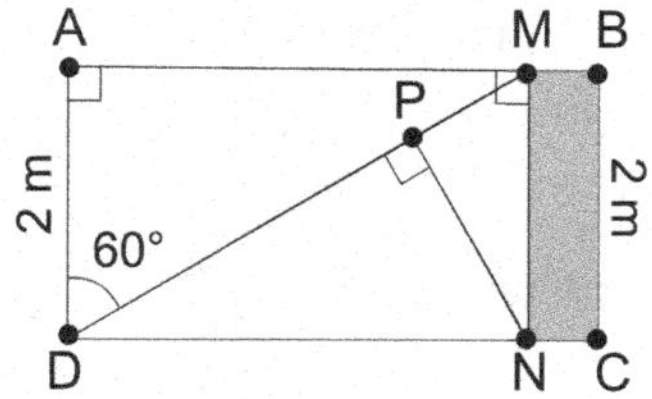

1. On sait que : ADM est un triangle rectangle en A ; $\widehat{ADM}$ = 60° et AD = 2 m.

D'après : $tan(\widehat{ADM}) = \dfrac{AM}{AD}$

$tan(60^\circ) = \dfrac{AM}{2}$.

$AM = tan(60^\circ) \times 2 \approx$ 3,46 m.

Donc [AM] mesure bien environ 3,46 m.

2. La plaque ABCD a une forme de rectangle, son aire est : $A = L \times l = 4 \times 2 = 8$ m^2.
La partie non utilisée de la plaque est le rectangle MBCN.
Comme [AM] mesure environ 3,46 m, et que [AB] mesure 4 m, cela signifie que [MB] mesure environ 0,54 m.
L'aire de la partie non utilisée est donc : $A = L \times l = 0{,}54 \times 2 = 1{,}08$ m^2.

La proportion de la partie non utilisée est donc : $\dfrac{1{,}08}{8} \approx 0{,}14$.

3. Deux triangles sont semblables s'ils ont des côtés proportionnels ou si leurs angles sont de mêmes mesures.

Dans le triangle ADM : $\widehat{ADM} = 60^\circ$; $\widehat{DAM} = 90^\circ$ et donc $\widehat{AMD} = 30^\circ$ car la somme des angles d'un triangle vaut 180°.

Dans le triangle PDN : $\widehat{DPN} = 90^\circ$; $\widehat{PDN} = 30^\circ$ (car $\widehat{ADN}$ est un angle droit et $\widehat{ADM} = 60^\circ$) et $\widehat{PND} = 60^\circ$ car la somme des angles d'un triangle vaut 180°.

Dans le triangle PMN : $\widehat{MPN} = 90^\circ$; $\widehat{PMN} = 60^\circ$ (car $\widehat{AMN}$ est un angle droit et $\widehat{AMD} = 30^\circ$) et $\widehat{MNP} = 30^\circ$ car la somme des angles d'un triangle vaut 180°.

Donc les trois triangles ont trois angles de mêmes mesures, donc ils sont semblables.

4. Comme les triangles PND et AMD sont semblables, on a donc les côtés [DM] et [DN] qui sont associés. (On a également les côtés [AM] et [DP] qui sont associés et les côtés [AD] et [PN] qui sont associés.)
Pour calculer le coefficient d'agrandissement, on calcule la longueur DM en utilisant le théorème de Pythagore (on peut aussi calculer la longueur DP ou la longueur PN avec les formules de trigonométrie).
On sait que : ADM est un triangle rectangle en A ; AM = 3,46 m ; AD = 2 m.
D'après le théorème de Pythagore :

$DM^2 = AM^2 + AD^2$

$DM^2 = 3{,}46^2 + 2^2$

$DM^2 = 11{,}9716 + 4$

$DM = \sqrt{15{,}9716} \approx$ 4 m.

Pour calculer le coefficient d'agrandissement, on fait : $k = \dfrac{DM}{DN} = \dfrac{4}{3,46} \approx 1{,}16$.

Le coefficient d'agrandissement pour passer du triangle PDN au triangle AMD est donc de 1,16 donc il est plus petit que 1,5.

Sujet national, juin 2019, exercice 3

17 points

Les questions 1 et 2 sont indépendantes.

Un sablier est composé de :

- deux cylindres C_1 et C_2 de hauteur 4,2 cm et de diamètre 1,5 cm ;
- un cylindre C_3 ;
- deux demi-sphères S_1 et S_2 de diamètre 1,5 cm.

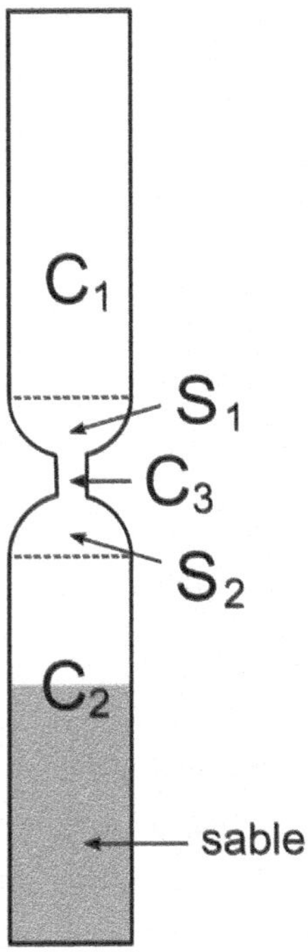

On rappelle le volume V d'un cylindre d'aire de base B et de hauteur h : $V = B \times h$.

1. a) Au départ, le sable remplit le cylindre C_2 aux deux tiers. Montrer que le volume du sable est environ 4,95 cm³.

> À nouveau, il est recommandé de noter les mesures sur le schéma du sablier.
> Vous devez faire attention pour le calcul du volume du cylindre : il faut calculer l'aire de la base du cylindre, en utilisant la formule de l'aire d'un disque.
> Dans la formule de l'aire d'un disque, vous devrez utiliser le rayon du disque et pas le diamètre donné dans l'énoncé.

b) On retourne le sablier. En supposant que le débit d'écoulement du sable est constant et égal à 1,98 cm³/min, calculer le temps en minutes et secondes que va mettre le sable à s'écouler dans le cylindre inférieur.

> Pensez à convertir les minutes en secondes pour éviter d'avoir des nombres décimaux et de vous tromper dans les calculs de temps.
> Le débit étant une situation de proportionnalité, n'hésitez pas à construire un tableau de proportionnalité pour vous aider dans vos calculs.

2. En réalité, le débit d'écoulement d'un même sablier n'est pas constant.
Dans une usine où on fabrique des sabliers comme celui-ci, on prend un sablier au hasard et on teste plusieurs fois le temps d'écoulement dans ce sablier. Voici les différents temps récapitulés dans le tableau suivant :

Temps mesuré	2 min 22 s	2 min 24 s	2 min 26 s	2 min 27 s	2 min 28 s	2 min 29 s	2 min 30 s
Nombre de tests	1	1	2	6	3	7	6

Temps mesuré	2 min 31 s	2 min 32 s	2 min 33 s	2 min 34 s	2 min 35 s	2 min 38 s
Nombre de tests	3	1	2	3	2	3

a) Combien de tests ont été réalisés au total ?

Pensez à justifier votre réponse (par exemple, avec un calcul).

b) Un sablier est mis en vente s'il vérifie les trois conditions ci-après, sinon il est éliminé.

- L'étendue des temps est inférieure à 20 s.
- La médiane des temps est comprise entre 2 min 29 s et 2 min 31 s.
- La moyenne des temps est comprise entre 2 min 28 s et 2 min 32 s.

Le sablier testé sera-t-il éliminé ?

Vous devez écrire tous les calculs pour justifier chacune de vos réponses.
Vous devez connaître la différence entre une médiane et une moyenne. La médiane représente la valeur au milieu de la série, c'est-à-dire la valeur centrale telle que la moitié des valeurs de la série sont supérieures ou égales à la médiane, et la moitié lui sont inférieures ou égales. La moyenne d'une série représente la valeur que tous les termes de la série devraient prendre pour un partage équitable.
Dans cette série, le mélange des unités peut provoquer des erreurs de calculs, il est donc recommandé de transformer les durées en ne gardant que des secondes pour simplifier les calculs et n'avoir qu'une unité.

1. a) On calcule le volume du cylindre C_2 et on utilise la formule : $V = B \times h$.

Dans le cylindre, l'aire de la base est donnée par la formule : $B = \pi \times h^2$.

On a donc besoin du rayon du cylindre : $r = d \div 2 = 0,75cm$.

Donc on calcule le volume de C_2 : $V = \pi \times r^2 \times h = \pi \times 0,75^2 \times 4,2 \approx$ 7,42 cm³.

Comme le sable remplit le cylindre aux deux tiers : $V_{sable} = \frac{2}{3} \times V \approx$ 4,95 cm³.

b) On sait que le débit du sablier est de 1,98 cm³ en 1 min donc 1,98 cm³ en 60 s. On peut construire le tableau de proportionnalité :

Volume de sable (en cm³)	1,98	4,95
Temps (en sec)	60	

On fait un produit en croix : $t = 60 \times 4,95 \div 1,98 = 150$.

Donc il faut 150 secondes, c'est-à-dire 2 min 30 s pour que le sable s'écoule complètement entre les deux cylindres.

2. a) Au total, il y a eu 40 tests de réalisés dans l'usine.

b) L'étendue de ces tests : e 2 min 38 sec − 2 min 22 sec = 16 sec. Donc l'étendue est bien inférieure à 20 secondes.

La médiane de ces tests : il y a 40 tests donc on partage la série en deux groupes de 20 valeurs. La médiane s'obtient donc entre la 20ᵉ et la 21ᵉ valeur. La 20ᵉ valeur est 2 min 29 s, et la 21ᵉ valeur est 2 min 30 s, donc la médiane est entre 2 min 29 s et 2 min 30 s. Donc la médiane est bien comprise entre 2 min 29 s et 2 min 31 s.

La moyenne de cette série se calcule en mettant toutes les valeurs dans la même unité, donc on transforme tous les temps pour les mettre uniquement en secondes.

2 min 22 s = 142 s ; 2 min 24 s = 144 s ; ... ; 2 min 38 s = 158 s.

$$m = \frac{142 + 144 + 2 \times 146 + 6 \times 147 + 3 \times 148 + 7 \times 149 + 6 \times 150 + 3 \times 151 + 152}{40}$$

$$\frac{+ 2 \times 153 + 3 \times 154 + 2 \times 155 + 3 \times 158}{} = 150{,}1.$$

La moyenne est donc d'environ 150 s, soit 2 min 30 s. La moyenne est bien comprise entre 2 min 28 s et 2 min 32 s. Comme les trois conditions sont réunies, le sablier testé ne sera pas éliminé.

Sujet national, juin 2019, exercice 5

18 points

Olivia s'est acheté un tableau pour décorer le mur de son salon. Ce tableau, représenté ci-après, est constitué de quatre rectangles identiques nommés (1), (2), (3) et (4) dessinés à l'intérieur d'un grand rectangle ABCD d'aire égale à 1,215 m^2. Le ratio longueur : largeur est égal à 3 : 2 pour chacun des cinq rectangles.

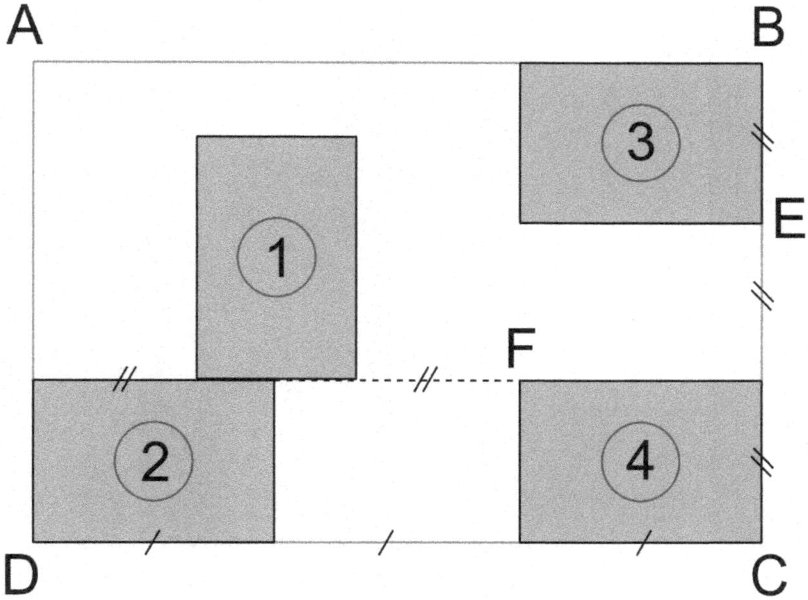

1. Recopier, en les complétant, les phrases suivantes. Aucune justification n'est demandée.

a) Le rectangle ... est l'image du rectangle ... par la translation qui transforme C en E.

b) Le rectangle (3) est l'image du rectangle ... par la rotation de centre F et d'angle 90° dans le sens des aiguilles d'une montre.

c) Le rectangle ABCD est l'image du rectangle ... par l'homothétie de centre ... et de rapport 3.

> Il faut savoir les idées les plus importantes pour chacune des transformations.
> La translation, c'est faire glisser une figure dans une certaine direction.
> La rotation, c'est faire tourner une figure autour d'un point, avec un certain angle.
> L'homothétie, c'est reproduire la figure initiale avec un coefficient d'agrandissement ou de réduction et en éloignant ou en rapprochant la figure par rapport au centre donné.

2. Quelle est l'aire d'un petit rectangle ?

> Pensez à utiliser le coefficient d'agrandissement entre le rectangle ABCD et les petits rectangles que vous avez trouvé à la première question. Attention : lorsque le coefficient des longueurs est k, le coefficient d'agrandissement des aires est k^2.

3. Quelles sont la longueur et la largeur du rectangle ABCD ?

Utilisez le ratio entre la longueur et la largeur pour ne pas avoir deux mesures inconnues, mais une seule et l'autre qui en dépend.
À partir de ce lien, et en utilisant le résultat de l'aire du rectangle ABCD, vous pouvez obtenir une équation qui vous permettra de trouver la valeur de la largeur du rectangle.
Enfin, il faut en déduire la longueur du rectangle à partir du ratio initial.

1. a) Le rectangle (3) est l'image du rectangle (4) par la translation qui transforme C en E.

b) Le rectangle (3) est l'image du rectangle (1) par la rotation de centre F et d'angle 90° dans le sens des aiguilles d'une montre.

c) Le rectangle ABCD est l'image du rectangle (2) par l'homothétie de centre (D) et de rapport 3.

Ou : Le rectangle ABCD est l'image du rectangle (4) par l'homothétie de centre (C) et de rapport 3.

Ou : Le rectangle ABCD est l'image du rectangle (3) par l'homothétie de centre (B) et de rapport 3.

2. Comme le rapport de l'homothétie pour passer d'un petit rectangle au rectangle ABCD, cela signifie que les longueurs des petits rectangles sont multipliées par 3 pour obtenir celles du rectangle ABCD. À l'inverse, on doit diviser par 3 les longueurs du rectangle ABCD pour obtenir les longueurs des petits rectangles.

Et donc pour les aires, il faut diviser l'aire du rectangle ABCD par $3^2 = 9$ pour obtenir l'aire d'un petit rectangle.

$A_{petit\ rectangle} = A_{ABCD} \div 9 = 1{,}215 \div 9 = 0{,}135$ m².

L'aire d'un petit rectangle est donc de 0,135 m².

3. Comme on sait que le ratio entre la longueur et la largeur est $\frac{L}{l} = \frac{3}{2}$, alors $L = \frac{3}{2} \times l$.

Avec l'aire du rectangle ABCD, on obtient : $A = L \times l = \frac{3}{2} \times l \times l = 1{,}215$.

Donc : $1{,}5 \times l^2 = 1{,}215$, soit en divisant par 1,5 : $l^2 = 0{,}81$.

En prenant la racine carrée, on obtient : $l = \sqrt{0{,}81} =$ 0,9 m.

Et ensuite $L = \frac{3}{2} \times l = \frac{3}{2} \times 0{,}9 =$ 1,35 m.

Donc la longueur du rectangle ABCD est de 1,35 m et sa largeur est de 0,9 m.

Sujet national, juin 2018, exercice 1

11 points

Le gros globe de cristal est un trophée attribué au vainqueur de la coupe du monde de ski.

Ce trophée pèse 9 kg et mesure 46 cm de hauteur.

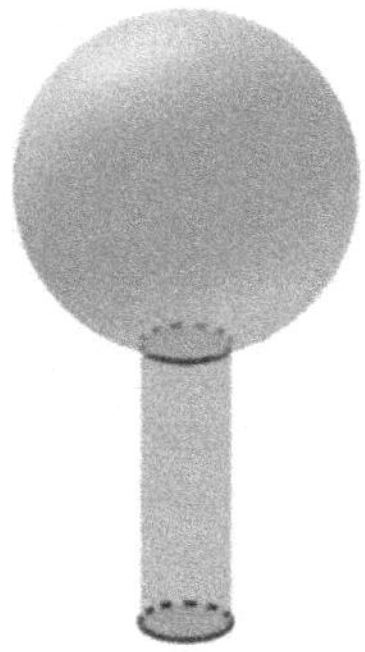

1. Le biathlète français Martin Fourcade a remporté le sixième gros globe de cristal de sa carrière en 2017 à PyeonChang en Corée du Sud.

Donner approximativement la latitude et la longitude de ce lieu repéré sur la carte ci-dessous.

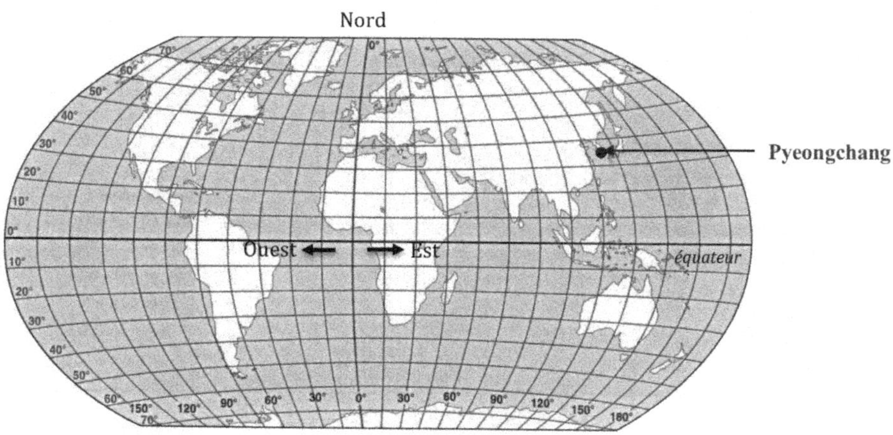

> À partir des **méridiens** et des **parallèles**, on définit pour chaque point sur la Terre :
> - sa **longitude** à partir du **méridien de référence**, celui de **Greenwich** ;
> - sa **latitude** à partir de la **parallèle de référence**, qui est **PyeonChang**.

2. On considère que ce globe est composé d'un cylindre en cristal de diamètre 6 cm, surmonté d'une boule de cristal. Voir le schéma ci-dessous.

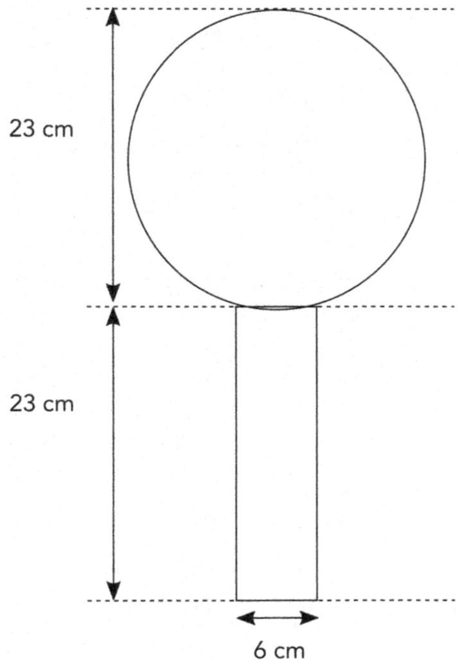

Montrer qu'une valeur approchée du volume de la boule de ce trophée est de 6 371 cm^3.

Pour le calcul du volume de la boule de cristal, ne confondez pas diamètre et rayon.

3. Marie affirme que le volume de la boule de cristal représente environ 90 % du volume total du trophée.

A-t-elle raison ?

Rappels :

- volume d'une boule de rayon R : $V = \frac{4}{3} = \pi R^3$;
- volume d'un cylindre de rayon r et de hauteur h : $V = \pi r^2 h$.

Commencez par calculer le volume du cylindre en cristal pour pouvoir calculer le volume total du trophée.

1. D'après la carte, la ville de PyeonChang en Corée du Sud a approximativement pour longitude 130° Est et pour latitude 35° Nord.

2. Le rayon de la boule de cristal est de R = $\frac{23}{2}$ = 11,5 cm.

Le volume de cette boule de cristal de rayon R est donc :

V = $\frac{4}{3}\pi R^3 = \frac{4}{3}\pi \times 11{,}5^3 \approx$ 6 371 cm³ à l'unité près.

3. Calculons le volume du cylindre en cristal qui a pour rayon de base r = $\frac{6}{2}$ = 3 cm et pour hauteur h = 23 cm :

$V' = \pi \times r^2 \times h = \pi \times 3^2 \times 23 = 207\pi \approx 650$ cm³ à l'unité près.

Le volume total de ce trophée est donc de $V + V' \approx 6\,371 + 650 \approx 7\,021$ cm³ à l'unité près.

Par rapport au volume total du trophée, le volume de la boule de cristal représente donc :

$\frac{6371}{7021} \times 100 \approx$ 90,7 % au dixième près.

Marie a donc raison quand elle affirme que le volume de la boule de cristal représente environ 90 % du volume total du trophée.

Sujet national, juin 2018, exercice 4

14 points

La figure ci-dessous n'est pas représentée en vraie grandeur.
Les points C, B et E sont alignés.
Le triangle ABC est rectangle en A.
Le triangle BDC est rectangle en B.

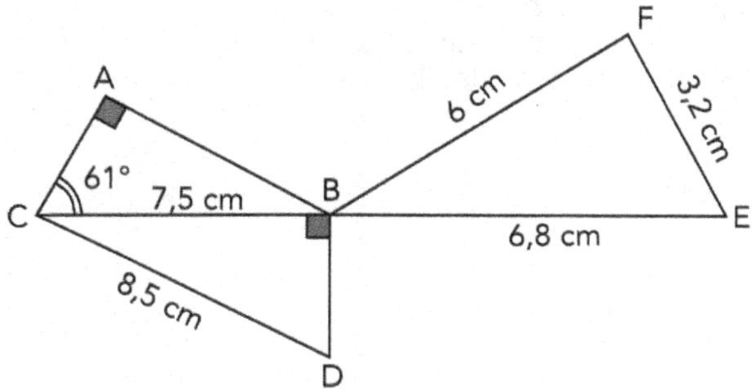

1. Montrer que la longueur BD est égale à 4 cm.

   Pensez à utiliser le théorème de Pythagore.

2. Montrer que les triangles CBD et BFE sont semblables.

   Deux triangles sont semblables si les longueurs des côtés de l'un sont proportionnelles aux longueurs des côtés de l'autre.

3. Sophie affirme que l'angle $\widehat{BFE}$ est un angle droit. A-t-elle raison ?

   Pensez à utiliser une propriété des triangles semblables.

4. Max affirme que l'angle $\widehat{ACD}$ est un angle droit. A-t-il raison ?

   Pensez à utiliser une relation trigonométrique.

1. Dans le triangle BDC rectangle en B, d'après le théorème de Pythagore, on a : $CD^2 = BC^2 + BD^2$.
On a donc : $BD^2 = CD^2 - BC^2 = 8{,}5^2 - 7{,}5^2 = 72{,}25 - 56{,}25 = 16$ car CD = 8,5 cm et BC = 7,5 cm.
On en déduit $BD = \sqrt{16} = 4$ cm.
La longueur BD est égale à 4 cm.

2. Deux triangles sont semblables si les longueurs des côtés de l'un sont proportionnelles aux longueurs des côtés de l'autre.
Montrons donc que les longueurs des côtés du triangle BFE sont proportionnelles aux longueurs des côtés du triangle CBD.
On remarque que :

- $\frac{\mathrm{FE}}{\mathrm{BD}} = \frac{3,2}{4} = 0{,}8$;
- $\frac{\mathrm{FB}}{\mathrm{BC}} = \frac{6}{7,5} = 0{,}8$;
- $\frac{\mathrm{BE}}{\mathrm{CD}} = \frac{6,8}{8,5} = 0{,}8$.

Les longueurs des côtés du triangle BFE sont proportionnelles aux longueurs des côtés du triangle CBD, donc les triangles CBD et BFE sont semblables.

3. Les triangles CBD et BFE sont semblables et les angles de triangles semblables sont 2 à 2 égaux.

Le triangle BDC est rectangle en B, donc l'angle $\widehat{\mathrm{CBD}}$ est un angle droit.
On en déduit que l'angle $\widehat{\mathrm{BFE}}$ est aussi un angle droit, donc que Sophie a raison.

4. Calculons la mesure de l'angle $\widehat{\mathrm{BCD}}$, pour ensuite obtenir la mesure de l'angle $\widehat{\mathrm{ACD}}$.
Dans le triangle BDC rectangle en B, on a :

$\cos(\widehat{\mathrm{BCD}}) = \frac{\mathrm{CB}}{\mathrm{CD}}$.

On a CB = 7,5 cm et CD = 8,5 cm, donc :

$\cos(\widehat{\mathrm{BCD}}) = \frac{7,5}{8,5}$ puis, à la calculatrice,

$\widehat{\mathrm{BCD}} = \cos^{-1}(\frac{7,5}{8,5}) \approx 28{,}1^\circ$ au dixième de degré près.

Finalement, $\widehat{\mathrm{ACD}} = \widehat{\mathrm{ACB}} + \widehat{\mathrm{BCD}} \approx 61^\circ + 28{,}1^\circ \approx 89{,}1^\circ$ au dixième de degré près.

L'angle $\widehat{\mathrm{ACD}}$ n'est donc pas un angle droit et Max a tort.

Sujet national, juin 2017, exercice 4

8 points

Les panneaux photovoltaïques permettent de produire de l'électricité à partir du rayonnement solaire.

Une unité courante pour mesurer l'énergie électrique est le kilowatt-heure, abrégé en kWh.

1. Le plus souvent, l'électricité produite n'est pas utilisée directement, mais vendue pour être distribuée dans le réseau électrique collectif. Le prix d'achat du kWh, donné en **centimes d'euros**, dépend du type d'installation et de sa puissance totale, ainsi que de la date d'installation des panneaux photovoltaïques. Ce prix d'achat du kWh est donné dans le tableau ci-dessous.

Tarifs d'un kWh en centimes d'euros

		Date d'installation			
Type d'installation	Puissance totale	Du 01/01/15 au 31/03/15	du 01/04/15 au 30/06/15	du 01/07/15 au 30/09/15	du 01/10/15 au 31/12/15
Type A	0 à 9 kW	26,57	26,17	25,78	25,39
Type B	0 à 36 kW	13,46	13,95	14,7	14,4
	36 à 100 kW	12,79	13,25	13,96	13,68

Source : http://www.developpement-durable.gouv.fr

En mai 2015, on installe une centrale solaire du type B, d'une puissance de 28 kW. Vérifier que le prix d'achat de 31 420 kWh est d'environ 4 383 €.

> Commencez par déterminer le prix d'achat d'un kWh à l'aide du tableau.

2. Une personne souhaite installer des panneaux photovoltaïques sur la partie du toit de sa maison orientée au sud. Cette partie est grisée sur la figure ci-après. Elle est appelée pan sud du toit. La production d'électricité des panneaux solaires dépend de l'inclinaison du toit.

Déterminer, au degré près, l'angle $\widehat{ABC}$ que forme ce pan sud du toit avec l'horizontale.

> Pensez à utiliser une relation trigonométrique.

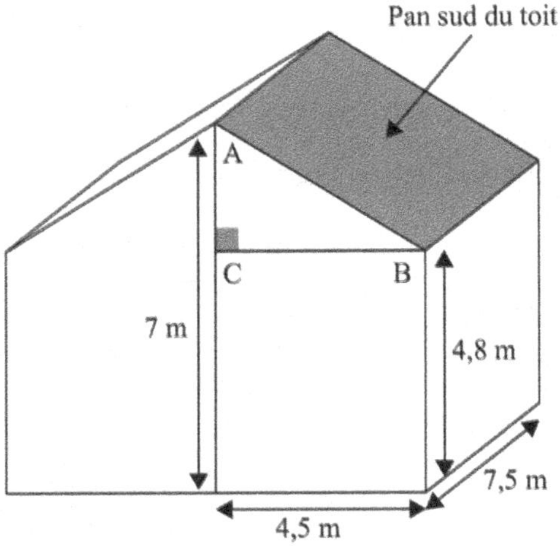

3. a) Montrer que la longueur AB est environ égale à 5 m.

Pensez à utiliser le théorème de Pythagore.

b) Les panneaux photovoltaïques ont la forme d'un carré de 1 m de côté.
Le propriétaire prévoit d'installer 20 panneaux.
Quel pourcentage de la surface totale du pan sud du toit sera alors couvert par les panneaux solaires ? On donnera une valeur approchée du résultat à 1 % près.

Calculez l'aire totale de la surface du pan du toit, puis le pourcentage que représente l'aire de la surface des 20 panneaux photovoltaïques par rapport à cette aire.

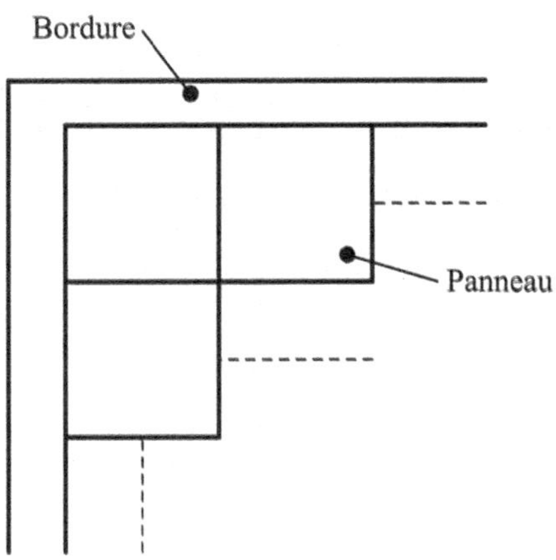

c) La notice d'installation indique que les panneaux doivent être accolés les uns aux autres et qu'une bordure d'au moins 30 cm de large doit être laissée libre pour le système de fixation tout autour de l'ensemble des panneaux.
Le propriétaire peut-il installer les 20 panneaux prévus ?

Quelles dimensions reste-t-il en longueur et en largeur pour le pan sud du toit lorsque l'on enlève la bordure ?

1. La centrale solaire du type B d'une puissance de 28 kW a été installée en mai 2015.
D'après le tableau, le prix d'achat du kWh est de 13,95 c€ = 0,1395 €.
Le prix d'achat de 31 420 kWh est donc de 0,1395 × 31 420 = 4 383,09 €, soit environ 4 383 €.

2. Dans le triangle ABC rectangle en C, on a : $\tan(\widehat{\mathrm{ABC}}) = \dfrac{\mathrm{AC}}{\mathrm{CB}}$.

Or, on a AC = 7 – 4,8 = 2,2 m et CB = 4,5 m, donc :

$\tan(\widehat{\mathrm{ABC}}) = \dfrac{2,2}{4,5}$ puis, à la calculatrice,

$\widehat{\mathrm{ABC}} = \tan^{-1}(\dfrac{2,2}{4,5}) \approx 26^{\circ}$ au degré près.

L'angle $\widehat{\mathrm{ABC}}$ que forme ce pan sud du toit avec l'horizontale est d'environ 26°.

3. a) Dans le triangle ABC rectangle en C, d'après le théorème de Pythagore, on a : $AB^2 = CA^2 + CB^2$.
On a donc : $AB^2 = 2,2^2 + 4,5^2 = 4,84 + 20,25 = 25,09$ car AC = 2,2 m et CB = 4,5 m.

À la calculatrice, AB = $\sqrt{25,09} \approx$ 5 m, au dixième près.

b) L'aire de la surface totale du pan sud du toit est égale à :
7,5 × AB $\approx$ 7,5 × 5 $\approx$ 37,5 m².
Les panneaux photovoltaïques ont la forme d'un carré de 1 m de côté, donc l'aire de la surface qu'ils occupent est de 20 m².
Le pourcentage de la surface totale du pan sud du toit qui est couvert par les panneaux solaires est donc de :

$\dfrac{20}{37,5} \times 100 \approx$ 53 %, à 1 % près.

c) Lorsque l'on enlève la bordure, la largeur restante du pan sud du toit est de 5 – 2 × 0,3 = 4,4 m et sa longueur de 7,5 – 2 × 0,3 = 6,9 m.
Le propriétaire peut donc placer 4 panneaux photovoltaïques en largeur et 6 en longueur.
Il pourra donc installer les 20 panneaux photovoltaïques prévus.

Sujet national, juin 2016, exercice 3

5 points

Trois figures codées sont données ci-dessous. Elles ne sont pas dessinées en vraie grandeur.

Pour chacune d'elles, déterminer la longueur AB au millimètre près.

Dans cet exercice, on n'attend pas de démonstration rédigée. Il suffit d'expliquer brièvement le raisonnement suivi et de présenter clairement les calculs.

Figure 1

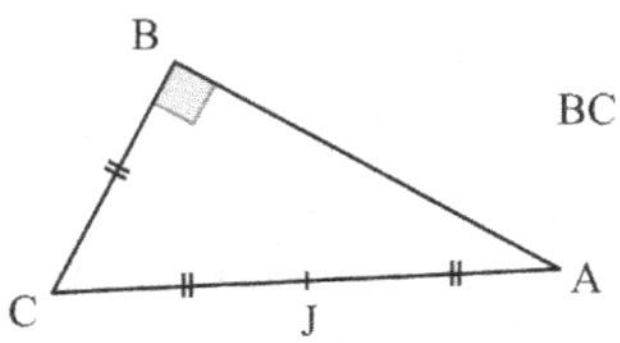

BC = 6 cm

Figure 2

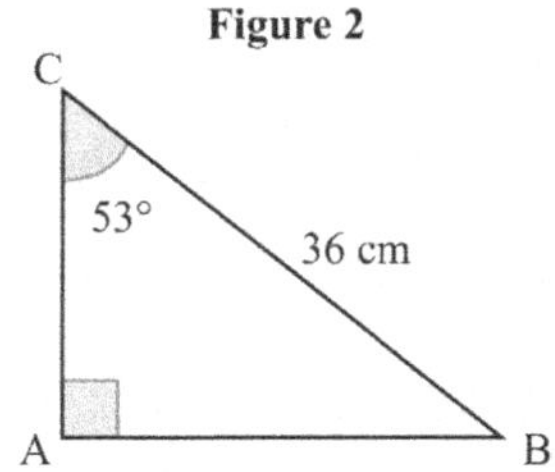

Figure 3

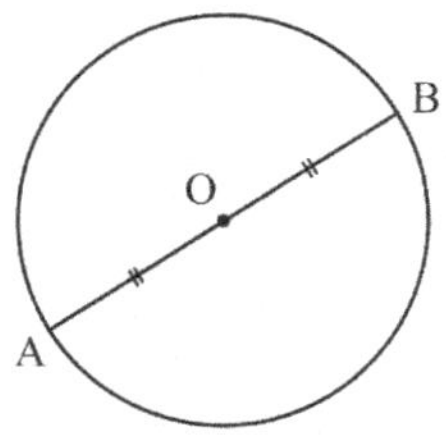

[AB] est un diamètre du cercle de centre O.
la longueur du cercle est 154 cm.

Figure 1. Utilisez le théorème de Pythagore dans le triangle rectangle ABC.
Figure 2. Utilisez une relation trigonométrique dans le triangle rectangle ABC.
Figure 3. Exprimez la longueur du cercle en fonction d'un diamètre de ce cercle.

Figure 1. Dans le triangle ABC rectangle en B, d'après le théorème de Pythagore, on a :
$AC^2 = AB^2 + BC^2$
$12^2 = AB^2 + 6^2$ car AC = 2 × 6 = 12 cm et BC = 6 cm
$AB^2 = 144 - 36$
$AB^2 = 108$

AB = $\sqrt{108} \approx$ 10,4 cm au millimètre près.
Figure 2. Dans le triangle ABC rectangle en A, on a :

$\sin(\widehat{ACB}) = \frac{AB}{BC}$ car [AB] est le côté opposé à l'angle $\widehat{ACB}$ et [BC] l'hypoténuse.

AB = BC × sin ($\widehat{ACB}$)
AB = 36 sin(53°)
AB $\approx$ 28,8 cm au millimètre près.
Figure 3. La longueur d'un cercle de rayon r (et de diamètre d) est P = $2\pi r = \pi d$.
Ici, on a donc : $154 = \pi d = \pi \times AB$ car [AB] est un diamètre de ce cercle.

AB = $\frac{154}{\pi} \approx$ 49,0 cm au millimètre près.

Sujet national, juin 2016, exercice 5

5,5 points

La figure PRC ci-dessous représente un terrain appartenant à une commune.
Les points P, A et R sont alignés.
Les points P, S et C sont alignés.
Il est prévu d'aménager sur ce terrain :
- une « zone de jeux pour enfants » sur la partie PAS ;
- un « skatepark » sur la partie RASC.

On connaît les dimensions suivantes : PA = 30 m ; AR = 10 m ; AS = 18 m.

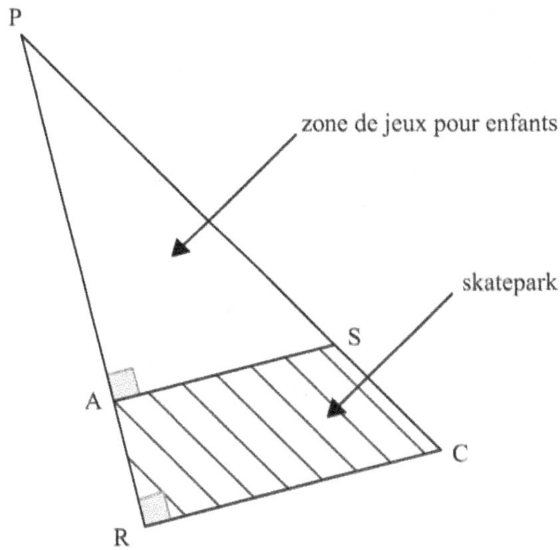

1. La commune souhaite semer du gazon sur la « zone de jeux pour enfants ». Elle décide d'acheter des sacs de 5 kg de mélange de graines pour gazon à 13,90 € l'unité. Chaque sac permet de couvrir une surface d'environ 140 m^2.
Quel budget doit prévoir cette commune pour pouvoir semer du gazon sur la totalité de la « zone de jeux pour enfants » ?

> Commencez par calculer l'aire de la « zone de jeux pour enfants » qui est représentée par un triangle rectangle.
> L'aire d'un triangle rectangle est égal au produit des deux côtés adjacents à l'angle droit divisé par 2.
> Calculez ensuite le nombre (entier) de sacs de 5 kg de mélange de graines pour gazon et déduisez-en le budget nécessaire.

2. Calculer l'aire du « skatepark ».

> Remarquez que l'aire du « skatepark » est égale à la différence entre l'aire de la « zone de jeux pour enfants » et l'aire totale du terrain appartenant à la commune.
> Pour calculer l'aire totale du terrain appartenant à la commune, calculez la longueur RC en utilisant le théorème de Thalès.

1. La « zone de jeux pour enfants » est représentée par un triangle PAS rectangle en A.
Son aire est donc égale à $\frac{AP \times AS}{2} = \frac{30 \times 18}{2} = 270$ m².
Un sac de 5 kg de mélange de graines pour gazon permet de couvrir une surface d'environ 140 m².
2 × 140 = 280 > 270 donc la commune devra acheter deux sacs pour couvrir la surface de la « zone de jeux pour enfants ».
Pour pouvoir semer du gazon sur la totalité de la « zone de jeux pour enfants », la commune doit donc prévoir le budget de 2 × 13,90 = 27,80 €.

2. L'aire du « skatepark » est égale à la différence entre l'aire de la « zone de jeux pour enfants » et l'aire totale du terrain représenté par le triangle PRC rectangle en R.
Calculons l'aire du triangle PRC rectangle en R, en commençant par calculer la longueur RC à l'aide du théorème de Thalès.
Montrons que les droites (AS) et (RC) sont parallèles.
Les droites (AS) et (RC) sont perpendiculaires à la même droite (PR) donc elles sont parallèles entre elles.
En effet, si deux droites sont perpendiculaires à une même droite, alors elles sont parallèles entres elles.
Dans le triangle PRC, les points P, A et R d'une part, et les points P, S et C d'autre part sont alignés.
Les droites (AS) et (RC) sont parallèles donc, d'après le théorème de Thalès :
$\frac{PA}{PR} = \frac{PS}{PC} = \frac{AS}{RC}$ et en particulier $\frac{PA}{PR} = \frac{AS}{RC}$.
On a donc :
PA × RC = AS × PR
30 × RC = 18 × 40 car PA = 30 m, AS = 18 m et PR = PA + AR = 30 + 10 = 40 m
30 × RC = 720
RC = $\frac{720}{30}$ = 24 m.

L'aire totale du terrain appartenant à la commune et représenté par le triangle PRC rectangle en R est donc $\frac{PR \times RC}{2} = \frac{40 \times 24}{2} = 480$ m².
L'aire du « skatepark » est donc de 480 − 270 = 210 m².
<u>Autre méthode</u> :
L'aire du « skatepark » est aussi l'aire d'un trapèze de petite base AS = 18 m, de grande base RC = 24 m et de hauteur AR = 10 m.
Son aire est donc de $\frac{18+24}{2} \times 10$ = 21 × 10 = 210 m².

Sujet national, juin 2016, exercice 7

5 points

Antoine crée des objets de décoration avec des vases, des billes et de l'eau colorée. Pour sa nouvelle création, il décide d'utiliser le vase et les billes ayant les caractéristiques suivantes :

Caractéristiques du vase

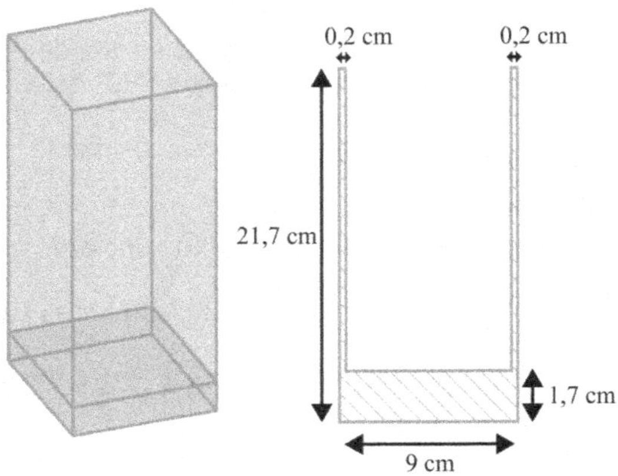

Matière : verre

Forme : pavé droit

Dimensions extérieures : 9 cm × 9 cm × 21,7 cm

Épaisseur des bords : 0,2 cm

Épaisseur du fond : 1,7 cm

Caractéristiques des billes

Matière : verre

Forme : boule

Dimensions : 1,8 cm de diamètre

Il met 150 billes dans le vase. Peut-il ajouter un litre d'eau colorée sans risquer le débordement ?

On rappelle que le volume de la boule est donné par la formule : $\frac{4}{3} \times \pi \times rayon^3$.

> Calculez le volume de l'intérieur du vase et le volume des 150 billes mises dans le vase (en vous assurant qu'elles peuvent effectivement rentrer dans le vase).
> Ensuite, pour répondre à la question, rappelez-vous que 1 L = 1 dm^3 = 1 000 cm^3.

Calculons le volume de l'intérieur du vase, qui a la forme d'un parallélépipède rectangle.
La base de ce parallélépipède rectangle est un carré de côté $9 - 2 \times 0{,}2 = 8{,}6$ cm.
La hauteur de ce parallélépipède rectangle est $21{,}7 - 1{,}7 = 20$ cm.
Le volume de l'intérieur du vase est donc $8{,}6 \times 8{,}6 \times 20 = 1\,479{,}2$ cm^3.
Calculons le volume des 150 billes mises dans le vase, qui ont chacune la forme d'une boule de rayon $1{,}8 \div 2 = 0{,}9$ cm.

Le volume des 150 boules est $150 \times \frac{4}{3} \times \pi \times 0{,}9^3 \approx 458{,}0$ cm^3 au dixième près.

Remarque : $4 < 8{,}6 \div 1{,}8 < 5$ et $11 < 20 \div 1{,}8 < 12$ donc on peut mettre au minimum : $4 \times 4 \times 11 = 176$ billes dans le vase.
Les 150 billes peuvent donc bien être mises dans le vase.
Une fois les 150 billes mises dans le vase, le volume restant est d'environ :
$1\,479{,}2 - 458{,}0 = 1021{,}2$ cm^3 = $1{,}0212$ dm^3 = $1{,}0212$ L car 1 L = 1 dm^3.
L'eau colorée se plaçant dans les espaces entre les billes, Antoine peut rajouter un litre d'eau colorée sans risquer le débordement.

Sujet zéro du ministère, 2017, exercice 5

Pour régler les feux de croisement d'une automobile, on la place face à un mur vertical. Le phare, identifié au point P, émet un faisceau lumineux dirigé vers le sol.

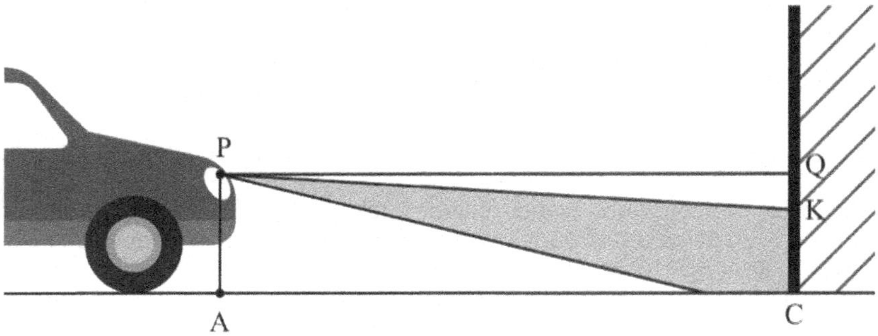

On relève les mesures suivantes : PA = 0,7 m, AC = QP = 5 m et CK = 0,61 m.
Sur le schéma ci-dessous, qui n'est pas à l'échelle, le point S représente l'endroit où le rayon supérieur du faisceau rencontrerait le sol en l'absence du mur.

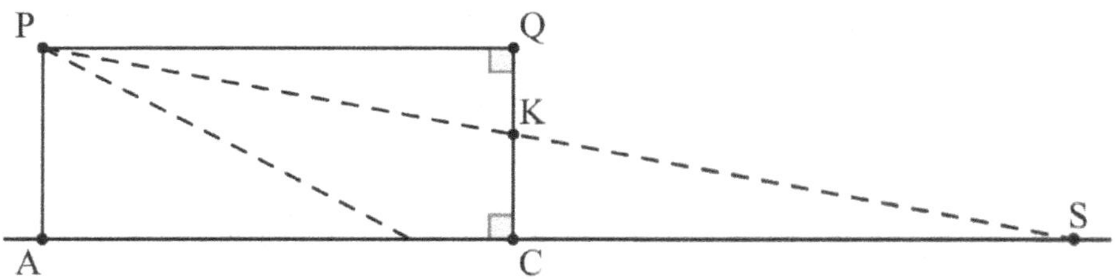

On considère que les feux de croisement sont bien réglés si le rapport $\frac{QK}{QP}$ est compris entre 0,015 et 0,02.

1. Vérifier que les feux de croisement de la voiture sont bien réglés.

> Remarquez que QK = QC − CK.

2. À quelle distance maximale de la voiture un obstacle se trouvant sur la route est-il éclairé par les feux de croisement ?

> Remarquez qu'il s'agit de calculer la longueur AS et pensez à utiliser le théorème de Thalès ou la trigonométrie.

1. D'après les illustrations, on a : QK = QC − CK = PA − CK = 0,7 − 0,61 = 0,09.

On a donc : $\frac{\mathrm{QK}}{\mathrm{QP}} = \frac{0,09}{5}$ = 0,18.

Les feux de croisement de la voiture sont réglés avec une inclinaison de 0,018.
0,015 < 0,018 < 0,02 donc ils sont bien réglés.

2. La distance maximale de la voiture qu'éclairent les feux de croisement sur la route est la longueur AS.
Calculons-la par trois méthodes différentes.

Méthode 1 : à l'aide de l'angle $\widehat{\mathrm{QPK}}$
Les droites (PQ) et (AS) sont parallèles.

Les angles $\widehat{\mathrm{QPK}} = \widehat{\mathrm{QPS}}$ et $\widehat{\mathrm{PSA}}$ sont donc alternes internes et égaux.
Dans le triangle PAS rectangle en A, on a :

tan ($\widehat{\mathrm{PSA}}$) = $\frac{\mathrm{PA}}{\mathrm{AS}} = \frac{0,7}{\mathrm{AS}}$.

Dans le triangle PQK rectangle en Q, on a :

tan ($\widehat{\mathrm{QPK}}$) = $\frac{\mathrm{QK}}{\mathrm{QP}}$ = 0,018 d'après la question 1.

$\widehat{\mathrm{QPK}} = \widehat{\mathrm{PSA}}$ donc tan ($\widehat{\mathrm{PSA}}$) = tan ($\widehat{\mathrm{QPK}}$), puis $\frac{0,7}{\mathrm{AS}}$ = 0,018 et

AS = $\frac{0,7}{0,018} \approx$ 38,89 m au centimètre près.

Méthode 2 : à l'aide du théorème de Thalès (configuration n° 1)
Dans le triangle PAS, K ∈ [PS], C ∈ [AS] et les droites (KC) et (PA) sont parallèles, donc d'après le théorème de Thalès :

$\frac{\mathrm{SC}}{\mathrm{SA}} = \frac{\mathrm{SK}}{\mathrm{SP}} = \frac{\mathrm{KC}}{\mathrm{PA}}$, donc en particulier $\frac{\mathrm{SC}}{\mathrm{SA}} = \frac{\mathrm{CK}}{\mathrm{PA}}$.

CK = 0,61, PA = 0,7 et, en notant SC = x, on a AS = x + 5.
On a donc :

$\frac{x}{x+5} = \frac{0,61}{0,7}$

0,7x = 0,61(x + 5)
0,7x − 0,61x = 0,61 × 5 = 3,05
0,09x = 3,05

$x = \frac{3,05}{0,09}$.

AS = x + 5 = $\frac{3,05}{0,09}$ + 5 $\approx$ 38,89 m au centimètre près.

Méthode 3 : à l'aide du théorème de Thalès (configuration n° 2 dite « en papillon »)
K $\in$ [PS], K $\in$ [QC] et les droites (PQ) et (CS) sont parallèles, donc d'après le théorème de Thalès :

$\frac{KQ}{KC} = \frac{KP}{KS} = \frac{PQ}{CS}$, donc en particulier $\frac{KQ}{KC} = \frac{PQ}{CS}$.

KQ = 0,09, KC = 0,61, PQ = 5, donc :

$\frac{0,09}{0,61} = \frac{5}{CS}$;

CS = $\frac{5 \times 0,61}{0,09} = \frac{3,05}{0,09}$ puis :

AS = AC + CS = $\frac{3,05}{0,09} + 5 \approx$ 38,89 m au centimètre près.

Sujet national, juin 2015, exercice 3

4 points

Dans la figure ci-après, qui n'est pas à l'échelle :

- les points D, P et A sont alignés ;
- les points K, H et A sont alignés ;
- DA = 60 cm ;
- DK = 11 cm ;
- DP = 45 cm.

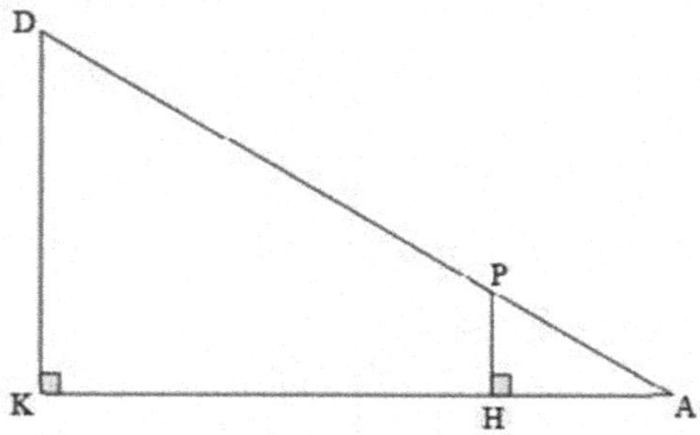

1. Calculer KA au millième près.

   Appliquez le théorème de Pythagore dans le triangle DKA rectangle en K.

2. Calculer HP.

   Montrez que les droites (DK) et (HP) sont parallèles et appliquez le théorème de Thalès dans le triangle DKA.

1. Dans le triangle DKA rectangle en K, d'après le théorème de Pythagore, on a : $DA^2 = KD^2 + KA^2$ donc $KA^2 = DA^2 - KD^2 = 60^2 - 11^2 = 3\,600 - 121 = 3\,479$.

KA > 0 donc KA = $\sqrt{3479} \approx$ 59,0 au millimètres près.

Remarque :

L'écriture 59,0 signifie que le résultat est arrondi au dixième près de centimètres (c'est-à-dire au millimètre près). Même si c'est le même résultat, l'écriture 59 signifierait que le résultat est arrondi à l'unité près.

2. Montrons que les droites (DK) et (HP) sont parallèles.

Les droites (DK) et (HP) sont perpendiculaires à la même droite (KH) donc elles sont parallèles entre elles.

En effet, si deux droites sont perpendiculaires à une même droite, alors elles sont parallèles entres elles.

Dans le triangle DKA, les points D, P et A d'une part, et les points K, H et A d'autre part sont alignés.

Les droites (DK) et (HP) sont parallèles donc, d'après le théorème de Thalès :

$\frac{AP}{AD} = \frac{AH}{AK} = \frac{HP}{KD}$ et en particulier $\frac{AP}{AD} = \frac{HP}{KD}$.

On a donc AP × KD = HP × AD, puis 15 × 11 = 60 × HP, car AP = DA − DP = 60 − 45 = 15 cm, et 60 × HP = 165.

Finalement, HP = $\frac{165}{60}$ = 2,75 cm.

Sujet national, juin 2015, exercice 7

4 points

Ce panneau routier indique une descente dont la pente est de 10 %.

Cela signifie que pour un déplacement horizontal de 100 mètres, le dénivelé est de 10 mètres.

Le schéma ci-dessous n'est pas à l'échelle.

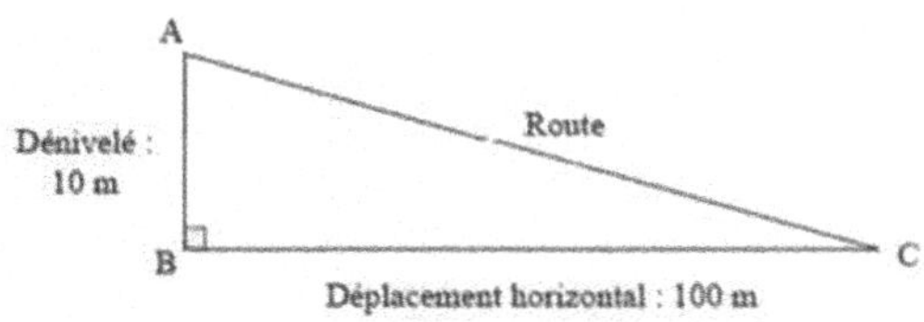

1. Déterminer la mesure de l'angle $\widehat{BCA}$ que fait la route avec l'horizontale. Arrondir la réponse au degré.

> Utilisez une relation trigonométrique dans le triangle ABC rectangle en B. Vous devez trouver un angle compris entre 5 et 10°.

2. Dans certains pays, il arrive parfois que la pente d'une route ne soit pas donnée par un pourcentage, mais par une indication telle que « 1 : 5 », ce qui veut alors dire que pour un déplacement horizontal de 5 mètres, le dénivelé est de 1 mètre. Lequel des deux panneaux ci-dessous indique la pente la plus forte ?

Panneau A — Panneau B

> Pour les descentes représentées par les deux panneaux, déterminez le pourcentage de pente le plus élevé.

1. Dans le triangle ABC rectangle en B, on a :

$\tan(\widehat{BCA}) = \frac{AB}{BC} = \frac{10}{100} = 0{,}1.$

En utilisant la calculatrice (en mode degré) : $\widehat{BCA} = \tan^{-1}(0{,}1) \approx 6^{\circ}$ au degré près.

2. Pour le panneau A, la pente est de 15 % et, pour le panneau B, la pente est de

$100 \times \frac{1}{5} = 20$ %.

C'est donc le panneau B qui indique la pente la plus forte.

Amérique du Nord, juin 2014, exercice 2

3 points

L'exercice suivant traite du thème « le canal du Midi »[1]. Le vocabulaire spécifique est donné sur le schéma ci-dessous.

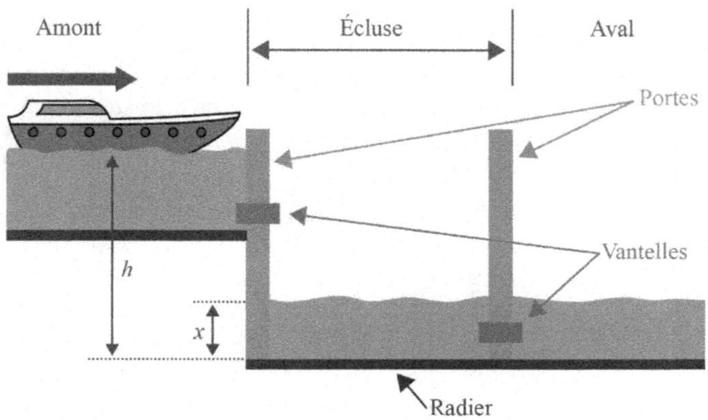

Pour amortir les chocs contre les autres embarcations ou le quai, les péniches sont équipées de « boudins » de protection.

Calculer le volume exact en cm^3 du « boudin » de protection ci-dessous, puis arrondir au centième.

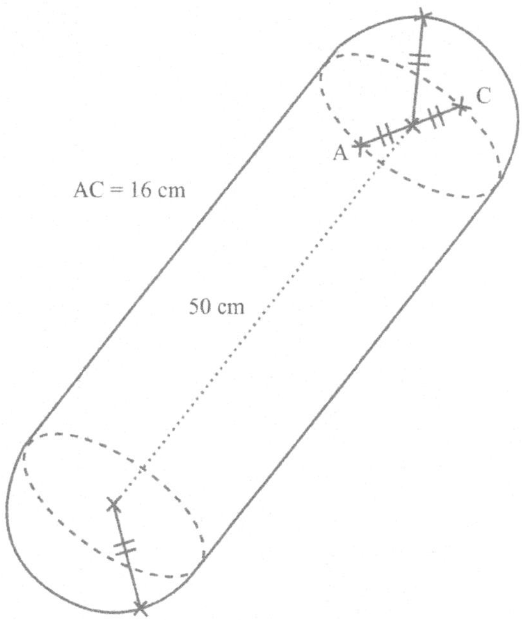

1. Le canal du Midi est un canal qui rejoint l'Atlantique à la Méditerranée.

Rappel :
Volume d'un cylindre de révolution : $V = \pi R^2 h$
où h désigne la hauteur du cylindre et R le rayon de la base.

Volume d'une boule : $V = \frac{4}{3} \pi R^3$
où R désigne le rayon de la boule.

> Remarquez que le « boudin » de protection est composé d'un cylindre de diamètre 16 cm et de hauteur 50 cm et de deux demi-boules de diamètre 16 cm.

Le volume du cylindre de diamètre AC = 16 cm, donc de rayon 8 cm, et de hauteur 50 cm est :
$V_1 = \pi \times 8^2 \times 50 = \pi \times 64 \times 50 = 3\,200\pi$ cm³.
Le volume des deux demi-boules de diamètre AC = 16 cm, donc de rayon 8 cm est :

$$V_2 = \frac{4}{3}\pi \times 8^3 = \frac{4 \times 512\pi}{3} = \frac{2048\pi}{3} \text{ cm}^3.$$

Le volume exact du « boudin » de protection est donc :

$$V = V_1 + V_2 = 3\,200\pi + \frac{2048\pi}{3} = \frac{9600\pi}{3} + \frac{2048\pi}{3} = \frac{11648\pi}{3} \text{ cm}^3.$$

On a $V \approx 12\,197{,}76$ cm³ au centième près, en utilisant la touche « π » de la calculatrice.

Amérique du Nord, juin 2014, exercice 5

3 points

L'exercice suivant traite du thème « le canal du Midi »[1]. Le vocabulaire spécifique est donné sur le schéma ci-dessous.

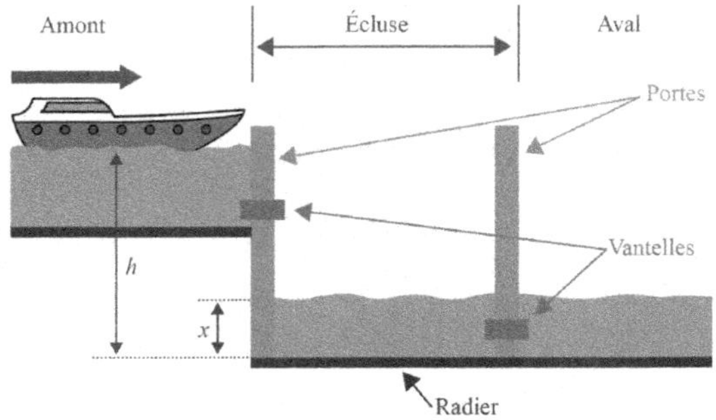

Pour une bonne partie de pêche au bord du canal, il faut un siège pliant adapté ! Nicolas est de taille moyenne et pour être bien assis, il est nécessaire que la hauteur de l'assise du siège soit comprise entre 44 cm et 46 cm.

Voici les dimensions d'un siège pliable qu'il a trouvé en vente sur Internet :

- longueur des pieds : 56 cm ;
- largeur de l'assise : 34 cm ;
- profondeur de l'assise : 31 cm.

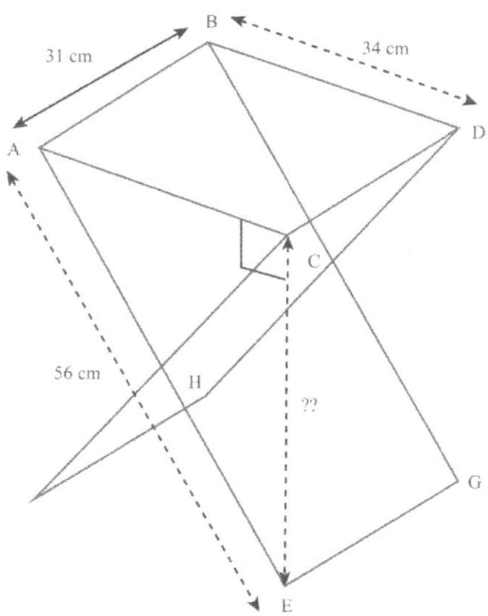

L'angle $\widehat{ACE}$ est droit et ABCD est rectangle.

La hauteur de ce siège lui est-elle adaptée ?

> Utilisez le théorème de Pythagore pour calculer la longueur CE.

1. Le canal du Midi est un canal qui rejoint l'Atlantique à la Méditerranée.

Le quadrilatère ABCD est un rectangle donc AC = BD = 34 cm.
Le triangle ACE est rectangle en C, donc d'après le théorème de Pythagore :
$AE^2 = AC^2 + CE^2$ soit $CE^2 = AE^2 - AC^2 = 56^2 - 34^2 = 3\,136 - 1\,156 = 1\,980$.
CE est un nombre positif car c'est une distance, donc CE = $\sqrt{1980} \approx 44{,}50$ cm au centième près.
On a $44 \leq CE \leq 46$ donc la hauteur de l'assise du siège est adaptée pour Nicolas.

Centres étrangers, juin 2014, exercice 2

3 points

À Pise vers 1200 après J.-C. (problème attribué à Léonard de Pise, dit Fibonacci, mathématicien italien du Moyen Âge).

Une lance, longue de 20 pieds[1], est posée verticalement le long d'une tour considérée comme perpendiculaire au sol. Si on éloigne l'extrémité de la lance qui repose sur le sol de 12 pieds de la tour, de combien descend l'autre extrémité de la lance le long du mur ?

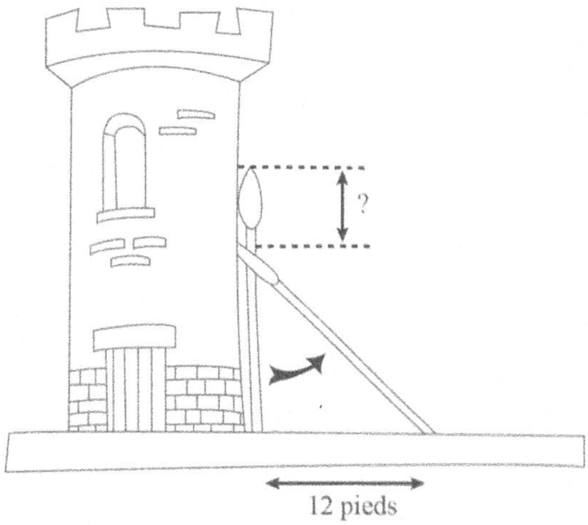

Il s'agit de mettre en équation (d'inconnue h) le problème en utilisant le théorème de Pythagore.

Il faudra écrire l'équation sous la forme d'une différence de deux carrés égale à 0 et utiliser une identité remarquable.

1. Un pied est une unité de mesure anglo-saxonne valant environ 30 cm.

Voici une représentation géométrique de la tour :

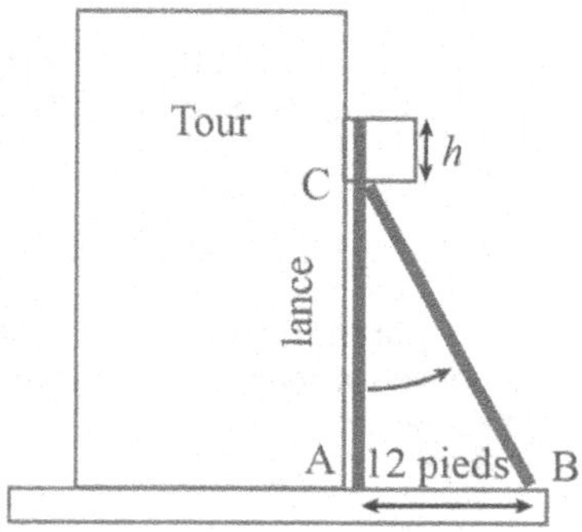

Dans le triangle ABC rectangle en A, on a : AC = 20 − h ; AB = 12 ; BC = 20.
D'après le théorème de Pythagore, on a :
$BC^2 = AB^2 + AC^2$
$20^2 = 12^2 + (20 - h)^2$ en remplaçant les distances par leur expression ou valeurs.
$(20 - h)^2 = 400 - 144 = 256 = 16^2$
$(20 - h)^2 - 16^2 = 0$
$(20 - h - 16)(20 - h + 16) = 0$ en utilisant l'identité remarquable $a^2 - b^2 = (a - b)(a + b)$.
$(4 - h)(36 - h) = 0$ qui est une équation produit.
$4 - h = 0$ ou $36 - h = 0$ car un produit est nul si et seulement si l'un de ses facteurs est nul.
$h = 4$ ou $h = 36$.
La distance h est inférieure à 20, donc la seule solution qui convient est $h = 4$ pieds.
La longueur d'un pied est proche de 30 cm donc $h \approx 4 \times 30 = 120$ cm.

Sujet Inde, avril 2014, exercice 4

7 points

Une commune souhaite aménager des parcours de santé sur son territoire. On fait deux propositions au conseil municipal, schématisés ci-dessous :

- le parcours ACDA ;
- le parcours AEFA.

Ils souhaitent faire un parcours dont la longueur s'approche le plus possible de 4 km.

Pouvez-vous les aider à choisir le parcours ? Justifier votre réponse.

Attention: la figure proposée au conseil municipal n'est pas à l'échelle, mais les codages et les dimensions données sont correctes.

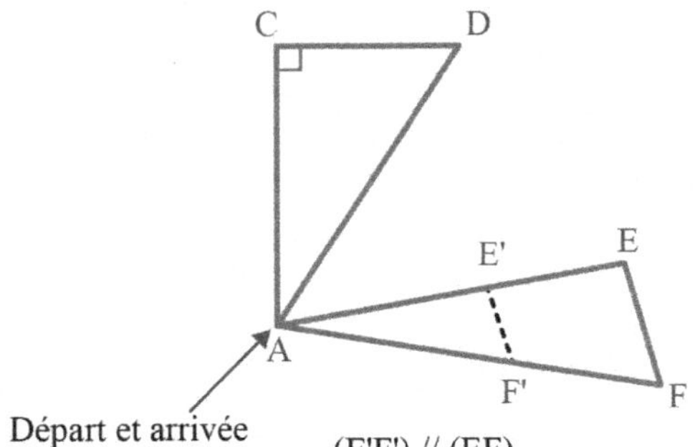

AC = 1,4 km

CD = 1,05 km

AE' = 0,5 km

AE = 1,3 km

AF = 1,6 km

E'F' = 0,4 km

(E'F') // (EF)

L'angle Â dans le triangle AEF vaut 30°

> Remarquez que le triangle AEF n'est pas forcément rectangle, donc que l'on ne peut pas utiliser les relations trigonométriques dans ce triangle.

Le parcours ACDA a pour longueur AC + CD + DA.
Les longueurs AC = 1,4 km et CD = 1,05 km sont connues et il reste à calculer la longueur DA.
Le triangle ACD est rectangle en C, donc d'après le théorème de Pythagore :

$DA^2 = AC^2 + CD^2 = 1,4^2 + 1,05^2 = 1,96 + 1,1025 = 3,0625$, donc DA = $\sqrt{3,0625}$ = 1,75 km.
Le parcours ACDA a donc pour longueur AC + CD + DA = 1,4 + 1,05 + 1,75 = 4,2 km.
Le parcours AEFA a pour longueur AE + EF + AF.
Les longueurs AE = 1,3 km et AF = 1,6 km sont connues et il reste à calculer la longueur EF.
Dans le triangle AEF, E' ∈ [AE], F' ∈ [AF] et les droites (EF) et (E'F') sont parallèles.
Donc, d'après le théorème de Thalès :

$\frac{AE'}{AE} = \frac{AF'}{AF} = \frac{E'F'}{EF}$, donc en particulier $\frac{AE'}{AE} = \frac{E'F'}{EF}$.

AE' = 0,5 km, AE = 1,3 km et E'F' = 0,4 km donc :

$\frac{0,5}{1,3} = \frac{0,4}{EF}$ puis :

$0,5 \times EF = 1,3 \times 0,4 = 0,52$ et :

$EF = \frac{0,52}{0,5} = 1,04$ km.

Le parcours AEFA a donc pour longueur AE + EF + AF = 1,3 + 1,04 + 1,6 = 3,94 km.
$4,2 - 4 = 0,2 > 0,06 = 4 - 3,94$.
Le parcours dont la longueur s'approche le plus possible de 4 km est donc le parcours AEFA qui a pour longueur 3,94 km.

Sujet Inde, avril 2014, exercice 5

8 points

***Pense-bête :** toutes les formules données ci-dessous correspondent bien à des formules d'aires ou de volumes. On ne sait pas à quoi elles correspondent, mais elles peuvent quand même être utiles pour résoudre l'exercice ci-dessous.*

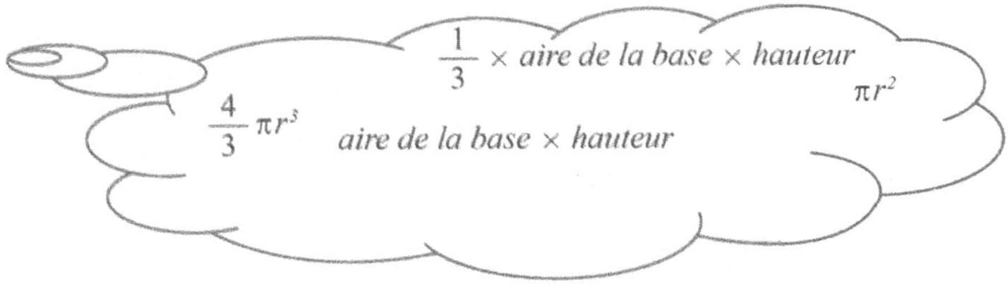

Voici une bouteille constituée d'un cylindre et d'un tronc de cône surmonté par un goulot cylindrique. La bouteille est pleine lorsque elle est remplie jusqu'au goulot. Les dimensions sont notées sur le schéma.

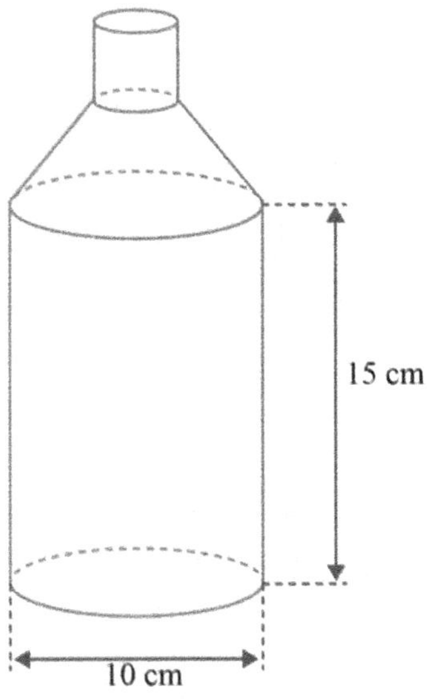

1. Calculer le volume exact de la partie cylindrique de la bouteille, puis en donner un arrondi au cm³.

> Rappelez-vous de la formule donnant le volume d'un cylindre en fonction du rayon R de sa base et de sa hauteur h.
> Faites attention car 10 cm est le diamètre de sa base et non son rayon.

2. Pour obtenir le tronc de cône, on a coupé un cône par un plan parallèle à la base passant par O'. La hauteur SO du grand cône est de 6 cm et la hauteur SO' du petit cône est égale à 2 cm. Le rayon de la base du grand cône est de 5 cm.

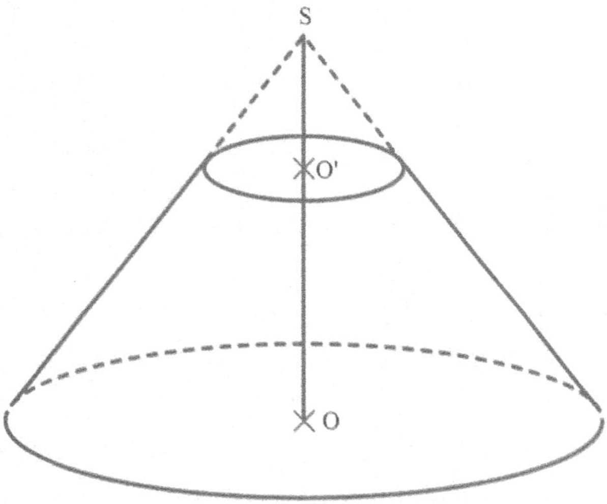

a) Calculer le volume V_1 du grand cône de hauteur SO (donner la valeur exacte).

> Rappelez-vous que la formule donnant le volume d'un cône en fonction du rayon R de sa base et de sa hauteur h est $\frac{1}{3}\pi \times R^2 \times h$.

b) Montrer que le volume V_2 du tronc de cône est égal à $\frac{1300\pi}{27}$ cm³. En donner une valeur arrondie au cm³.

> Commencez par calculer le volume du petit cône qui est une réduction du grand cône. Quel effet une réduction de rapport k a-t-elle sur les volumes ?

3. Parmi les quatre graphiques ci-après, l'un d'entre eux représente le volume *V(h)* de la bouteille en fonction de la hauteur h de remplissage du bidon.
Quel est ce graphique ? Pourquoi les autres ne sont-ils pas convenables ?

Graphique 1

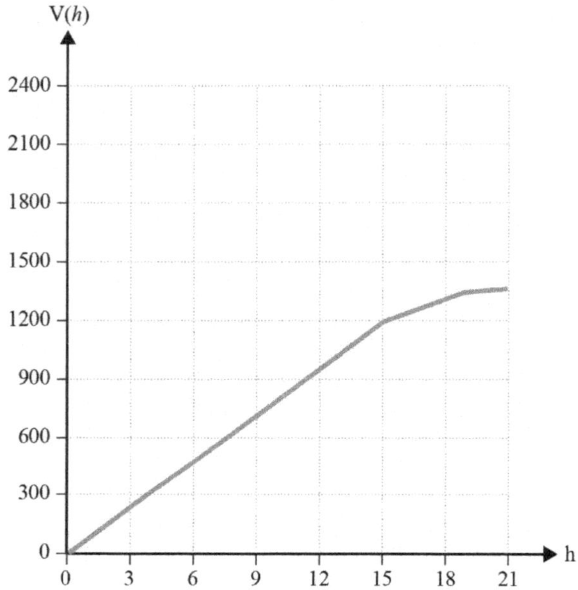

Graphique 2

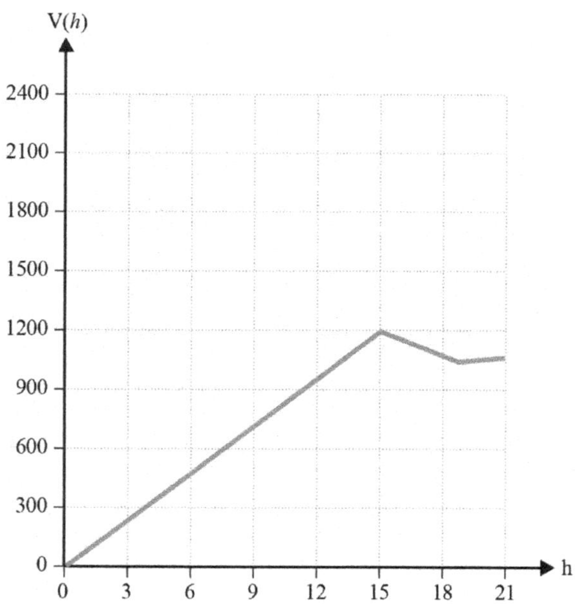

Graphique 3

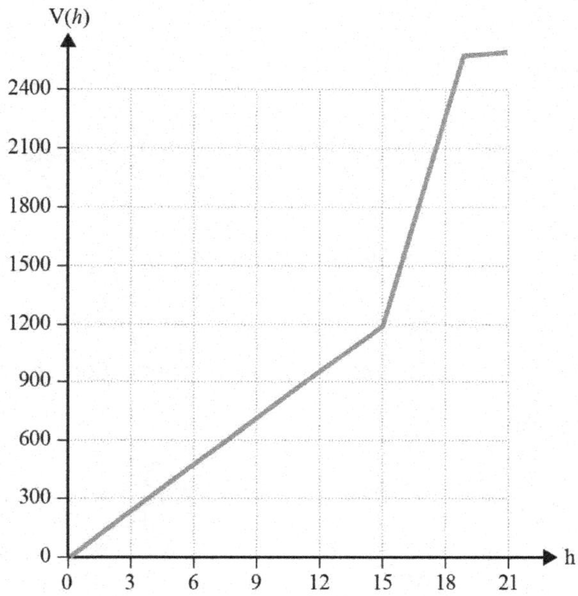

Graphique 4

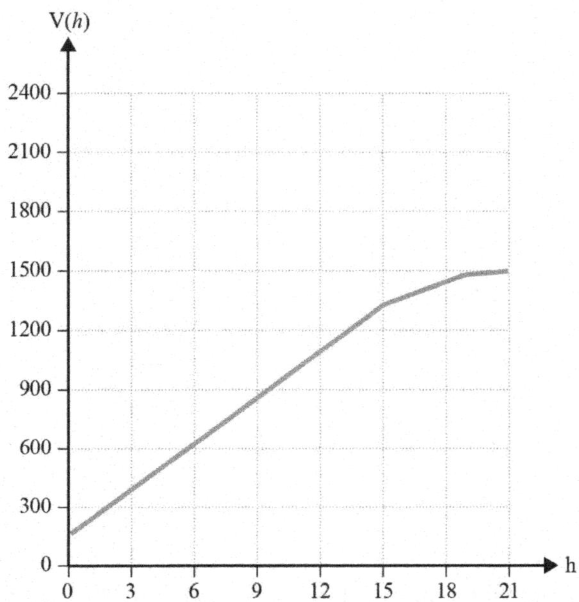

Imaginez le remplissage du bidon successivement dans chacun des trois solides.

1. Le volume d'un cylindre en fonction du rayon R de sa base et de sa hauteur h est $\pi R^2 \times h$.

Ici, R = $\frac{10}{2}$ = 5 cm et h = 15 cm donc le volume de ce cylindre est :

V = $\pi \times 5^2 \times 15 = 25 \times 15\pi = 375\pi \approx$ 1 178 cm³ (arrondi à l'unité).

2. a) Le volume d'un cône en fonction du rayon R de sa base et de sa hauteur h est $\frac{1}{3}\pi \times R^2 \times h$.

Ici, R = 5 cm et h = SO = 6 cm donc le volume du grand cône est :

$V_1 = \frac{1}{3}\pi \times 5^2 \times 6 = \frac{6}{3}\pi \times 5^2 = 2 \times 25\pi = 50\pi$ cm³.

b) Calculons tout d'abord le volume du petit cône qui est une réduction de rapport $\frac{SO'}{SO} = \frac{2}{6} = \frac{1}{3}$ du grand cône.

Une réduction de rapport $k = \frac{1}{3}$ multiplie les volumes par $k^3 = (\frac{1}{3})^3 = \frac{1}{3^3} = \frac{1}{27}$ donc le volume du petit est $\frac{V_1}{27} = \frac{50\pi}{27}$ cm³.

Le volume V_2 du tronc de cône est donc :

$V_2 = V_1 - \frac{50\pi}{27}$

$V_2 = 50\pi - \frac{50\pi}{27}$

$V_2 = (1 - \frac{1}{27}) \times 50\pi$

$V_2 = (\frac{27}{27} - \frac{1}{27}) \times 50\pi$

$V_2 = \frac{26}{27} \times 50\pi$

$V_2 = \frac{26 \times 50\pi}{27}$

$V_2 = \frac{1300\pi}{27}$ cm³.

$V_2 \approx$ 151 cm³ (arrondi à l'unité).

3. Lorsque la valeur h de remplissage du bidon est comprise entre 0 et 15 cm, $V(h) = = \pi R^2 \times h$ qui est une fonction linéaire de variable h.

La première portion de courbe est donc une droite passant par l'origine du repère.

Le graphique 4 est donc exclu.
Ensuite, lorsque le remplissage du bidon se fait dans le tronc du cône, le remplissage se fait un peu moins vite puis, dans le goulot cylindrique, le remplissage se fait de nouveau un peu moins vite.
Les pentes des portions de droite qui représentent le remplissage du bidon sont donc à chaque fois plus petite, tout en étant positive.
Les graphiques 3 et 2 sont donc exclus.
Le volume V(h) de la bouteille en fonction de la hauteur h de remplissage du bidon est donc représenté par le graphique 1.

Sujet national, juin 2013, exercice 4

5 points

Trois figures codées sont données ci-dessous. Elles ne sont pas dessinées en vraie grandeur. Pour chacune d'elles, déterminer la mesure de l'angle $\widehat{ABC}$.

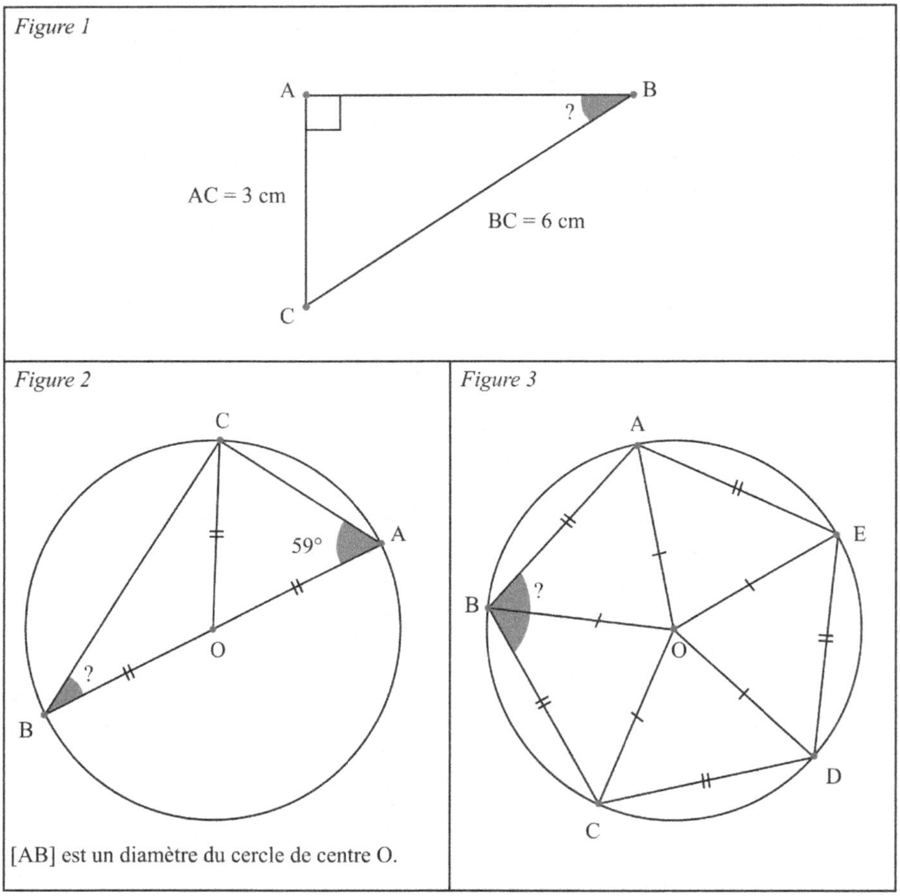

Figure 1 Utilisez une relation trigonométrique dans le triangle ABC rectangle en A.

Figure 2 Commencez par déterminer la nature du triangle ABC.

Figure 3 Déterminez sucessivement la mesure de l'angle $\widehat{AOB}$, puis celle de l'angle $\widehat{ABO}$ et enfin celle de l'angle $\widehat{ABC}$.

Pour cela, remarquez que ABCDE est un polygone régulier à 5 côtés et que le triangle AOB est isocèle en O.

Figure 1 Dans le triangle ABC rectangle en A, on a AC = 3 cm, BC = 6 cm et :

$\sin(\widehat{\mathrm{ABC}}) = \dfrac{\mathrm{AC}}{\mathrm{BC}}$

$\sin(\widehat{\mathrm{ABC}}) = \dfrac{3}{6} = 0{,}5.$

À la calculatrice ou avec le tableau des valeurs remarquables du sinus :

$\widehat{\mathrm{ABC}} = \sin^{-1}(0{,}5) = 30°.$

Dans la figure 1, la mesure de l'angle $\widehat{\mathrm{ABC}}$ est égale à 30°.

Figure 2 ABC est un triangle inscrit dans un cercle dont le côté [AB] est un diamètre de ce cercle.
Le triangle ABC est donc rectangle en C.
La somme des angles d'un triangle est 180°, donc :

$\widehat{\mathrm{ABC}} + \widehat{\mathrm{BAC}} + \widehat{\mathrm{ACB}} = 180°$

$\widehat{\mathrm{ABC}} = 180° - \widehat{\mathrm{BAC}} - \widehat{\mathrm{ACB}}$

$\widehat{\mathrm{ABC}} = 180° - 59° - 90°$ (car $\widehat{\mathrm{BAC}} = 59°$ et $\widehat{\mathrm{ACB}} = 90°$)

$\widehat{\mathrm{ABC}} = 90° - 59°$

$\widehat{\mathrm{ABC}} = 31°.$

Dans la figure 2, la mesure de l'angle $\widehat{\mathrm{ABC}}$ est égale à 31°.

Figure 3 Dans le pentagone régulier ABCDE, l'angle au centre $\widehat{\mathrm{AOB}}$ a pour mesure :

$\widehat{\mathrm{AOB}} = \dfrac{360°}{5} = 72°.$

Le triangle AOB est isocèle en O donc :

$\widehat{\mathrm{ABO}} = \widehat{\mathrm{BAO}}.$

La somme des angles d'un triangle est 180°, donc :

$\widehat{\mathrm{ABO}} + \widehat{\mathrm{BAO}} + \widehat{\mathrm{AOB}} = 180°$

$2\,\widehat{\mathrm{ABO}} + 72° = 180°$ (car $\widehat{\mathrm{AOB}} = 72°$)

$2\,\widehat{\mathrm{ABO}} = 180° - 72° = 108°$

$\widehat{\mathrm{ABO}} = \dfrac{108°}{2} = 54°.$

Le pentagone étant régulier, les triangles AOB et BOC sont tous les deux isocèles en O et leurs dimensions sont identiques.
On a donc :

$\widehat{\mathrm{CBO}} = \widehat{\mathrm{ABO}}$ et $\widehat{\mathrm{ABC}} = 2\,\widehat{\mathrm{ABO}} = 108°.$

Dans la figure 3, la mesure de l'angle $\widehat{\mathrm{ABC}}$ est égale à 108°.

Inde, avril 2013, exercice 5

7 points

Une pyramide régulière de sommet S a pour base le carré ABCD telle que son volume V est égal à 108 cm^3.

Sa hauteur [SH] mesure 9 cm.

Le volume d'une pyramide est donné par la relation :

$$\text{Volume d'une pyramide} = \frac{\text{aire de la base} \times \text{hauteur}}{3}$$

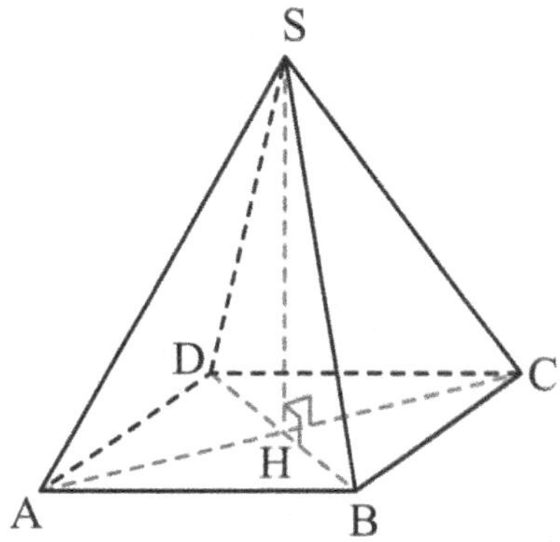

1. a) Vérifier que l'aire de ABCD est bien 36 cm^2.

> Pensez à utiliser la formule du volume d'une pyramide, pour résoudre une équation d'inconnue l'aire du carré ABCD.

b) En déduire la valeur de AB.

> Rappelez-vous de la formule donnant l'aire d'un carré en fonction de son côté.

c) Montrer que le périmètre du triangle ABC est égal à $12 + 6\sqrt{2}$ cm.

> Attention, ne confondez pas la formule du périmètre d'un triangle avec celle de son aire.

2. SMNOP est une réduction de la pyramide SABCD.

On obtient alors la pyramide SMNOP telle que l'aire du carré MNOP soit égale à 4 cm^2.

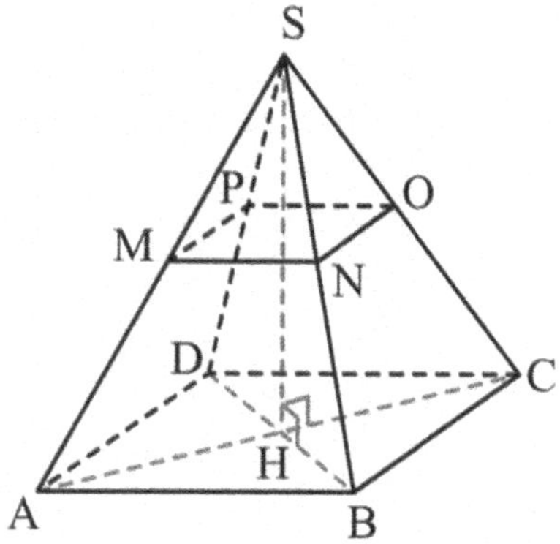

a) Calculer le volume de la pyramide SMNOP.
Pour cette question, toute trace de recherche, même incomplète, sera prise en compte dans l'évaluation.

> Comparez les aires des carrés ABCD et MNOP, et déduisez-en le rapport de la réduction, puis le volume demandé.

b) Élise pense que pour obtenir le périmètre du triangle MNO, il suffit de diviser le périmètre du triangle ABC par 3.
Êtes-vous d'accord avec elle ?

> Quel effet une réduction de rapport k a-t-elle sur les longueurs ?

1. a) On a $V_{SABCD} = \dfrac{A_{ABCD} \times SH}{3}$.

Avec les valeurs numériques V_{SABCD} = 108 cm³ et SH = 9 cm, on a :

$108 = \dfrac{A_{ABCD} \times 9}{3}$, soit :

$9 \times A_{ABCD} = 3 \times 108 = 324$, puis :

$A_{ABCD} = \dfrac{324}{9} = 36$ cm².

L'aire de ABCD est 36 cm².

b) On a $A_{ABCD} = AB \times AB = AB^2$.

D'après la question 1. a), on a $A_{ABCD} = AB^2 = 36$ cm², soit $AB = \sqrt{36} = 6$ cm car une distance est positive.

La valeur de AB est 6 cm.

c) Le périmètre du triangle ABC est :

$P_{ABC} = AB + BC + AC$.

ABCD est un carré, donc AB = BC = 6 cm.

Le triangle ABC est rectangle en B donc, d'après le théorème de Pythagore :

$AC^2 = AB^2 + BC^2 = 6^2 + 6^2 = 36 + 36 = 72$

$AC = \sqrt{72} = \sqrt{36 \times 2} = 6\sqrt{2}$ cm car une distance est positive.

On a donc $P_{ABC} = AB + BC + AC$, soit $P_{ABC} = 6 + 6 + 6\sqrt{2} = 12 + 6\sqrt{2}$ cm.

Le périmètre du triangle ABC est donc égal à $12 + 6\sqrt{2}$ cm.

2. a) Le carré MNOP est la réduction du carré ABCD et $A_{MNOP} = 4 = \dfrac{36}{9} = \dfrac{1}{9} A_{ABCD}$.

Or, une réduction de rapport k multiplie les aires des figures par k^2, donc :

$k^2 = \dfrac{1}{9} = \left(\dfrac{1}{3}\right)^2$ et $k = \dfrac{1}{3}$ car $k > 0$.

On en déduit que la réduction est une réduction de rapport $k = \dfrac{1}{3}$.

Calculons le volume de la pyramide SMNOP. Une réduction de rapport k multiplie les volumes des solides par k^3 donc :

$V_{SMNOP} = \left(\dfrac{1}{3}\right)^3 \times V_{SABCD} = \dfrac{1}{27} \times 108$

car V_{SABCD} = 108 cm³, soit

$V_{SMNOP} = \dfrac{108}{27} = 4$ cm³.

Le volume de la pyramide SMNOP est 4 cm³.

b) On a $P_{MNO} = MN + NO + MO$ et $P_{ABC} = AB = BC + AC$.

Une réduction de rapport $\dfrac{1}{3}$ multiplie les longueurs par $\dfrac{1}{3}$, donc $MN = \dfrac{AB}{3}$,

$NO = \dfrac{BC}{3}$ et $MO = \dfrac{AC}{3}$.

Finalement, $P_{MNO} = MN + NO + MO = \frac{AB}{3} + \frac{BC}{3} + \frac{AC}{3} = \frac{1}{3} P_{ABC}$.

Élise a raison lorsqu'elle pense que pour obtenir le périmètre du triangle MNO, il suffit de diviser le périmètre du triangle ABC par 3.

Sujet national, juin 2021, exercice 1

20 points

Cette feuille de calcul présente les températures moyennes mensuelles à Tours en 2019.

	A	B	C	D	E	F	G	H	I	J	K	L	M	N
1	Mois	J	F	M	A	M	J	J	A	S	O	N	D	Moyenne sur l'année
2	Température en °C	4,4	7,8	9,6	11,2	13,4	19,4	22,6	20,5	17,9	14,4	8,2	7,8	

1. D'après le tableau ci-dessus, quelle a été la température moyenne à Tours en novembre 2019 ?

2. Déterminer l'étendue de cette série.

> Il faut connaître la définition de l'étendue et soyez vigilant pour bien choisir les températures extrêmes et pas celles du premier et du dernier mois de l'année.

3. Quelle formule doit-on saisir en cellule N2 pour calculer la température moyenne annuelle ?

> Pour vous aider, réfléchissez à la manière de calculer une moyenne pour trouver la formule adéquate et surtout, souvenez-vous de toujours mettre le symbole « = » avant une formule dans le tableur et utilisez le nom des cases et pas les valeurs pour les calculs.

4. Vérifier que la température moyenne annuelle est 13,1 °C.

> Faites attention à ne pas oublier de valeurs du tableau et pensez à bien diviser par 12 pour avoir la température moyenne sur l'année.

5. La température moyenne annuelle à Tours en 2009 était de 11,9 °C.
Le pourcentage d'augmentation entre 2009 et 2019, arrondi à l'unité, est-il de : 7 % ; 10 % ou 13 % ?
Justifier la réponse.

> Vous pouvez procéder de plusieurs manières pour résoudre cette question. Dans chaque cas, pensez à bien noter vos calculs.
>
> Vous pouvez utiliser les propositions pour voir laquelle fonctionne ou bien trouver la bonne réponse par un calcul de pourcentage et vérifier si elle se trouve bien parmi les solutions proposées dans la question.

1. En novembre 2019, la température moyenne à Tours était de 8,2 °C.
2. On calcule la différence entre le mois le plus chaud et celui le plus froid :
22,6 − 4,4 = 18,2 °C.
L'étendue de cette série est de 18,2 °C.
3. Il y a trois formules possibles : MOYENNE (B2 : M2) ou = (SOMME(B2 : M2)) / 12 ou = (B2 + C2 + D2 + E2 + F2 + G2 + H2 + I2 + J2 + K2 + L2 + M2) / 12.
4. En partant de l'hypothèse que les mois comportent globalement tous le même nombre de jours, on calcule :

$$\mathrm{m} = \frac{4,4+7,8+9,6+11,2+13,4+19,4+22,6+20,5+17,9+14,4+8,2+7,8}{12}$$

donc $\mathrm{m} = \frac{157,2}{12} = 13,1$.

La température moyenne à Tours sur l'année 2019 était de 13,1 °C.
5. Pour calculer le pourcentage d'évolution de la température moyenne annuelle entre 2009 et 2019, on peut construire un tableau de proportionnalité :

Températures (°C)	11,9	13,1
Pourcentages (%)	100	

On calcule alors à l'aide du produit en croix : $100 \times 13,1 \div 11,9 \approx 110$.
La température moyenne a donc augmenté de 10 % environ entre 2009 et 2019.

On peut aussi calculer : $\frac{13,1}{11,9} \approx 1,10$ ou $\frac{13,1-11,9}{11,9} = \frac{1,2}{11,9} \approx 0,10$.

Sujet national, juin 2018, exercice 2

14 points

Parmi les nombreux polluants de l'air, les particules fines sont régulièrement surveillées.
Les PM10 sont des particules fines dont le diamètre est inférieur à 0,01 mm.
En janvier 2017, les villes de Lyon et Grenoble ont connu un épisode de pollution aux particules fines.
Voici des données concernant la période du 16 au 25 janvier 2017 :

Données statistiques sur les concentrations journalières en PM10 du 16 au 25 janvier 2017 à Lyon.

Moyenne : 72,5 μg/m^3

Médiane : 83,5 μg/m^3

Concentration minimale: 22 μg/m^3

Concentration maximale: 107 μg/m^3

Relevés des concentrations journalières en PM10 du 16 au 25 janvier 2017 à Grenoble.

Date	*Concentration PM10 en μg/m^3*
16 janvier	32
17 janvier	39
18 janvier	52
19 janvier	57
20 janvier	78
21 janvier	63
22 janvier	60
23 janvier	82
24 janvier	82
25 janvier	89

Source : http://www.air-rhonealpes.fr.

1. Laquelle de ces deux villes a eu la plus forte concentration moyenne en PM10 entre le 16 et le 25 janvier ?

> Calculez la concentration moyenne en PM10 à Grenoble entre le 16 et le 25 janvier, pour la comparer à celle de Lyon.

2. Calculer l'étendue des séries des relevés en PM10 à Lyon et à Grenoble. Laquelle de ces deux villes a eu l'étendue la plus importante ? Interpréter ce dernier résultat.

> Rappelez-vous que l'étendue d'une série statistique est la différence entre la plus grande et la plus petite de ses valeurs.

3. L'affirmation suivante est-elle exacte ? Justifier votre réponse.
« Du 16 au 25 janvier, le seuil d'alerte de 80 μg/m^3 par jour a été dépassé au moins 5 fois à Lyon. »

> Pour pouvoir répondre, utilisez la définition de la médiane de la série.

1. La concentration moyenne en PM10 à Grenoble entre le 16 et le 25 janvier est :

$$M = \frac{32 + 39 + 52 + 57 + 78 + 63 + 60 + 82 + 82 + 89}{10} = \frac{634}{10} = 63{,}4\ \mu g/m^3.$$

D'après l'énoncé, la concentration moyenne en PM10 à Lyon entre le 16 et le 25 janvier est 72,5 $\mu g/m^3$.
C'est donc à Lyon qu'elle est la plus élevée.

2. Pour chaque ville, l'étendue des séries des relevés est la différence entre la plus grande concentration journalière en PM10 et la plus petite.
L'étendue des séries des relevés en PM10 à Lyon est 107 − 22 = 85 $\mu g/m^3$ et celle à Grenoble est 89 − 32 = 57 $\mu g/m^3$.
C'est donc la ville de Lyon qui a eu l'étendue la plus importante, c'est-à-dire que la variation de concentration journalière en PM10 a été plus grande à Lyon qu'à Grenoble.
Du 16 au 25 janvier, il y a 10 jours (donc 10 relevés journaliers) et la médiane des concentrations journalières en PM10 à Lyon est 83,5 $\mu g/m^3$.

3. $\frac{10}{2}$ = 5 donc, du 16 au 25 janvier, le seuil d'alerte de 80 $\mu g/m^3$ par jour a été dépassé au moins 5 fois à Lyon puisque c'est le cas pour la concentration journalière de PM10 de 83,5 $\mu g/m^3$, qui est la médiane des valeurs.
L'affirmation est donc exacte.

Sujet national, juin 2017, exercice 1

4 points

Dans une urne contenant des boules vertes et des boules bleues, on tire au hasard une boule et on regarde sa couleur. On replace ensuite la boule dans l'urne et on mélange les boules.

La probabilité d'obtenir une boule verte est $\frac{2}{5}$.

1. Expliquer pourquoi la probabilité d'obtenir une boule bleue est égale à $\frac{3}{5}$.

> Pensez à l'événement contraire.

2. Paul a effectué 6 tirages et a obtenu une boule verte à chaque fois.
Au 7e tirage, aura-t-il plus de chances d'obtenir une boule bleue qu'une boule verte ?

> Rappelez-vous qu'après chaque tirage, la boule est remise dans l'urne.

3. Déterminer le nombre de boules bleues dans cette urne sachant qu'il y a 8 boules vertes.

> Notez x le nombre de boules bleues, mettez en équation le problème et résolvez cette équation.
>
> Vous pouvez aussi utiliser la proportionnalité et les valeurs $\frac{2}{5}$, $\frac{3}{5}$ et 8.

1. L'urne contient des boules vertes et des boules bleues. L'événement « obtenir une boule bleue » est donc l'événement contraire de l'événement « obtenir une boule verte ».

La probabilité d'obtenir une boule bleue est donc égale à $1 - \frac{3}{5} = \frac{2}{5}$.

2. D'après l'énoncé, la boule est remise dans l'urne après chaque tirage.

Au 7e tirage, la probabilité d'obtenir une boule verte sera toujours de $\frac{2}{5}$ et celle d'obtenir une boule bleue de $\frac{3}{5}$.

Paul aura donc plus de chances d'obtenir une boule bleue qu'une boule verte.

3. Notons x le nombre de boules bleues.

L'urne contient x boules bleues parmi $x + 8$ boules, donc la probabilité d'obtenir une boule bleue est $\frac{x}{x+8}$.

Sachant que la probabilité d'obtenir une boule bleue est de $\frac{3}{5}$, on a :

$\frac{x}{x+8} = \frac{3}{5}$;

soit $5 \times x = 3 \times (x + 8)$ en utilisant l'égalité des produits en croix ;

et $5x = 3x + 3 \times 8$ en développant l'expression ;

$5x - 3x = 24$;

$2x = 24$;

$x = \frac{24}{2}$;

$x = 12$.

Sachant qu'il y a 8 boules vertes dans cette urne, il y a 12 boules bleues.

Remarque : plus rapidement, en utilisant la proportionnalité, $\frac{3}{5} = 1{,}5 \times \frac{2}{5}$ donc il y a $1{,}5 \times 8 = 12$ boules bleues dans cette urne.

Sujet national, juin 2017, exercice 3

4 points

Un condensateur est un composant électronique qui permet de stocker de l'énergie électrique pour la restituer plus tard.

Le graphique suivant montre l'évolution de la tension mesurée aux bornes d'un condensateur en fonction du temps lorsqu'il est en charge.

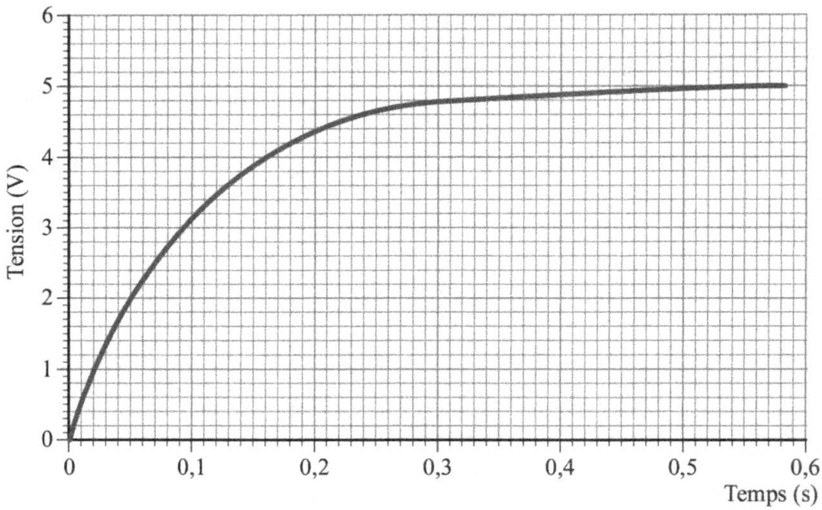

1. S'agit-il d'une situation de proportionnalité ? Justifier.

> Quel type de représentation graphique est associée à une situation de proportionnalité ?

2. Quelle est la tension mesurée au bout de 0,2 s ?

> Vous devez chercher l'image de 0,2 s sur l'axe des ordonnées.

3. Au bout de combien de temps la tension aux bornes du condensateur aura-t-elle atteint 60 % de la tension maximale qui est estimée à 5 V ?

> Commencez par calculer 60 % de 5 V. Vous devez ensuite chercher l'antécédent de cette valeur sur l'axe des abscisses.

1. Une situation de proportionnalité est représentée graphiquement par une droite passant par l'origine du repère (qui elle-même représente graphiquement une fonction linéaire).
Cette représentation graphique, qui montre l'évolution de la tension mesurée aux bornes d'un condensateur en fonction du temps lorsqu'il se charge, n'est pas une droite.
Il ne s'agit donc pas d'une situation de proportionnalité :
l'évolution de la tension mesurée aux bornes d'un condensateur lorsqu'il se charge n'est pas proportionnelle au temps.
2. Graphiquement, la tension mesurée au bout de 0,2 s est d'environ 4,4 V (voir l'illustration ci-après).
3. 60 % de 5 V sont égaux à $\frac{60}{100}\times 5=\frac{60\times 5}{100}=\frac{300}{100}=3\text{V}$.

Graphiquement, la tension aux bornes du condensateur sera de 3 V (60 % de 5 V) au bout d'environ 0,09 s.

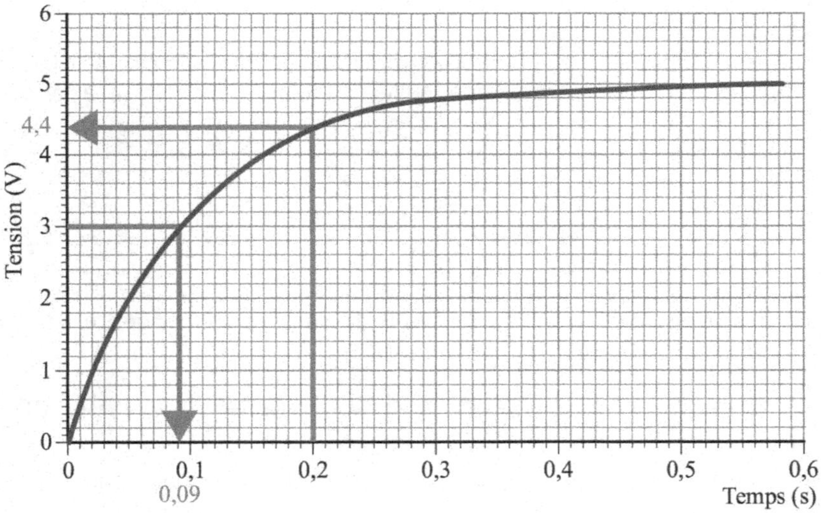

Sujet national, juin 2017, exercice 6

8 points

Document n° 1

Le surpoids est devenu un problème majeur de santé, celui-ci prédispose à beaucoup de maladies et diminue l'espérance de vie.

L'indice le plus couramment utilisé est celui de masse corporelle (IMC).

Document n° 2

L'IMC est une grandeur internationale permettant de déterminer la corpulence d'une personne adulte entre 18 ans et 65 ans.

Il se calcule avec la formule suivante :

$$\text{IMC} = \frac{masse}{taille^2}$$

avec « masse » en kg et « taille » en m.

Normes :

- $18,5 \leq \text{IMC} < 25$: corpulence normale ;
- $25 \leq \text{IMC} < 30$: surpoids ;
- $\text{IMC} \geq 30$: obésité.

1. Dans une entreprise, lors d'une visite médicale, un médecin calcule l'IMC de six des employés. Il utilise pour cela une feuille de tableur dont voici un extrait :

	A	B	C	D	E	F	G
1	Taille (en m)	1,69	1,72	1,75	1,78	1,86	1,88
2	Masse (en kg)	72	85	74	70	115	85
3	IMC (*)	25,2	28,7	24,2	22,1	33,2	24,0
4	(*) valeur approchée au dixième						

a) Combien d'employés sont en situation de surpoids ou d'obésité dans cette entreprise ?

> Rappelez-vous qu'une personne est en situation de surpoids ou d'obésité lorsque son IMC est supérieur ou égal à 25.

b) Laquelle de ces formules a-t-on écrite dans la cellule B3, puis recopiée à droite, pour calculer l'IMC ?

Recopier la formule correcte sur la copie.

= 72/1.69^2	= B1 / (B2 * B2)	= B2 / (B1 * B1)	= $B2 / ($B1*$B1)

> Observez la formule de l'IMC et les cases où sont situées les masses et les tailles.

2. Le médecin a fait le bilan de l'IMC de chacun des 41 employés de cette entreprise. Il a reporté les informations recueillies dans le tableau suivant dans lequel les IMC ont été arrondis à l'unité près.

IMC	20	22	23	24	25	29	30	33	Total
Effectif	9	12	6	8	2	1	1	2	41

a) Calculer une valeur approchée, arrondie à l'entier près, de l'IMC moyen des employés de cette entreprise.

> N'oubliez pas de pondérer chaque valeur de l'IMC par son effectif.

b) Quel est l'IMC médian ? Interpréter ce résultat.

> Rappelle-toi que la médiane d'une série statistique est une valeur qui partage cette série en deux groupes d'effectifs égaux :
> - un groupe constitué de valeurs inférieures ou égales à la médiane ;
> - un groupe constitué de valeurs supérieures ou égales à la médiane.
>
> Lorsque l'effectif n de la série statistique est impair, la médiane est la $\dfrac{n+1}{2}^{\text{ième}}$ des valeurs classées par ordre croissant.

c) On lit sur certains magazines : « On estime qu'au moins 5 % de la population mondiale est en surpoids ou est obèse. » Est-ce le cas pour les employés de cette entreprise ?

> Rappelez-vous qu'une personne est en situation de surpoids ou d'obésité lorsque son IMC est supérieur ou égal à 25.

1. a) D'après l'énoncé, une personne est en situation de surpoids ou d'obésité lorsque son IMC est supérieur ou égal à 25.
D'après la feuille du tableur, trois personnes sont dans une situation de surpoids ou d'obésité : celles qui ont respectivement pour IMC 25,2 ; 28,7 et 33,2.

b) D'après l'énoncé, on a : IMC = $\dfrac{\text{masse}}{\text{taille}^2}$.
Pour calculer B3, on utilise la masse qui est notée dans la case B2 et la taille (au carré) qui est notée dans la case B1.
Comme les colonnes ne sont pas bloquées, la formule qu'il faut écrire dans la cellule B3, puis recopiée à droite, est : « = B2/(B1*B1) ».
2. a) L'IMC moyen des employés de cette entreprise est :

$$M = \frac{20\times 9 + 22\times 12 + 23\times 6 + 24\times 8 + 25\times 2 + 29\times 1 + 30\times 1 + 33\times 2}{41}$$

$$M = \frac{180 + 264 + 138 + 192 + 50 + 29 + 30 + 66}{41}$$

$$M = \frac{949}{41}$$

M $\approx$ 23 à l'entier près.
L'IMC moyen des employés de cette entreprise est d'environ 23.
b) L'effectif de la série est un nombre impair.
$\dfrac{41}{2}$ = 20,5 donc la médiane de cette série statistique est la 21e des valeurs classées par ordre croissant.
D'après le tableau, l'IMC médian des employés de cette entreprise est 22.
c) Dans cette entreprise, 6 employés sur 41 sont en situation de surpoids ou d'obésité.

Le pourcentage d'employés en situation de surpoids ou d'obésité dans cette entreprise est de $\dfrac{6}{41}\times 100 \approx$ 14,6 % au dixième près.
L'affirmation « On estime qu'au moins 5 % de la population mondiale est en surpoids ou est obèse » est donc vraie pour cette entreprise.

Sujet national, juin 2016, exercice 1

4 points

Une société commercialise des composants électroniques qu'elle fabrique dans deux usines. Lors d'un contrôle de qualité, 500 composants sont prélevés dans chaque usine et sont examinés pour déterminer s'ils sont « bons » ou « défectueux ».

Résultats obtenus pour l'ensemble des 1 000 composants prélevés :

	Usine A	**Usine B**
Bons	473	462
Défectueux	27	38

1. Si on prélève un composant au hasard parmi ceux provenant de l'usine A, quelle est la probabilité qu'il soit défectueux ?

> Vous devez trouver une probabilité proche de 0,05.

2. Si on prélève un composant au hasard parmi ceux qui sont défectueux, quelle est la probabilité qu'il provienne de l'usine A ?

> Commencez par calculer le nombre total de composants défectueux parmi ceux prélevés dans les deux usines.

3. Le contrôle est jugé satisfaisant si le pourcentage de composants défectueux est inférieur à 7 % dans chaque usine. Ce contrôle est-il satisfaisant ?

> Pour chaque usine, calculez la probabilité qu'un composant prélevé au hasard parmi ceux provenant de cette usine soit défectueux en l'exprimant sous la forme d'un pourcentage.

1. Sur les 500 composants prélevés dans l'usine A, 27 sont défectueux.

La probabilité qu'un composant prélevé au hasard parmi ceux provenant de l'usine A soit défectueux est donc $\frac{27}{500}$ = 0,054.

2. Le nombre total de composants défectueux parmi ceux prélevés dans les deux usines est 27 + 38 = 65.
Sur les 65 composants défectueux provenant des deux usines, 27 proviennent de l'usine A.
La probabilité qu'un composant prélevé au hasard parmi ceux qui sont défectueux provienne de l'usine A est donc $\frac{27}{65} \approx$ 0,415 au millième près.

3. Dans l'usine A, 27 composants sur les 500 prélevés au hasard sont défectueux. Dans cette usine, le pourcentage de composants défectueux est donc
$\frac{27}{500} \times 100 = \frac{27}{5}$ = 5,4 %.
Dans l'usine B, 38 composants sur les 462 prélevés au hasard sont défectueux. Dans cette usine, le pourcentage de composants défectueux est donc
$\frac{38}{500} \times 100 = \frac{38}{5}$ = 7,6 %.
Dans l'usine A, le pourcentage de composants défectueux est de 5,4 % et, dans l'usine B, il est de 7,6 %. Le contrôle n'est donc pas satisfaisant.

Sujet national, juin 2016, exercice 6

7 points

Avec des ficelles de 20 cm, on construit des polygones comme ci-dessous :

Méthode de construction des polygones

Étape 1		On coupe la ficelle de 20 cm en deux morceaux.
Étape 2	morceau n° 1 morceau n° 2	On sépare les deux morceaux.
Étape 3		• Avec le « morceau n° 1 », on construit un carré. • Avec le « morceau n° 2 », on construit un triangle équilatéral.

Partie 1

Dans cette partie, on découpe à l'étape 1 une ficelle pour que le « morceau n° 1 » mesure 8 cm.

1. Dessiner en grandeur réelle les deux polygones obtenus.

> Pour connaître le côté du carré construit avec le « morceau n° 1 », exprimez le côté d'un carré en fonction de son périmètre.
> Pour connaître le côté du triangle équilatéral construit avec le « morceau n° 2 », exprimez le côté d'un triangle équilatéral en fonction de son périmètre.

2. Calculer l'aire du carré obtenu.

> Rappelez-vous que l'aire d'un carré de côté c est c^2.

3. Estimer l'aire du triangle équilatéral obtenu en mesurant sur le dessin.

> Tracez la hauteur de ce triangle équilatéral pour pouvoir la mesurer.

Partie 2

Dans cette partie, on cherche maintenant à étudier l'aire des deux polygones obtenus à l'étape 3 en fonction de la longueur du « morceau n° 1 ».

1. Proposer une formule qui permet de calculer l'aire du carré en fonction de la longueur du « morceau n° 1 ».

> Notez x la longueur (en cm) du « morceau n° 1 » et exprimez le côté d'un carré en fonction de son périmètre, puis son aire en fonction de son périmètre.

2. Sur le graphique ci-dessous :

- la courbe A représente la fonction qui donne l'aire du carré en fonction de la longueur du « morceau n° 1 » ;
- la courbe B représente la fonction qui donne l'aire du triangle équilatéral en fonction de la longueur du « morceau n° 1 ».

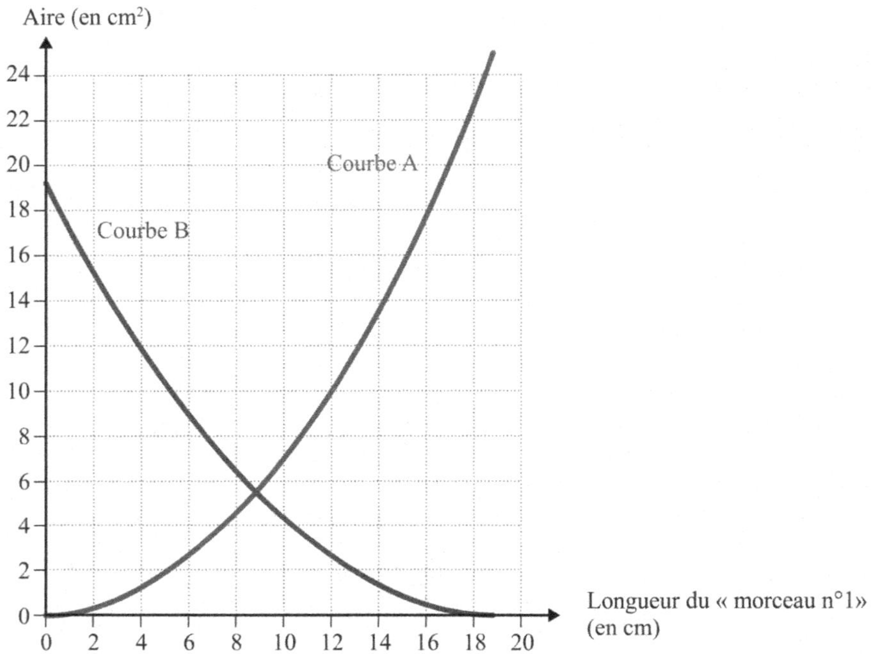

En utilisant ce graphique, répondre aux questions suivantes. Aucune justification n'est attendue.

a) Quelle est la longueur du « morceau n° 1 » qui permet d'obtenir un triangle équilatéral d'aire 14 cm^2 ?

> Vous devez trouver cette valeur à l'aide de la courbe B.

b) Quelle est la longueur du « morceau n° 1 » qui permet d'obtenir deux polygones d'aires égales ?

> Il s'agit de déterminer l'abscisse du point d'intersection des courbes A et B.

Partie 1

1. Le « morceau n° 1 » mesure 8 cm et le côté d'un carré mesure le quart de son périmètre, donc le carré obtenu avec le « morceau n° 1 » est un carré de côté 2 cm.
Le « morceau n° 2 » mesure 20 − 8 = 12 cm et le côté d'un triangle équilatéral mesure le tiers de son périmètre, donc le triangle équilatéral obtenu avec le « morceau n° 2 » est un triangle équilatéral de côté 12 ÷ 3 = 4 cm.

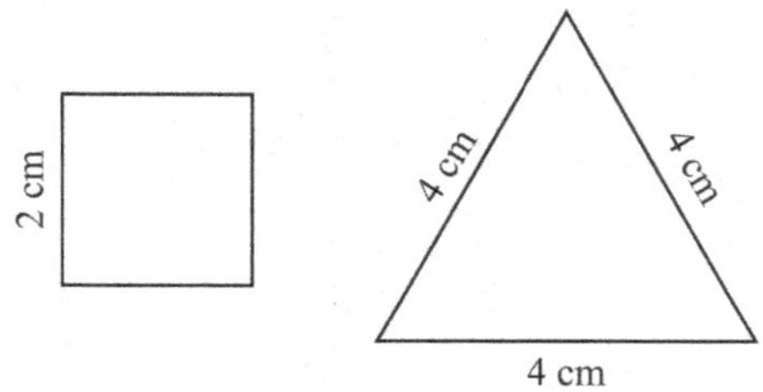

2. D'après la question précédente, le carré construit avec le « morceau n° 1 » est un carré de côté 2 cm.
L'aire de ce carré est donc 2 × 2 = 4 cm^2.
3. La hauteur de ce triangle équilatéral mesure 3,5 cm au dixième près, donc son aire est d'environ $\frac{3,5 \times 4}{2}$ = 3,5 × 2 = 7 cm^2.

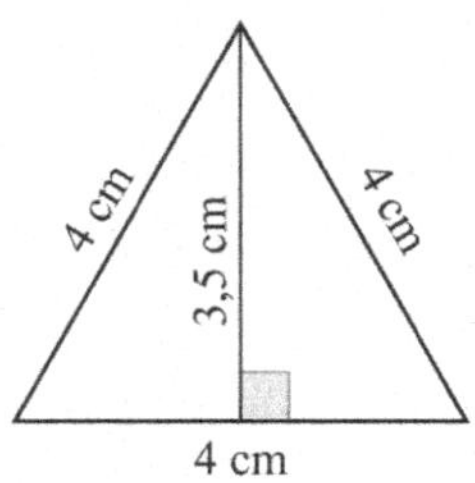

Partie 2

1. Notons x la longueur (en cm) du « morceau n° 1 ». On a $0 < x < 20$.
Cette longueur correspond au périmètre du carré construit avec le « morceau n° 1 », donc le côté de ce carré est $\frac{x}{4}$.

L'expression du côté du carré en fonction de x étant $\frac{x}{4}$, l'aire de ce carré a pour expression $(\frac{x}{4})^2 = \frac{x^2}{16}$.

2. a) La longueur du « morceau n° 1 » qui permet d'obtenir un triangle équilatéral d'aire 14 cm^2 est l'antécédent de 14 par la fonction représentée graphiquement par la courbe B.
Graphiquement, cette longueur est d'environ 3 cm. (Voir le graphique ci-dessous.)
b) La longueur du « morceau n° 1 » qui permet d'obtenir deux polygones d'aires égales est l'abscisse du point d'intersection des courbes A et B.

Graphiquement, cette longueur est d'environ 9,3 cm. (Voir le graphique ci-dessous.)

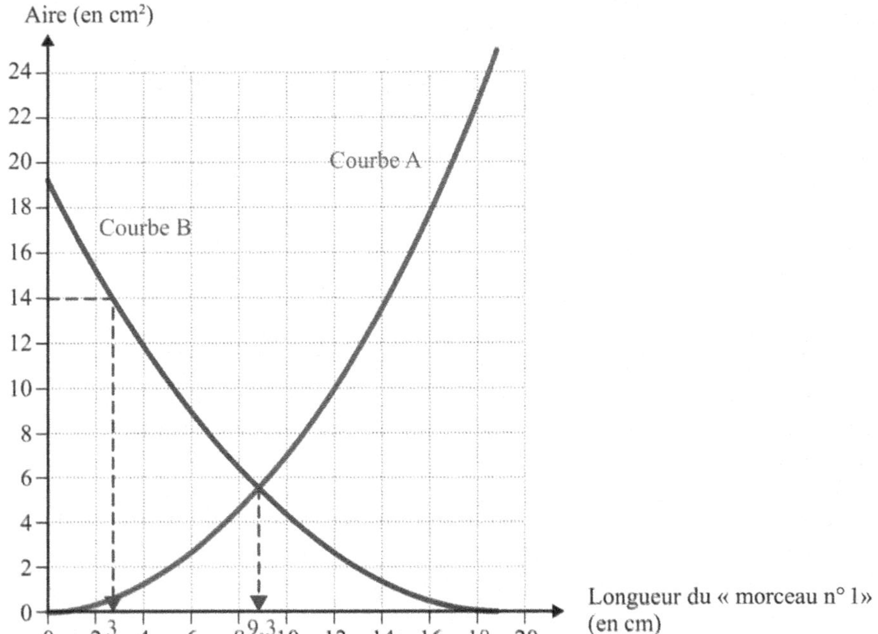

Sujet zéro du ministère, 2017, exercice 7

La distance de freinage d'un véhicule est la distance parcourue par celui-ci entre le moment où le conducteur commence à freiner et celui où le véhicule s'arrête. Celle-ci dépend de la vitesse du véhicule. La courbe ci-dessous donne la distance de freinage d, exprimée en mètres, en fonction de la vitesse v du véhicule, en m/s, sur une route mouillée.

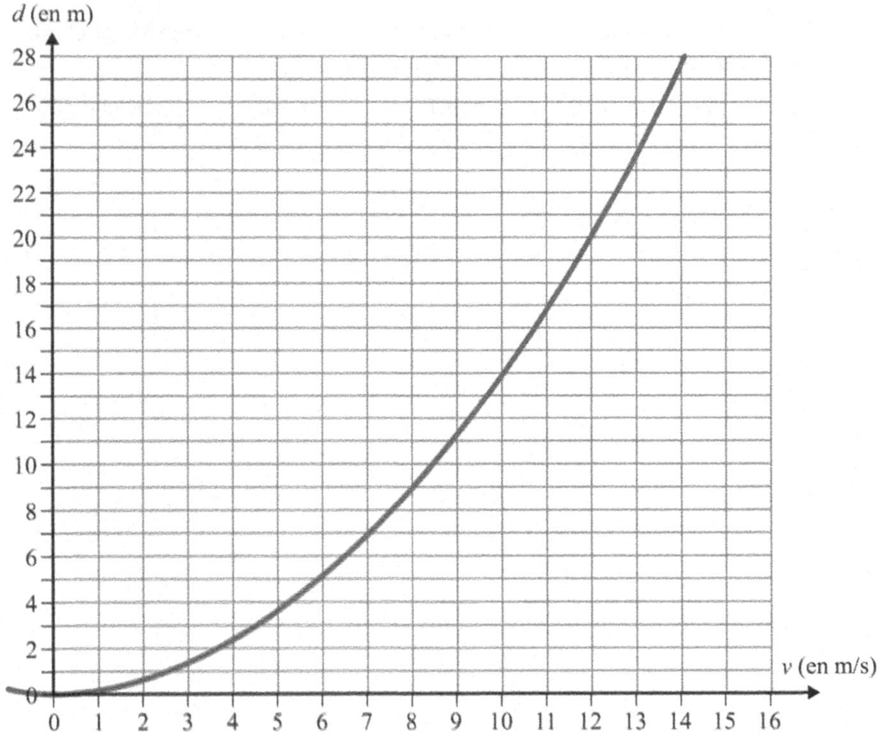

1. Démontrer que 10 m/s = 36 km/h.

Rappelez-vous que 1 h = 60 min = 60 × 60 s = 3 600 s.

2. a) D'après ce graphique, la distance de freinage est-elle proportionnelle à la vitesse du véhicule ?

Comment est représentée graphiquement une situation de proportionnalité ?

b) Estimer la distance de freinage d'une voiture roulant à la vitesse de 36 km/h.

Pensez à utiliser le résultat de la question 1.

c) Un conducteur, apercevant un obstacle, décide de freiner. On constate qu'il a parcouru 25 mètres entre le moment où il commence à freiner et celui où il s'arrête. Déterminer, avec la précision permise par le graphique, la vitesse à laquelle il roulait en m/s.

Remarquez qu'il s'agit de déterminer l'antécédent de 25 (m) par la fonction représentée graphiquement.

3. On admet que la distance de freinage d, en mètres, et la vitesse v, en m/s, sont liées par la relation $d = 0{,}14\ v^2$.

a) Retrouver par le calcul le résultat obtenu à la question **2. b)**.

Pensez à utiliser le résultat de la question 1. pour exprimer v dans la bonne unité.

b) Un conducteur, apercevant un obstacle, freine ; il lui faut 35 mètres pour s'arrêter. À quelle vitesse roulait-il ?

Utilisez la formule $d = 0{,}14\ v^2$ pour trouver une vitesse qui est comprise entre 15 et 20 m/s.

1. On a : 10 m/s = $\frac{10\text{m}}{1\text{s}} = \frac{3600 \times 10\text{m}}{36000\text{s}} = \frac{36000\text{m}}{1\text{h}} = \frac{36\text{km}}{1\text{h}}$ = 36 km/h.

2. a) Une situation de proportionnalité est représentée graphiquement par une droite qui passe par l'origine du repère.
Le graphique représentant la distance de freinage (en m) en fonction de la vitesse du véhicule (en m/s) n'est pas une droite, donc la distance de freinage n'est pas proportionnelle à la vitesse du véhicule.

b) D'après la question 1, on a : 36 km/h = 10 m/s.
Graphiquement, la distance de freinage d'une voiture roulant à la vitesse de 36 km/h = 10 m/s est proche de 14 m. (voir le graphique ci-dessous)

c) Il s'agit de déterminer l'antécédent de 25 (m) par la fonction représentée graphiquement.
Graphiquement, cette valeur est proche de 13,3 (m/s).
Le conducteur qui, apercevant un obstacle, a freiné et a parcouru 25 mètres entre le moment où il commence à freiner et celui où il s'arrête, roulait approximativement à 13,3 m/s ($\approx$ 47,9 km/h car 1 m/s = 3,6 km/h).

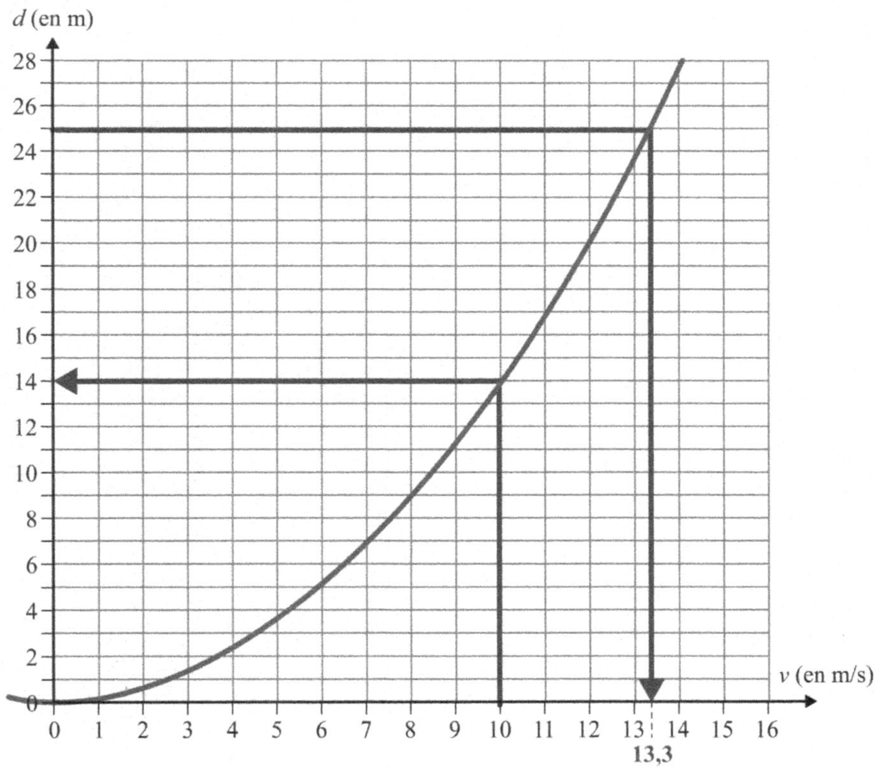

3. a) D'après la question 1, on a : 36 km/h = 10 m/s.
Si v = 10 m/s, alors $d = 0{,}14 \times 10^2 = 0{,}14 \times 100 = 14$ m.
Par le calcul, la distance de freinage d'une voiture roulant à la vitesse de 36 km/h = 10 m/s est de 14 m.

b) Lorsque d = 35 m, on a $35 = 0{,}14\ v^2$ en utilisant la formule $d = 0{,}14\ v^2$.

On a donc $v^2 = \dfrac{35}{0,14} = 250$, puis $v = \sqrt{250} \approx$ 15,8 m/s au dixième près, car v est une valeur positive.
Le conducteur qui, apercevant un obstacle, freine et parcourt 35 mètres pour s'arrêter, roulait approximativement à la vitesse de 15,8 m/s ($\approx$ 56,9 km/h car 1 m/s = 3,6 km/h).

Sujet national, juin 2015, exercice 1

4 points

Une coopérative collecte le lait dans différentes exploitations agricoles.
Les détails de la collecte du jour ont été saisis dans une feuille de calcul d'un tableur.

B8 fx Σ =

	A	B
1	**Exploitation agricole**	**Quantité de lait collecté (en L)**
2	Beau séjour	1250
3	Le Verger	2130
4	La Fourragère	1070
5	Petit Pas	2260
6	La Chausse Pierre	1600
7	Le Palet	1740
8	**Quantité totale de lait collecté**	

1. Une formule doit être saisie dans la cellule B8 pour obtenir la quantité totale de lait collecté. Parmi les quatre propositions ci-dessous, recopier celle qui convient.

N'oubliez pas que la formule doit commencer par le signe « = ».

SOMME(B2 : B7)	SOMME(B2 : B8)	= SOMME(B2 : B7)	= SOMME(B2 : B8)

2. Calculer la moyenne des quantités de lait collecté dans ces exploitations.

Rappelez-vous que la moyenne de n valeurs est la somme de ces valeurs divisée par n.

3. Quel pourcentage de la collecte provient de l'exploitation « Petit Pas » ? On arrondira le résultat à l'unité.

Vous devez trouver un pourcentage arrondi à l'unité compris entre 20 et 25 %.

1. La formule qui doit être saisie dans la cellule B8 pour obtenir la quantité totale de lait collecté est :
« = SOMME(B2 : B7) ».

2. En notant M la moyenne des 6 quantités de lait collecté dans ces exploitations, on a :

$$M = \frac{1250+2130+1070+2260+1600+1740}{6} = \frac{10050}{6} = 1\,675.$$

La moyenne des quantités de lait collecté dans ces 6 exploitations est 1 675 L.

3. D'après la question précédente, le nombre total de litres de lait collecté par ces 6 exploitations est 10 050.
Le pourcentage de la collecte provenant de l'exploitation « Petit pas » est donc de

$100 \times \frac{2260}{10050} = \frac{22600}{1005} \approx$ 22 % à l'unité près.

Sujet national, juin 2015, exercice 6

6 points

La distance parcourue par un véhicule entre le moment où le conducteur voit un obstacle et l'arrêt complet du véhicule est schématisée ci-dessous :

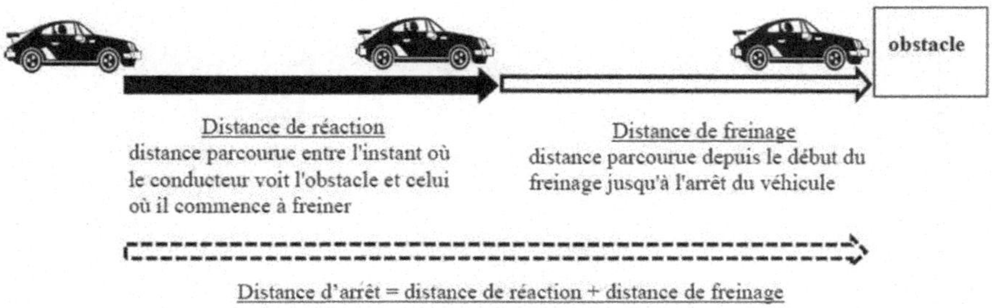

1. Un scooter roulant à 45 km/h freine en urgence pour éviter un obstacle. À cette vitesse, la distance de réaction est égale à 12,5 m et la distance de freinage à 10 m. Quelle est la distance d'arrêt ?

> Utilisez la formule donnée dans l'énoncé.

2. Les deux graphiques donnés en annexe représentent, dans des conditions normales et sur route sèche, la distance de réaction et la distance de freinage en fonction de la vitesse du véhicule. En utilisant ces graphiques, répondre aux questions suivantes.

a) La distance de réaction est de 15 m. À quelle vitesse roule-t-on ? (*Aucune justification n'est attendue*)

> Vous devez trouver l'antécédent de 15 par la fonction représentée dans le premier graphique.

b) La distance de freinage du conducteur est-elle proportionnelle à la vitesse de son véhicule ?

> Que pouvez-vous dire à propos de la représentation graphique d'une situation de proportionnalité ? Est-ce le cas pour la représentation graphique de la distance de freinage en fonction de la vitesse du véhicule ?

c) Déterminer la distance d'arrêt pour une voiture roulant à 90 km/h.

> Il s'agit d'additionner la distance de réaction et la distance de freinage pour une voiture roulant à 90 km/h. Vous devez trouver ces deux valeurs par une lecture graphique sur chacun des deux graphiques.

3. La distance de freinage en mètres, d'un véhicule sur route mouillée, peut se calculer à l'aide de la formule suivante, où v est la vitesse en km/h du véhicule :

distance de freinage sur route mouillée = $\dfrac{v^2}{152,4}$.

Calculer au mètre près la distance de freinage sur route mouillée à 110 km/h.

Vous devez trouver une distance comprise entre 70 et 80 mètres en utilisant la formule donnée.

Annexe

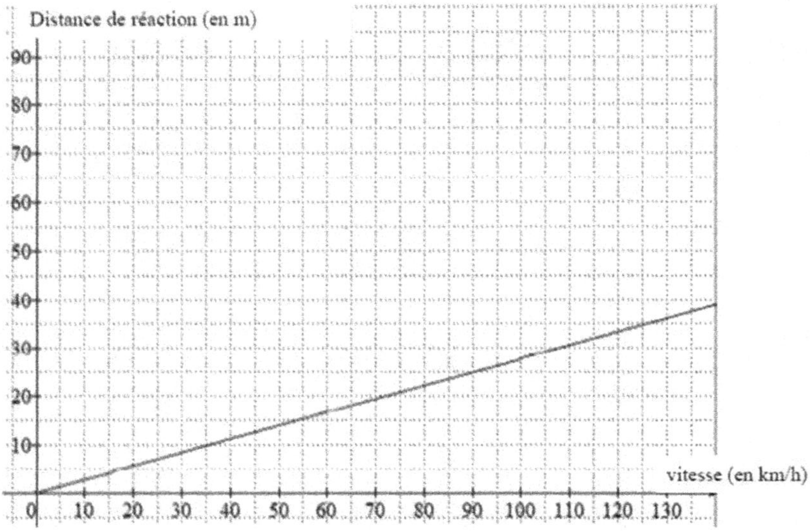

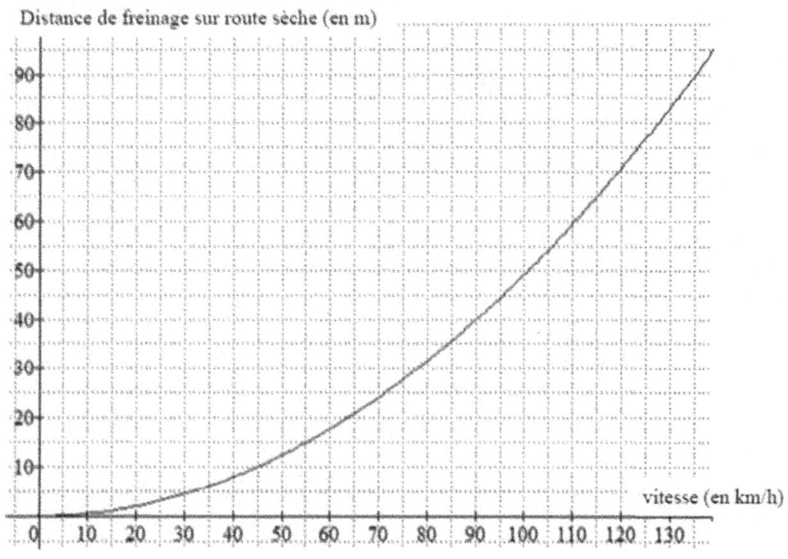

1. D'après l'énoncé, la distance d'arrêt est la somme de la distance de réaction et de la distance de freinage.
Pour un scooter roulant à 45 km/h qui freine en urgence pour éviter un obstacle, la distance d'arrêt est donc de 12,5 + 10 = 22,5 m.

2. a) Il s'agit de trouver l'antécédent de 15 par la fonction représentant la distance de réaction en fonction de la vitesse.
Graphiquement, lorsque la distance de réaction est de 15 m, la vitesse est d'environ 55 km/h.

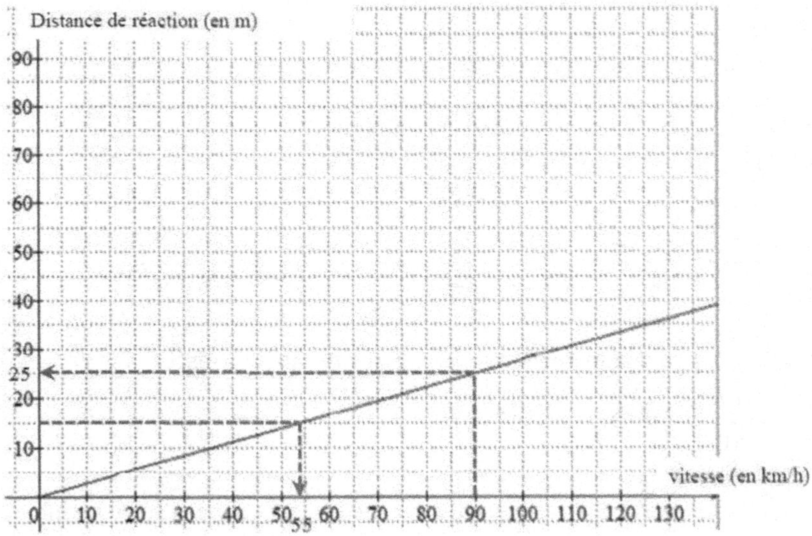

b) Une situation de proportionnalité est représentée graphiquement par une droite passant par l'origine du repère.
Le graphique représentant la distance de freinage en fonction de la vitesse n'est pas une droite, donc la distance de freinage n'est pas proportionnelle à la vitesse de son véhicule.

c) D'après l'énoncé, la distance d'arrêt est la somme de la distance de réaction et de la distance de freinage.
Il s'agit de déterminer graphiquement l'image de 90 par chacune des deux représentations graphiques.
Pour une voiture roulant à 90 km/h, la distance de réaction est de 25 m. (Voir graphique ci-dessus)
Pour une voiture roulant à 90 km/h, la distance de freinage est de 40 m. (Voir graphique ci-après)
Pour une voiture roulant à 90 km/h, la distance d'arrêt est de 25 + 40 = 65 m.

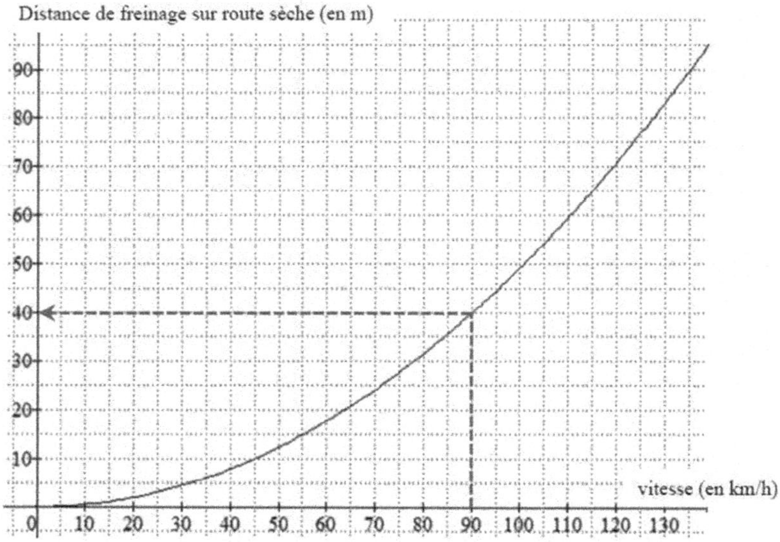

3. À 110 km/h, la distance de freinage sur route mouillée est :

$\dfrac{110^2}{152,4} = \dfrac{12100}{152,4} \approx$ 79 m au mètre près.

Sujet national, juin 2022, exercice 4

20 points

Dans cet exercice, x est un nombre strictement supérieur à 3.
On s'intéresse aux deux figures géométriques dessinées ci-dessous :

- Un rectangle dont les côtés ont pour longueurs $x - 3$ et $x + 7$;
- Un carré de côté x.

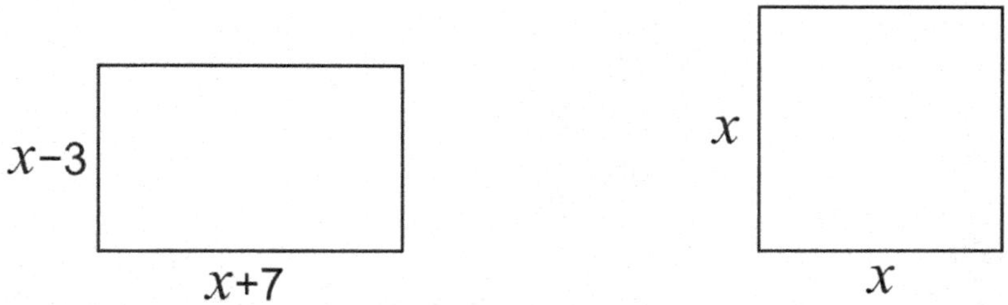

1. Quatre propositions sont écrites ci-dessous.
Recopier sur la copie celle qui correspond à l'aire du carré. On ne demande pas de justifier.

$4x$	$4 + x$	x^2	$2x$

> Vous n'avez pas à justifier, mais pensez à bien utiliser la formule de l'aire du carré que vous avez apprise depuis de nombreuses années.

2. Montrer que l'aire du rectangle est égale à : $x^2 + 4x - 21$.

> La réponse étant donnée dans la question cela peut vous aider dans votre recherche pour vérifier que vous ne partez pas dans une mauvaise direction.
> Vous devez ici utiliser la formule de l'aire du rectangle que vous connaissez depuis longtemps, mais dans le cadre d'un exercice de calcul littéral ce qui complique les étapes de calcul, notamment au niveau des règles d'écriture et des règles de priorité. Pensez également à bien détailler vos calculs.

3. On a écrit le script ci-dessous en Scratch.
On veut que ce programme renvoie l'aire du rectangle lorsque l'utilisateur a rentré une valeur de x (strictement supérieure à 3).
Écrire sur la copie les contenus des trois cases vides des lignes 5, 6 et 7, en précisant les numéros de lignes qui correspondent à vos réponses.

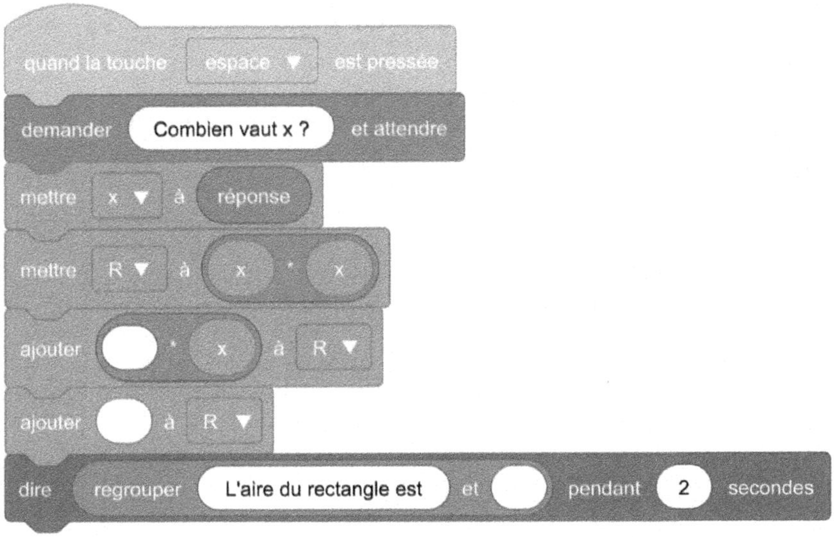

> Souvenez-vous que les différentes variables utilisées dans un script rédigé avec le logiciel Scratch sont des variables qui permettent de stocker des valeurs intermédiaires lors des calculs.
> Pensez également que les symboles de multiplication sont différents sur Scratch par rapport à la calculatrice.
> Enfin, dans les bulles blanches, il faut se souvenir que l'on peut noter des nombres, positifs ou négatifs, ou des lettres symbolisant les variables utilisées dans le programme.

4. On a pressé la touche *espace*, puis saisi le nombre 8. Que renvoie le programme ?

> Vous devez continuer d'appliquer le programme de calcul, mais en réalisant les étapes avec le nombre choisi au départ. Souvenez-vous que vous devez rédiger vos étapes de calcul sur votre copie.

5. Quel nombre x doit-on choisir pour que l'aire du rectangle soit égale à l'aire du carré ?
Toute trace de recherche, même non aboutie, sera prise en compte.

> Cette question est la plus difficile du sujet. Il faut oser entamer une recherche avec les formules obtenues aux questions 1 et 2, et donc travailler avec des expressions littérales. Ensuite, il ne faut pas hésiter à faire des essais et des tentatives, en rédigeant toutes vos idées sur votre copie pour utiliser au mieux vos connaissances, notamment celles du calcul littéral.

1. L'aire du carré est donnée par la formule : $A = c \times c$.
Dans ce carré, le côté est x, donc son aire est : $A = x \times x = x^2$.
2. L'aire du rectangle est donnée par la formule : $A = L \times l$.
Dans ce rectangle, la longueur est $x + 7$ et la largeur est $x - 3$, donc son aire est : $A = (x + 7) \times (x - 3) = x \times x - x \times 3 + 7 \times x - 7 \times 3 = x^2 - 3x + 7x - 21 = x^2 + 4x - 21$.
3. Si on complète les lignes 5, 6 et 7 du programme Scratch, on obtient le programme ci-dessous :

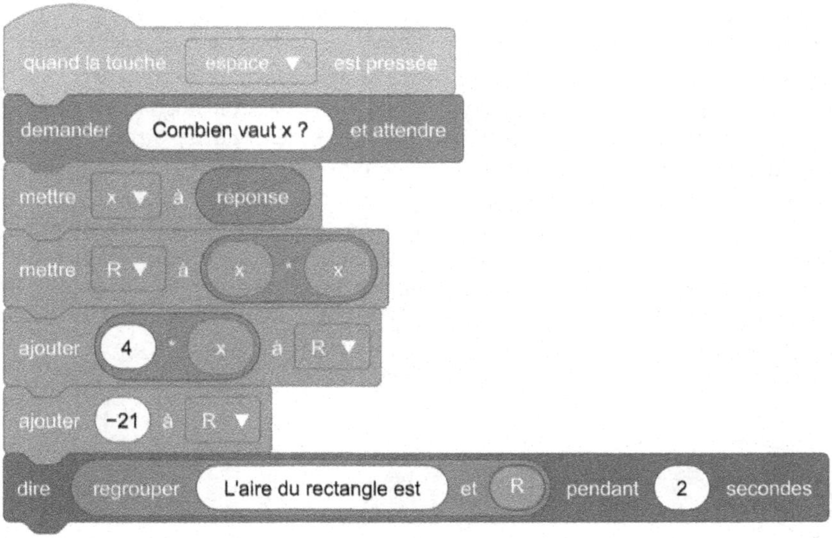

4. On a choisi le nombre 8 et on applique le programme de calcul :
- $8^2 = 64$
- $64 + 4 \times 8 = 64 + 32 = 96$
- $96 + (-21) = 75$.

On obtient alors la valeur 75 pour ce programme de calcul avec 8.
5. On cherche la valeur de x pour que l'aire du carré et celle du rectangle soient égales, c'est-à-dire pour que : $x^2 = x^2 + 4x - 21$.
On cherche donc à résoudre l'équation du premier degré : $4x - 21 = 0$ soit $4x = 21$ et donc on obtient : $x = \frac{21}{4} = 5,25$.
Pour que les deux aires soient égales, il faut donc choisir $x = 5,25$.

Sujet national, juin 2021, exercice 4

20 points

Voici un programme de calcul :

Choisir un nombre.
Prendre le carré du nombre de départ.
Ajouter le triple du nombre de départ.
Soustraire 10 au résultat.

1. Vérifier que si on choisit 4 comme nombre de départ, on obtient 18.

   Vous devez noter toutes les opérations, pour chaque étape du programme, en séparant bien vos calculs pour que la rédaction soit correcte. Pensez à la phrase réponse.

2. Appliquer ce programme de calcul au nombre − 3.

   Faites bien attention à vos calculs avec ce nombre négatif. En effet, si vous utilisez la calculatrice pour vous aider, vous devez penser à noter des parenthèses autour du nombre − 3 avant de mettre au carré, car sinon le moins ne sera pas mis au carré et le signe du résultat sera faux. Avec des petits nombres, il est conseillé de faire les calculs par vous-même, sans calculatrice, pour éviter ces erreurs de signe, en pensant bien qu'un nombre au carré c'est ce nombre multiplié par lui-même.

3. Vous trouverez ci-dessous un script, écrit avec Scratch.

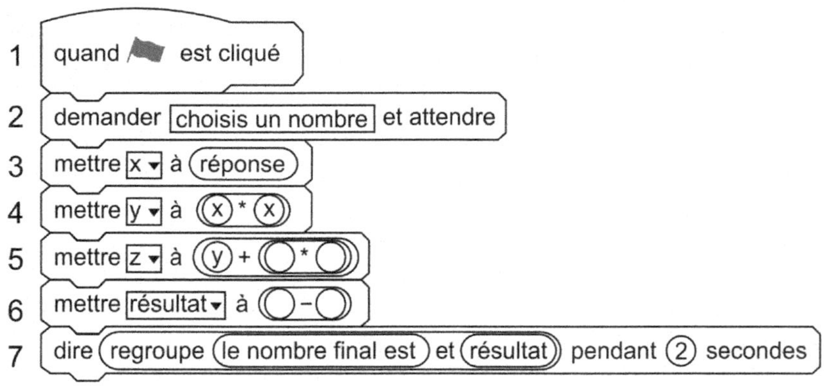

Compléter les lignes 5 et 6 pour que ce script corresponde au programme de calcul.

Souvenez-vous que les différentes variables utilisées dans un script rédigé avec le logiciel Scratch sont des variables qui permettent de stocker des valeurs intermédiaires lors des calculs.

Pensez également que les symboles de multiplication sont différents sur Scratch par rapport à la calculatrice.

Enfin, dans les bulles blanches, il faut se souvenir que l'on peut noter des nombres ou des lettres symbolisant les variables utilisées dans le programme.

4. On veut déterminer le nombre à choisir au départ pour obtenir zéro comme résultat.

a. On appelle x le nombre de départ. Exprimer en fonction de x le résultat final.

Vous devez continuer d'appliquer le programme de calcul, mais en réalisant les étapes avec le nombre x choisi au départ. Souvenez-vous que vous ne pouvez pas réduire les expressions littérales si les éléments ne sont pas similaires, les éléments contenants des x^2 *ne peuvent donc pas être regroupés avec les éléments contenant des* x.

b. Vérifier que ce résultat peut aussi s'écrire sous la forme $(x + 5)(x - 2)$.

Vous pouvez partir du résultat proposé dans la question, car il est toujours plus simple de développer l'expression que de la factoriser. En développant, vous devez alors obtenir l'expression que vous avez trouvée à la question précédente.

c. Quel(s) nombre(s) doit-on choisir au départ pour obtenir le nombre 0 à l'arrivée ?

Cette question est liée aux deux questions précédentes, car ces trois questions font partie de la question 4. Vous devez donc utiliser ce que vous avez trouvé précédemment pour résoudre cette équation et faire le lien entre toutes ces questions pour répondre et bien obtenir les deux solutions cherchées. Si vous essayez avec plusieurs nombres, vous pouvez trouver les solutions, mais vous risquez de perdre du temps et surtout de ne trouver qu'une seule solution alors qu'il faut en trouver deux.

1. On choisit 4 et on applique le programme de calcul :
- $4^2 = 16$
- $16 + 4 \times 3 = 28$
- $28 - 10 = 18$.

On obtient bien 18 quand on choisit 4 comme nombre de départ.

2. On choisit (− 3) et on applique le programme de calcul :
- $(-3)^2 = 9$
- $9 + (-3) \times 3 = 0$
- $0 - 10 = -10$.

On obtient alors (−10) quand on choisit (−3) comme nombre de départ.

3. Si on complète les lignes 5 et 6 du programme Scratch, on obtient le programme ci-dessous :

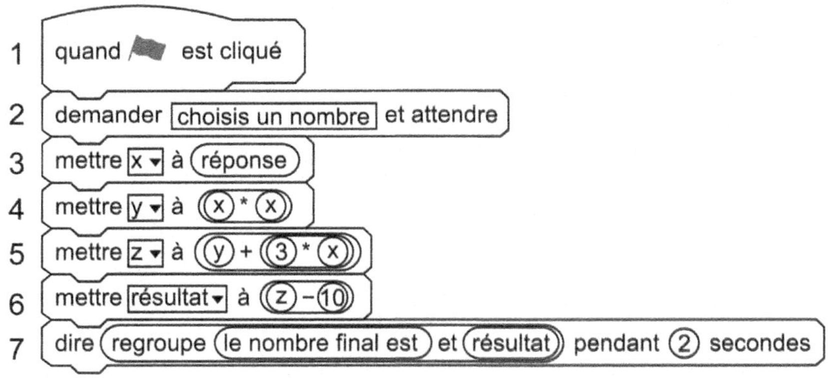

4. a. On choisit x et on applique le programme de calcul :
- x^2
- $x^2 + x \times 3$
- $x^2 + 3x - 10$.

On obtient alors $x^2 + 3x - 10$ pour ce programme de calcul.

b. Si on développe l'expression, on a : $(x + 5)(x - 2) = x \times x + 5 \times x - x \times 2 - 5 \times 2 = x^2 + 5x - 2x - 10 = x^2 + 3x - 10$.

c. On souhaite que le programme soit égal à zéro, on veut donc résoudre l'équation $x^2 + 3x - 10 = 0$, ce qui correspond à l'équation produit nul : $(x + 5)(x - 2) = 0$.
Cette équation est nulle si $x + 5 = 0$ ou si $x - 2 = 0$.
Les solutions de cette équation produit nul sont $x = -5$ et $x = 2$.
Ainsi, pour obtenir 0 à la fin, on peut choisir comme nombre de départ − 5 ou 2.

Sujet national, juin 2019, exercice 4

19 points

On veut réaliser un dessin constitué de deux types d'éléments (tirets et carrés) mis bout à bout.

Chaque script ci-contre trace un élément, et déplace le stylo.

On rappelle que « s'orienter à 90 » signifie que l'on oriente le stylo vers la droite.

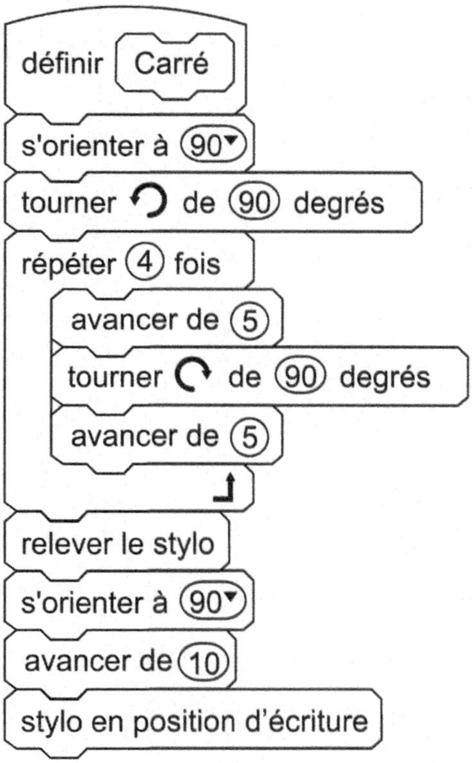

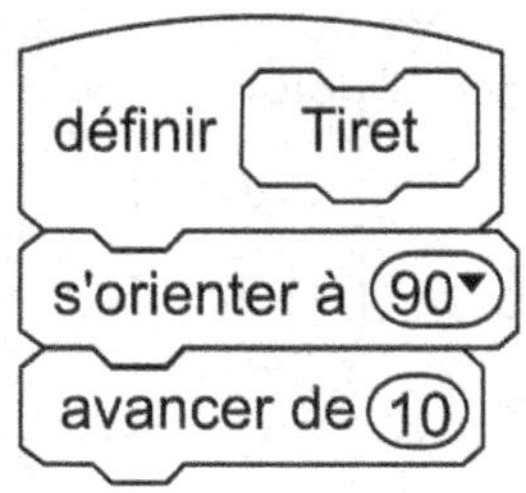

1. En prenant 1 cm pour 2 pixels, représenter la figure obtenue si l'on exécute le script Carré.

Préciser les positions de départ et d'arrivée du stylo sur votre figure.

> Il faut prendre en compte le lien entre les pixels sur le logiciel et les centimètres sur la figure que vous devez tracer.
> Commencez par faire un schéma en suivante le script Carré bloc après bloc.
> Pensez à faire attention à l'orientation du stylo pour vous diriger à chaque fois dans la bonne direction. Terminez bien chaque boucle dans la répétition.

Pour tracer le dessin complet, on a réalisé deux scripts qui se servent des blocs « Carré » et « Tiret » ci-après :

Script 1

```
quand [flèche haut] est pressée
aller à x : (−230) y : (0)
s'orienter à (90▾)
effacer tout
stylo en position d'écriture
répéter (23) fois
    Carré
    Tiret
```

Script 2

```
quand [flèche haut] est pressé
aller à x : (−230) y : (0)
s'orienter à (90▾)
effacer tout
stylo en position d'écriture
répéter (46) fois
    si <(nombre aléatoire entre (1) et (2)) = [1]>
        Carré
    sinon
        Tiret
```

2. On exécute les deux scripts et on obtient les deux dessins ci-après.

Dessin A

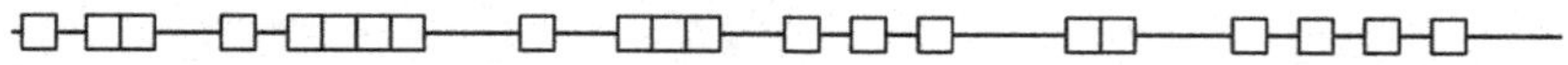

Dessin B

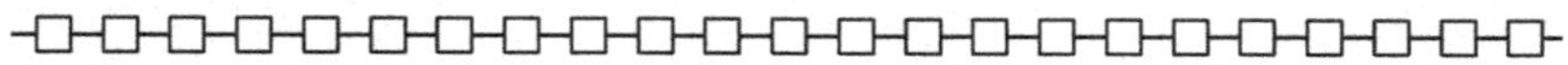

Attribuer à chaque script la figure dessinée. Justifier votre choix.

> Faire attention à l'explication de votre choix.

3. On exécute le script 2.

a) Quelle est la probabilité que le premier élément tracé soit un carré ?

b) Quelle est la probabilité que les deux premiers éléments soient des carrés ?

> Une probabilité correspond au nombre de chances que l'on a lors d'une situation.
> Pensez à exprimer les probabilités sous forme de fractions ou de nombres décimaux.
> Lorsqu'on prend en compte les deux premiers éléments, il faut bien prendre en compte tous les cas possibles.

4. Dans le script 2, on aimerait que la couleur des différents éléments, tirets ou carrés, soit aléatoire, avec à chaque fois 50 % de chance d'avoir un élément noir et 50 % de chance d'avoir un élément rouge.

Écrire la suite d'instructions qu'il faut alors créer et préciser où l'insérer dans le script 2.

Indication : on pourra utiliser les instructions « Mettre la couleur du stylo à rouge » et « Mettre la couleur du stylo à noir » pour choisir la couleur du stylo.

> Faites attention à l'endroit où vous insérez les instructions, car il faut que la couleur soit choisie **avant de tracer le carré ou le tiret.**
> Faites attention à votre suite d'instructions, car il faut que les couleurs des carrés et des tirets soient **aléatoires**.

1. On sait que 2 pixels représentent 1 cm, donc dans le programme, lorsqu'il faut avancer de 5 pixels, cela correspond à 2,5 cm.

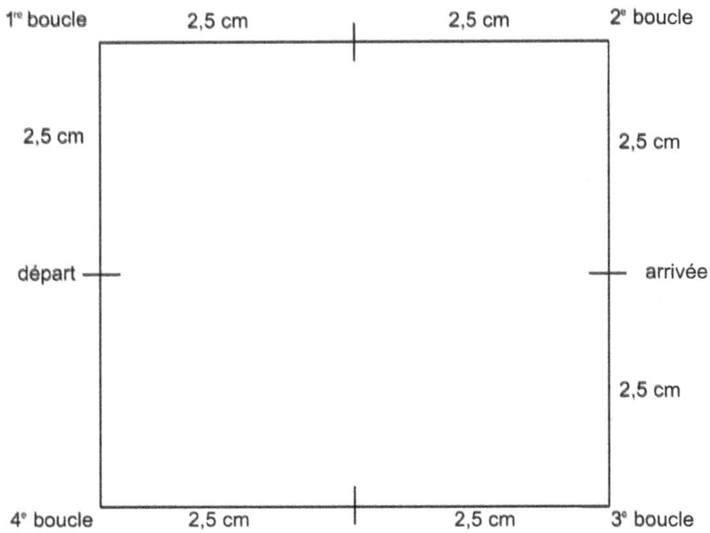

2. Le script 1 correspond au dessin B, car pour chaque boucle on enchaîne un carré puis un tiret, et cela 23 fois comme dans le dessin B.
Le script 2 correspond au dessin A, car à chaque boucle c'est un choix aléatoire entre un carré et un tiret, ce qui fait qu'il n'y a pas autant de carrés que de tirets dans le dessin A.

3. a) Comme le script prend au hasard un nombre entre 1 et 2, il y a 1 chance sur 2 que le nombre choisi soit le 1, donc la probabilité d'obtenir un carré est de $\frac{1}{2} = 0,5$.

b) Pour les deux premiers éléments, il y a 4 possibilités d'enchaînements : Carré/Tiret ou Carré/Carré ou Tiret/Carré ou Tiret/Tiret. La probabilité d'obtenir deux carrés à la suite est donc de $\frac{1}{4} = 0,25$.

4. Pour ajouter une couleur de manière aléatoire, il faut insérer la suite d'instructions entre la ligne 6 et la ligne 7 du script initial, c'est-à-dire juste après la boucle de répétition, mais avant de tracer la figure.
On ajoute alors dans l'ordre les instructions :
- Si « nombre aléatoire entre 1 et 2 = 1 » alors ;
- Mettre la couleur du stylo à rouge ;
- Sinon ;
- Mettre la couleur du stylo à noir.

Sujet national, juin 2019, exercice 6

17 points

Voici deux programmes de calcul.

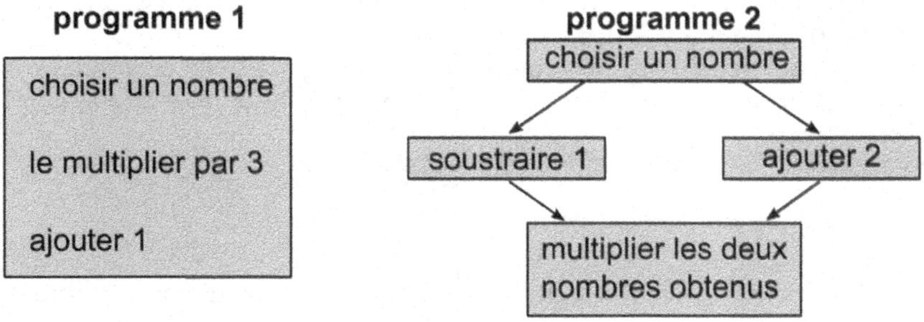

1. Vérifier que si on choisit 5 comme nombre de départ,

- le résultat du programme 1 vaut 16 ;
- le résultat du programme 2 vaut 28.

> Faites attention à détailler vos calculs, et vérifiez vos résultats avec votre calculatrice.

On appelle A(x) le résultat du programme 1 en fonction du nombre x choisi au départ.

La fonction $B : x \mapsto (x-1)(x+2)$) donne le résultat du programme 2 en fonction du nombre x choisi au départ.

2. a) Exprimer $A(x)$ en fonction de x.

> Il faut appliquer le programme 1 en choisissant x comme nombre de départ au lieu de choisir un nombre donné.

b) Déterminer le nombre que l'on doit choisir au départ pour obtenir 0 comme résultat du programme 1.

> Il faut remonter le programme 1 à l'envers, car on a le résultat final. On fait les opérations du programme à l'envers ou alors on trouve le nombre x initial en faisant une équation.

3. Développer et réduire l'expression : B(x) = (x − 1)(x + 2).

> Vous devez faire un double développement, donc il faut penser à bien effectuer les quatre opérations. Et ensuite pour réduire, vous devez regrouper les termes qui se ressemblent.

4. a) Montrer que B(x) − A(x) = (x + 1)(x − 3).

> À partir des expressions B(x) et A(x), il faut réduire B(x) − A(x). L'expression obtenue est difficile à factoriser donc il est préférable de développer le membre de droite et de le comparer avec l'expression obtenue précédemment.

b) Quels nombres doit-on choisir au départ pour que le programme 1 et le programme 2 donnent le même résultat ? Expliquer la démarche.

> Il faut trouver le nombre x du départ pour que les expressions des deux programmes soient égales. Pensez à utiliser la question 4. a) pour votre résolution.

1. Avec le programme 1 : on choisit 5 ; on multiplie par 3 : 5 × 3 = 15 ; on ajoute 1 : 15 + 1 = 16. Donc avec le programme 1, on obtient bien 16 en prenant 5 au départ.
Avec le programme 2 : on choisit 5 ; on soustrait 1 : 5 − 1 = 4 et en même temps on ajoute 2 : 5 + 2 = 7 ; on multiplie les deux résultats obtenus 4 × 7 = 28. Donc avec le programme 2, on obtient bien 28 en prenant 5 au départ.

2. a) En prenant x comme nombre de départ, on le multiplie par 3, puis on ajoute 1, on obtient alors : $A(x) = 3x + 1$.

b) On veut que le résultat du programme 1 soit égal à 0. Le programme 1 correspond à la formule $A(x) = 3x + 1$. On cherche donc x pour que : $A(x) = 3x + 1 = 0$.
On résout l'équation $3x + 1 = 0$.
On soustrait 1 dans chaque membre de l'équation : $3x = -1$.

On divise par 3 dans chaque membre : $x = \dfrac{-1}{3}$.

Donc pour obtenir 0 avec le programme 1, il faut choisir au départ le nombre $\dfrac{-1}{3}$.

3. $B(x) = (x - 1)(x + 2)$
$B(x) = x \times x + x \times 2 - 1 \times x - 1 \times 2$
$B(x) = x^2 + 2x - 1x - 2$
$B(x) = x^2 + 1x - 2$.

4. a) $B(x) - A(x) = x^2 + 1x - 2 - (3x + 1)$
$B(x) - A(x) = x^2 + 1x - 2 - 3x - 1$
$B(x) - A(x) = x^2 - 2x - 3$
et $(x + 1)(x - 3) = x \times x - 3 \times x + 1 \times x - 3 \times 1$
$(x + 1)(x - 3) = x^2 - 3x + 1x - 3 = x^2 - 2x - 3$.
Donc : $B(x) - A(x) = (x + 1)(x - 3)$.

b) Si on veut que les deux programmes donnent le même résultat pour un nombre de départ, cela signifie qu'on cherche x pour que : $B(x) = A(x)$, c'est-à-dire pour que : $B(x) - A(x) = 0$.
On doit donc résoudre : $(x + 1)(x - 3) = 0$, c'est une équation produit nul.
Il y a deux solutions possibles : $x + 1 = 0$ ou $x - 3 = 0$.
On obtient donc : $x = -1$ ou x = 3.
Les deux nombres possibles à choisir pour que les programmes donnent le même résultat sont −1 et 3.

Sujet national, juin 2018, exercice 5

16 points

Voici un programme de calcul.

- Choisir un nombre
- Multiplier ce nombre par 4
- Ajouter 8
- Multiplier le résultat par 2

1. Vérifier que si on choisit le nombre −1, ce programme donne 8 comme résultat final.

> Suivez les étapes du programme de calcul, une par une.

2. Le programme donne 30 comme résultat final, quel est le nombre choisi au départ ?

Dans la suite de l'exercice, on nomme x le nombre choisi au départ.

> Il s'agit d'effectuer le programme de calcul, de la fin vers le départ, en effectuant les opérations inverses à celles données.

3. L'expression $A = 2(4x + 8)$ donne le résultat du programme de calcul précédent pour un nombre x donné.

On pose $B = (4 + x)^2 - x^2$.

Prouver que les expressions A et B sont égales pour toutes les valeurs de x.

> Rappelez-vous que pour tous les nombres a et b, $(a + b)^2 = a^2 + 2ab + b^2$.

4. Pour chacune des affirmations suivantes, indiquer si elle est vraie ou fausse. On rappelle que les réponses doivent être justifiées.

Affirmation 1. Ce programme donne un résultat positif pour toutes les valeurs de x.

Affirmation 2. Si le nombre x choisi est un nombre entier, le résultat obtenu est un multiple de 8.

> Affirmation 1 : testez plusieurs valeurs pour vous faire une opinion.
> Affirmation 2 : essayez de factoriser de nouveau l'expression A.

1. Avec ce programme de calcul, en prenant −1 comme nombre de départ, on obtient successivement les nombres suivants :
$-1 \times 4 = -4$; $-4 + 8 = 4$; $4 \times 2 = 8$.
Si on choisit le nombre −1 au départ, ce programme donne 8 comme résultat final.

2. Si ce programme donne 30 comme résultat final, on a obtenu successivement (en sens inverse) les nombres suivants :
$30 \div 2 = 15$; $15 - 8 = 7$; $7 \div 4 = 1{,}75$.
Si ce programme donne 30 comme résultat final, le nombre choisi au départ est 1,75.

3. Soit x un nombre. Montrons que l'expression B est égale à l'expression A.
En utilisant l'identité remarquable $(a + b)^2 = a^2 + 2ab + b^2$ où a et b sont deux nombres, on a :
$B = (4 + x)^2 - x^2$
$B = 4^2 + 2 \times 4 \times x + x^2 - x^2$
$B = 16 + 8x$
$B = 2 \times 8 + 2 \times 4x$
$B = 2(4x + 8)$ en factorisant l'expression par 2
$B = A$.
Pour toutes les valeurs de x, les expressions A et B sont donc bien égales.

4. **Affirmation 1.** En prenant l'expression $A = 2(4x + 8)$, on remarque qu'elle peut être négative, par exemple avec la valeur −3 :
$A = 2[4 \times (-3) + 8)] = 2 \times (-12 + 8) = 2 \times (-4) = -8$.
L'affirmation 1 est donc fausse.

Affirmation 2. En prenant l'expression $A = 2(4x + 8)$, on remarque que l'on peut la factoriser de nouveau :
$A = 2(4x + 8) = 2(4 \times x + 4 \times 2) = 2 \times 4(x + 2) = 8(x + 2)$.
Si le nombre x choisi au départ est un nombre entier, $x + 2$ est aussi un nombre entier, donc $A = 8(x + 2)$, qui est le résultat obtenu par le programme est un multiple de 8.
L'affirmation 2 est donc vraie.

Sujet national, juin 2018, exercice 6

16 points

Les longueurs sont en pixels.
L'expression « s'orienter 90 » signifie que l'on s'oriente vers la droite.
On donne le programme suivant :

```
1  quand [drapeau] est cliqué
2  aller à x: (0) y: (0)
3  stylo en position d'écriture
4  s'orienter à (90▾)
5  mettre [Longueur▾] à [300]
6  Carré
7  Triangle
8  avancer de ((Longueur) / (6))
9  mettre [Longueur▾] à (          )
10 Carré
11 Triangle
```

```
définir Carré
répéter (4) fois
    avancer de (Longueur)
    avancer ↺ de (90) degrés
```

```
définir Triangle
répéter (3) fois
    avancer de (Longueur)
    avancer ↺ de (120) degrés
```

1. On prend comme échelle 1 cm pour 50 pixels.

a) Représenter sur votre copie la figure obtenue si le programme est exécuté jusqu'à la ligne 7 comprise.

Pour effectuer le tracé, faites attention à l'unité.

b) Quelles sont les coordonnées du stylo après l'exécution de la ligne 8 ?

Commencez par vous demander quelles sont les coordonnées du stylo avant l'exécution de la ligne 8.

2. On exécute le programme complet et on obtient la figure ci-dessous qui possède un axe de symétrie vertical.

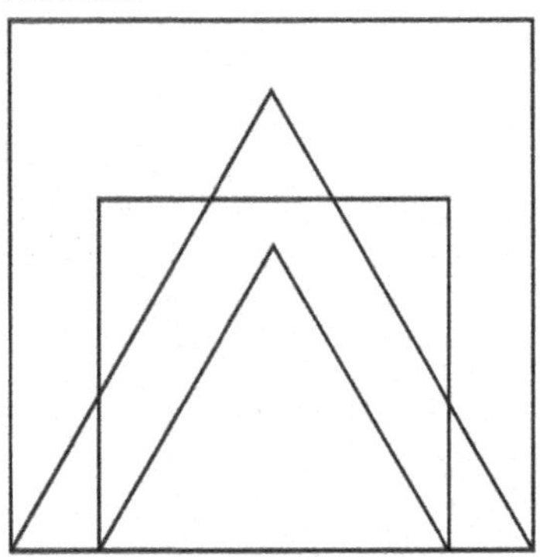

Recopier et compléter la ligne 9 du programme pour obtenir cette figure.

> Il s'agit de déterminer la valeur mise dans la variable « Longueur » à la ligne 9.

3. a) Parmi les transformations suivantes, translation, homothétie, rotation, symétrie axiale, quelle est la transformation géométrique qui permet d'obtenir le petit carré à partir du grand carré ? Préciser le rapport de réduction.

> Vous pouvez commencer par exclure les transformations géométriques qui conservent les longueurs, car ce n'est pas le cas ici.

b) Quel est le rapport des aires entre les deux carrés dessinés ?

> Rappelez-vous qu'une réduction de rapport k multiplie les aires par k^2.

1. a) L'échelle étant de 1 cm pour 50 pixels, on obtient la figure ci-dessous qui est composée d'un carré et d'un triangle équilatéral, chacun de 6 cm de côté.

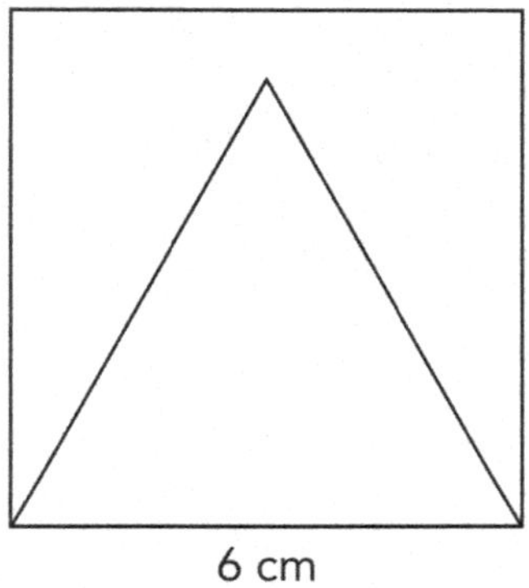

b) Avant l'exécution de la ligne 8, les coordonnées du stylo sont (0 ; 0), car il est revenu à la position de départ.
La valeur « longueur / 6 » est égale à 300 ÷ 6 = 50.
Le stylo se déplacant vers la droite, ses coordonnées après l'exécution de la ligne 8 sont (50 ; 0).

2. La figure obtenue en exécutant le programme complet possède un axe de symétrie vertical. On peut compléter la figure des mesures ci-dessous.

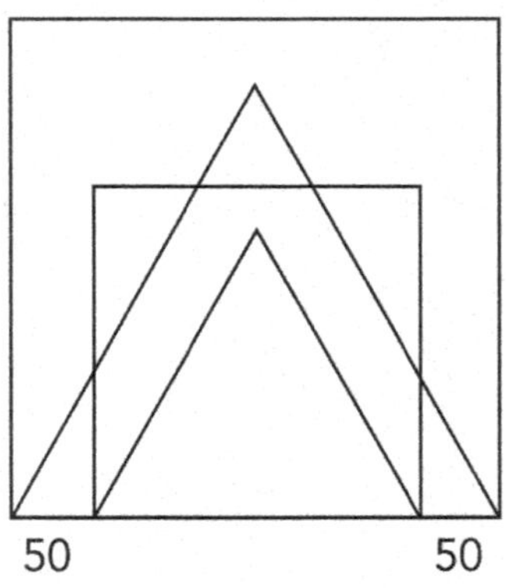

De la figure complétée, on déduit que la valeur mise dans la variable « Longueur » à la ligne 9 est 300 − 2 × 50 = 300 − 100 = 200.

3. a) La longueur du côté du petit carré n'est pas la même que la longueur du côté du grand carré.
Or, une translation, une rotation ou une symétrie axiale sont des transformations géométriques qui conservent les longueurs donc elles ne conviennent pas.
La transformation géométrique qui convient est donc l'homothétie et c'est celle de centre le milieu des côtés des deux carrés qui a pour coordonnées (150 ; 0).

Le rapport de réduction est $\frac{200}{300} = \frac{2}{3}$.

b) Une réduction de rapport k multiplie les aires par k^2.

Le rapport de réduction de l'homothétie est $\frac{2}{3}$ donc le rapport des aires entre les deux carrés dessinés est $(\frac{2}{3})^2 = \frac{2^2}{3^2} = \frac{4}{9}$.

Sujet national, juin 2017, exercice 2

6 points

On donne le programme suivant qui permet de tracer plusieurs triangles équilatéraux de tailles différentes.
Ce programme comporte une variable nommée « **côté** ». Les longueurs sont données en pixels.
On rappelle que l'instruction :

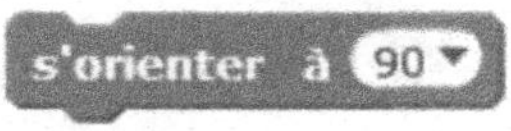

signifie que l'on se dirige vers la droite.

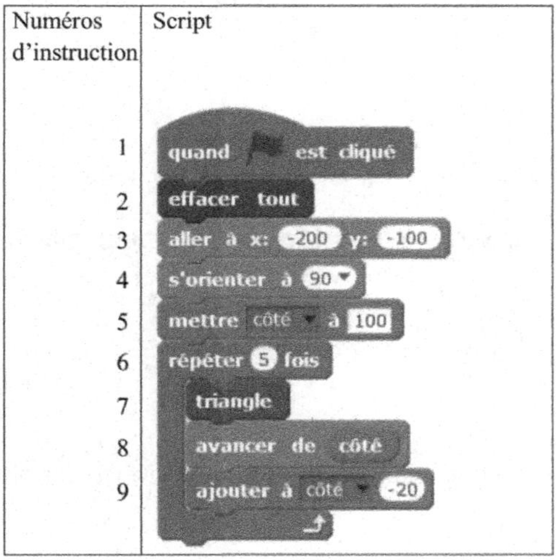

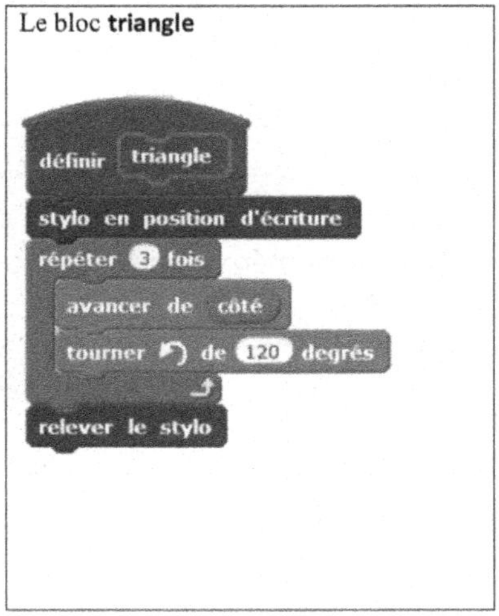

1. Quelles sont les coordonnées du point de départ du tracé ?

   Observez le début du script.

2. Combien de triangles sont dessinés par le script ?

   Observez la boucle « répéter » du script.

3. a) Quelle est la longueur (en pixels) du côté du deuxième triangle tracé ?

   Observez les consignes à propos de la variable « côté » dans le script.

   b) Tracer à main levée l'allure de la figure obtenue quand on exécute ce script.

   Remarquez qu'il s'agit de tracer 5 triangles côte à côte.

4. On modifie le script initial pour obtenir la figure ci-après.

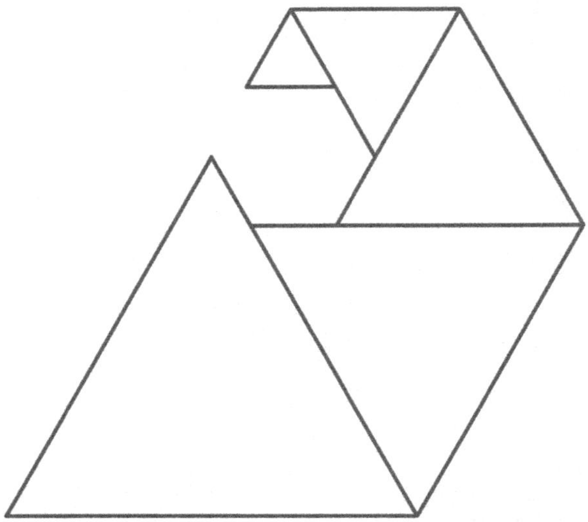

Indiquer le numéro d'une instruction du script **après laquelle** on peut placer l'instruction :

pour obtenir cette nouvelle figure.

> À quel moment du script faut-il demander de « tourner dans le sens inverse des aiguilles d'une montre de 60 degrés » ?

1. Au début du script, le programme contient : « aller à x : −200 ; y : −100 ».
Les coordonnées du point de départ du tracé sont donc (−200 ; −100).

2. La boucle « répéter » du script, qui permet de tracer un triangle, commence par : « répéter 5 fois ».
Le script dessine donc 5 triangles.

3. a) D'après le script, la valeur initiale de la variable « côté » est 100.
D'après la boucle « répéter » du script, un premier triangle de côté 100 (pixels) est tracé, puis le prochain triangle tracé mesure 20 (pixels) de moins que le précédent et ceci quatre fois de suite.
La longueur du côté du deuxième triangle tracé est de 100 − 20 = 80 pixels.

b) Quand on exécute ce script, on obtient une figure qui a l'allure suivante :

4. Il faut demander de « tourner dans le sens inverse des aiguilles d'une montre de 60 degrés » lorsque chacun des 5 triangles a été tracé et que l'on a avancé de la longueur « côté ».
On peut donc placer l'instruction :

après l'instruction 8 ou 9.

Sujet zéro du ministère, 2017, exercice 4

1. Pour réaliser la figure ci-dessus, on a défini un motif en forme de losange et on a utilisé l'un des deux programmes A et B ci-dessous.
Déterminer lequel et indiquer par une figure à main levée le résultat que l'on obtiendrait avec l'autre programme.

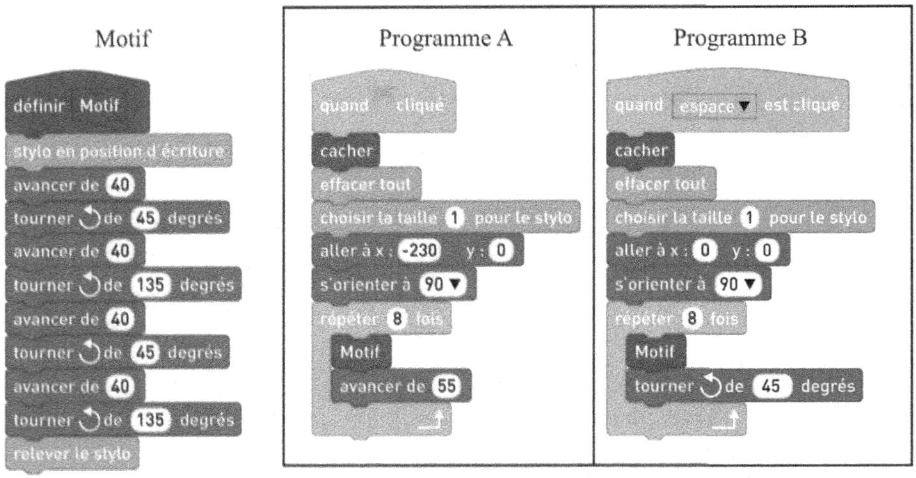

Observez la boucle « répéter » et demandez-vous si les motifs qui suivent le premier sont obtenus les uns après les autres à l'aide d'une translation ou d'une rotation.

2. Combien mesure l'espace entre deux motifs successifs ?

Pour connaître la mesure de l'espace entre deux motifs successifs, vous devez effectuer une soustraction.

3. On souhaite réaliser la figure ci-dessous :

Pour ce faire, on envisage d'insérer l'instruction :

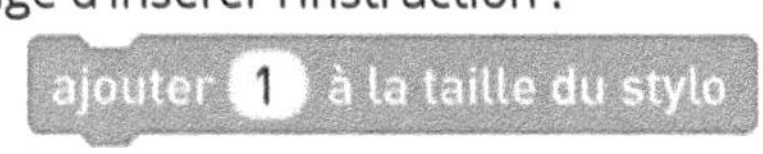

dans le programme utilisé à la question 1. Où faut-il insérer cette instruction ?

Remarquez qu'il s'agit de rajouter l'instruction dans la boucle « répéter » du programme, au bon endroit.

1. En observant la boucle « répéter » du programme A où figure :

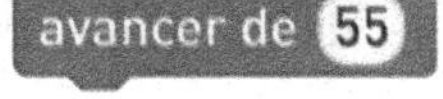

on remarque que le deuxième motif est l'image d'une translation de longueur 55 dans la direction 90° (horizontale vers la droite), et ainsi de suite.
En observant la boucle « Répéter » du programme B où figure :

on remarque que le deuxième motif est l'image d'une rotation d'angle 45° dans le sens inverse des aiguilles d'une montre, et ainsi de suite.
En observant les 8 motifs tracés, on remarque que chaque motif est l'image du précédent par une translation.
C'est donc le programme A qui a permis de tracer cette succession de 8 motifs.
Avec le programme B, on obtiendrait la figure suivante, où sont indiqués les numéros des motifs :

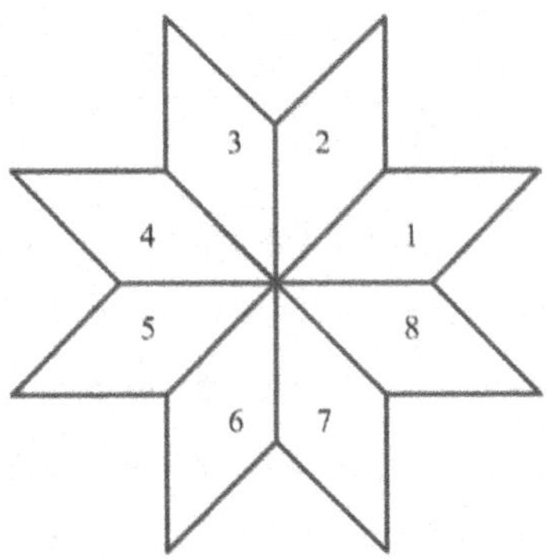

2. Après le tracé du premier motif, chaque motif est l'image d'une translation de longueur 55 dans la direction 90° (horizontale vers la droite) du précédent.
Le côté du losange étant de 40, l'espace entre deux motifs successifs est de $55 - 40 = 15$.
3. Après le tracé du premier motif, il s'agit pour chacun des motifs successifs d'ajouter 1 à la taille du stylo avant que le motif suivant ne soit tracé, donc avant que la nouvelle boucle « répéter » ait lieu.
On doit donc rajouter cette instruction dans la boucle « répéter », avant ou près la consigne :

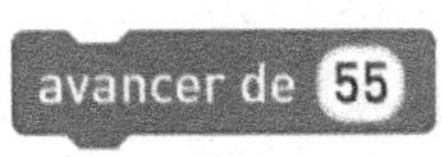

Remarque : si on mettait l'instruction dans la boucle « répéter » avant la construction du motif, la taille pour le stylo dans le premier motif serait de 2. Ce qui n'est pas le cas sur le dessin.

Sujet inédit, exercice 1

ABCDEF est un hexagone régulier de centre O. C'est-à-dire que :
- AB = BC = CD = DE = EF = FA ;
- OA = OB = OC = OD = OE = OF ;
- $\widehat{AOB} = \widehat{BOC} = \widehat{COD} = \widehat{DOE} = \widehat{EOF} = \widehat{FOA} = 60^\circ$.

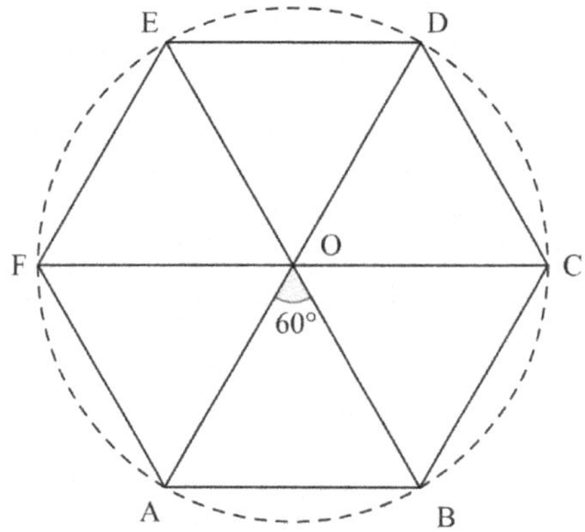

1. Quelle est l'image du point B par la translation définie par les points O et C ?

Vous devez trouver le point X tel que OCXA soit un parallélogramme.

2. Quelle est l'image du point A par la translation définie par les points C et D ?

Vous devez trouver le point Y tel que CDYA soit un parallélogramme.

3. Quelle est l'image du point C par la rotation de centre O, d'angle 60° dans le sens des aiguilles d'une montre ?

Faites attention au sens de la rotation.

4. Quelle est l'image du triangle OCD par la rotation de centre O, d'angle 60° dans le sens des aiguilles d'une montre ?

Déterminez aussi l'image du point D par la rotation de centre O, d'angle 60° dans le sens des aiguilles d'une montre.

5. Quelle est l'image du point E par la rotation de centre O, d'angle 120° dans le sens inverse des aiguilles d'une montre ?

Faites attention au sens de la rotation.

6. Quelle est l'image du triangle EFO par la rotation de centre O, d'angle 120° dans le sens inverse des aiguilles d'une montre ?

Déterminez aussi l'image du point F par la rotation de centre O, d'angle 120° dans le sens inverse des aiguilles d'une montre.

1. L'image du point A par la translation définie par les points O et C est le point X tel que le quadrilatère OCXA soit un parallélogramme.
OA = CB et OC = AB donc le quadrilatère OCBA est un parallélogramme.
L'image du point A par la translation définie par les points O et C est donc le point B.
2. L'image du point A par la translation définie par les points C et D est le point X tel que le quadrilatère CDXA soit un parallélogramme.
CD = AF et AC = FD car ABCO et DEFO sont des losanges de mêmes dimensions et superposables, donc le quadrilatère CDFA est un parallélogramme.
L'image du point A par la translation définie par les points C et D est donc le point F.

3. On a $\widehat{\mathrm{COB}} = 60^\circ$.

L'image du point C par la rotation de centre O, d'angle 60° dans le sens des aiguilles d'une montre est donc le point B.

4. De même, on a $\widehat{\mathrm{DOC}} = 60^\circ$.

L'image du point D par la rotation de centre O, d'angle 60° dans le sens des aiguilles d'une montre est donc le point C.
L'image du point O par cette rotation étant le point O, l'image du triangle OCD par cette rotation est le triangle OBC.

5. On a $\widehat{\mathrm{EOA}} = \widehat{\mathrm{EOF}} + \widehat{\mathrm{FOA}} = 60^\circ + 60^\circ = 120^\circ$.

L'image du point E par la rotation de centre O, d'angle 120° dans le sens inverse des aiguilles d'une montre est donc le point A.

6. De même, on a $\widehat{\mathrm{FOB}} = \widehat{\mathrm{FOA}} + \widehat{\mathrm{AOB}} = 60^\circ + 60^\circ = 120^\circ$.

L'image du point F par la rotation de centre O, d'angle 120° dans le sens inverse des aiguilles d'une montre est donc le point B.
L'image du point O par cette rotation étant le point O, l'image du triangle EFO par cette rotation est le triangle ABO.

Physique-chimie

Méthodologie pour l'épreuve de sciences et technologie

Descriptif de l'épreuve

Un tirage au sort détermine, à chaque session, les deux disciplines de sciences (physique-chimie, SVT, technologie) qui font l'objet d'exercices.
L'épreuve de sciences expérimentales et de technologie dure **1 h 00** et est notée sur **50 points.** Il faut consacrer 30 minutes à chaque matière, notée sur 25 points.

Les thèmes définis par l'Éducation nationale : le programme

Les élèves en troisième durant l'année scolaire 2017-2018 auront travaillé sur l'ancien programme en sixième, cinquième et quatrième. Ainsi, pour une cohérence de l'enseignement, les sujets du DNB 2018 ne pourront porter que sur des thématiques présentes dans le programme de troisième de 2017.

Physique-chimie

Organisation et transformations de la matière
- Décrire la constitution et les états de la matière
- Décrire et expliquer des transformations chimiques
- Décrire l'organisation de la matière dans l'Univers

Mouvements et interactions
- Caractériser un mouvement
- Modéliser une interaction par une force caractérisée par un point d'application, une direction, un sens et une valeur

L'énergie et ses conversions
- Identifier les sources, les transferts, les conversions et les formes d'énergie. Utiliser la conservation de l'énergie
- Réaliser des circuits électriques simples et exploiter les lois de l'électricité

Des signaux pour observer et communiquer
- Signaux lumineux
- Signaux sonores
- Signal et information

SVT

La planète Terre, l'environnement et l'action humaine
- Dynamique de la Terre et risque
- Phénomènes climatiques et météorologiques et risques
- Les enjeux de l'exploitation des ressources

Le vivant et son évolution
- La diversité du vivant
- L'évolution du vivant
- Dynamique des populations et reproduction sexuée
- La nutrition des organismes

Le corps humain et la santé

- Le système cardio-vasculaire
- Le système nerveux
- Alimentation et digestion
- Monde microbien et immunité
- Reproduction et sexualité

Technologie

Le design, l'innovation et la créativité

- Imaginer des solutions en réponse aux besoins, matérialiser une idée en intégrant une dimension design
- Réaliser, de manière collaborative, le prototype d'un objet communicant

Les objets techniques, les services et les changements induits dans la société

- Comparer et commenter les évolutions des objets et systèmes
- Exprimer sa pensée à l'aide d'outils de description adaptés

La modélisation et la simulation des objets techniques

- Analyser le fonctionnement et la structure d'un objet
- Utiliser une modélisation et simuler le comportement d'un objet

L'informatique et la programmation

- Comprendre le fonctionnement d'un réseau informatique
- Écrire, mettre au point et exécuter un programme

Structure de l'épreuve

Le sujet est constitué de plusieurs questions dont les réponses vont faire appel à diverses compétences : le candidat devra être capable d'extraire des informations des documents, de les comprendre et de les expliquer au regard des connaissances acquises au cours de l'année. Dans certains cas, il sera demandé de légender ou de compléter des schémas.
Il y a un lien logique entre les questions, il est donc préférable de les traiter dans l'ordre, sauf indication contraire.
Un travail au brouillon est recommandé pour certaines questions avant de rédiger sur la copie.

Pour réussir l'examen

Tout au long de l'année

Un travail régulier est le gage d'une bonne réussite. Appliquez-vous dans la tenue de votre classeur ou de votre cahier afin de pouvoir facilement vous relire.
Une lecture systématique de votre cours chaque semaine vous permettra de le mémoriser facilement.
Il est possible de faire des petites fiches de résumé du cours pour chacun des chapitres dans lesquels sont inscrites les notions essentielles. Vous pouvez réaliser vous-même ces fiches ou les trouver dans le commerce.

La veille de l'épreuve

Vérifiez votre matériel

– Crayons à papier, gomme, crayons de couleur, stylo, effaceur ou Blanco. En SVT, il y a très souvent des schémas et les crayons de couleur peuvent vous être utiles. Les trousses étant interdites, prévoir un pot à crayon pour éviter que les feutres et crayons soient étalés sur toute la table.
– La calculatrice, sur laquelle vous mettrez une étiquette à votre nom.
– Une montre, afin de surveiller l'heure pendant l'épreuve.
– Carte d'identité et convocation seront demandées.

Gérez votre stress

• Inutile, la veille de l'épreuve, de vous lancer dans de grandes révisions. La précipitation ne fera que créer du stress. Si vous avez besoin de vous rassurer, relisez tranquillement votre cours ou des fiches de révision, mais en toute tranquillité.
• Prévoyez un moment de détente, par exemple une activité sportive qui vous permettra de vous détendre.

Le jour de l'épreuve

Gérez votre stress

• Arrivez 30 minutes avant le début de l'épreuve afin de pouvoir vous installer tranquillement et compléter les en-têtes des copies.
• Concentrez-vous sur votre travail, ce qui vous permettra de réduire le stress. Les personnes très émotives prendront soin de respirer profondément avant l'épreuve pour faciliter la relaxation.

Organisez-vous

• Lisez attentivement et posément l'ensemble du sujet afin d'avoir une vue d'ensemble du problème étudié. Faites les calculs au brouillon et vérifiez-les une ou deux fois.
• Soignez la présentation de votre copie : écriture suffisamment grande et lisible, paragraphes espacés, questions numérotées. Relisez votre copie quelques minutes avant la fin de l'épreuve afin de corriger les éventuelles fautes d'orthographe.
• Soyez précis dans vos réponses et utilisez systématiquement les documents qui vous sont proposés.
• Si vos connaissances sur le sujet sont insuffisantes, pas de panique ! Commentez, décrivez, expliquez les documents proposés. Cela vous permettra, pour certaines questions, d'obtenir des points. De nombreux éléments de réponse sont dans les documents.
• Surtout ne vous découragez pas.
• Surveillez l'heure, puisque vous ne disposez que de 30 minutes pour chaque sujet.
• Utilisez tout le temps disponible et essayez de faire le maximum pendant la durée de l'épreuve.

Sujet national, juin 2021

Le réchauffement climatique est la principale cause de la fonte et de la régression des glaciers de montagne dans le monde.
D'après Futura sciences

Les causes de la fonte des glaciers

L'augmentation de la température de l'air est responsable d'une fonte plus importante des glaciers de montagne. Cette augmentation de la température est liée à l'excédent de gaz à effet de serre (vapeur d'eau H_2O, dioxyde de carbone CO_2, méthane CH_4...) libérés dans l'atmosphère par les activités humaines. Les chercheurs estiment que le manteau neigeux naturel des Alpes pourrait diminuer de 70 % d'ici la fin du siècle si les émissions de gaz à effet de serre se poursuivent à l'identique. Un deuxième phénomène responsable de la fonte des glaciers de montagne est la diminution des précipitations. En effet, les apports en neige de l'hiver ne compensent plus la fonte naturelle des glaciers l'été.

1. a) En vous appuyant sur l'introduction, citer deux causes essentielles responsables de la fonte des glaciers de montagne.

> Il s'agit ici d'une question de compréhension de documents (analyse/extraction d'informations) où vous devez aller chercher la réponse dans le texte.

b) Donner le nom et le nombre des atomes présents dans la molécule de méthane.

> Pour rappel, une molécule est constituée d'un ensemble d'atomes eux-mêmes représentés de façon symbolique par une lettre majuscule.

c) Le méthane, constituant principal du gaz naturel et du biogaz, intervient aussi en tant que réactif dans des combustions servant aux activités humaines. On obtient du dioxyde de carbone et de l'eau à l'issue d'une combustion complète. Choisir parmi les équations chimiques suivantes celle qui modélise la combustion complète du méthane. Justifier ce choix.

$CH_4 + 2\ O_2 \rightarrow CO_2 + 2\ H_2$
$CH_4 + 2\ O_2 \rightarrow 2\ CO_2 + H_2O$
$CH_4 + 2\ O_2 \rightarrow CO_2 + 2\ H_2O$

> Cette question porte sur une notion de cours qu'est la combustion. Vous choisissez parmi trois possibilités celle qui est la bonne. Il faut donc procéder par élimination au vu des connaissances personnelles, mais aussi des éléments d'informations donnés dans la question.

Fonte des glaciers de montagne et hydroélectricité

Les eaux de fonte des glaciers contribuent à alimenter des lacs de retenue et participent au fonctionnement de centrales hydroélectriques dont le schéma de principe est donné ci-dessous.

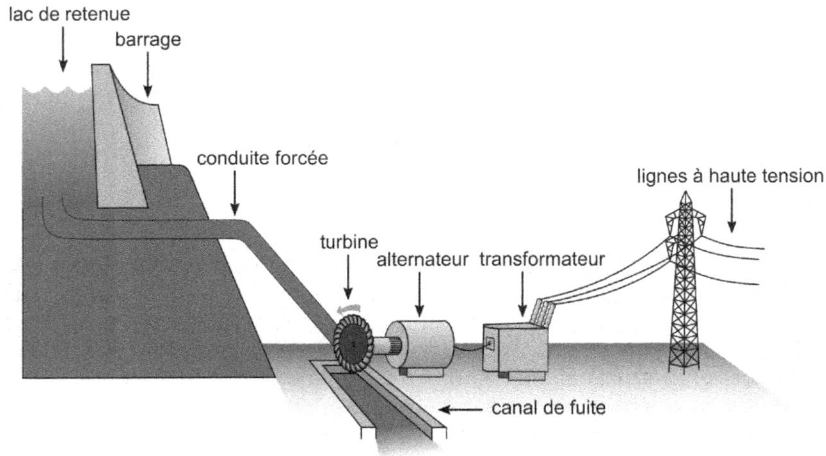

Schéma d'après www.edf.fr.

2. a) Citer la forme d'énergie emmagasinée au niveau du lac de retenue parmi les suivantes : énergie nucléaire, énergie cinétique, énergie potentielle, énergie chimique, énergie thermique.

Il s'agit ici d'une question portant sur les connaissances de cours.

b) On considère l'alternateur de la centrale hydroélectrique. Sans recopier le diagramme de conversion d'énergie ci-dessous, affecter à chaque numéro une forme d'énergie en choisissant parmi les groupes de mots suivants : énergie électrique, énergie chimique, énergie cinétique, énergie lumineuse, énergie thermique.

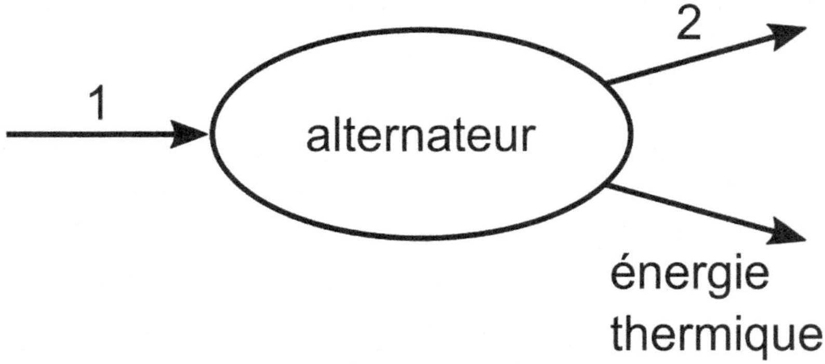

Il s'agit encore d'une question portant sur les connaissances de cours ainsi que sur l'analyse du schéma précédent.

Évolution au cours du temps de l'épaisseur en un point de la Mer de Glace (un glacier de montagne des Alpes)

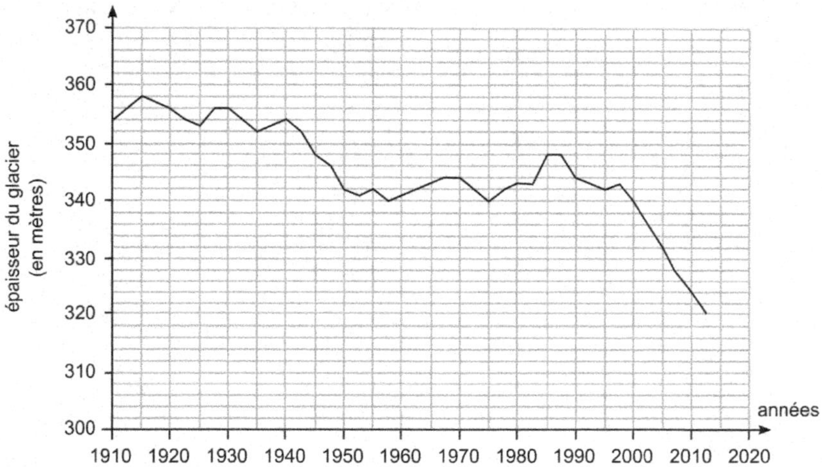

D'après www.ecologie.gouv.fr

3. a) À l'aide du document ci-dessus, on montre que la diminution de l'épaisseur du glacier entre les années 1990 et 2000 est de 4 mètres. Déterminer la diminution de l'épaisseur du glacier entre les années 2000 et 2010. Justifier la réponse.

> Cette question porte sur un graphique. Il faut en premier lieu analyser celui-ci en regardant quelles sont les grandeurs représentées sur chaque axe (en ordonnée l'épaisseur de la glace en mètre et en abscisse le temps en années).
> Il faut donc lire pour chaque année demandée dans la question (2000 et 2010) l'épaisseur de la glace, puis faire la différence entre ces deux valeurs pour trouver de combien elle a diminué.

b) Comparer les deux diminutions obtenues pour une durée de dix ans, puis commenter. Quelle hypothèse peut-on formuler à propos du réchauffement climatique ?

> Le candidat est libre de choisir une autre période de 10 ans. Vous devez à nouveau déterminer la diminution de l'épaisseur de la glace sur cette période, puis la comparer à celle de la question 3. b). Pour finir on vous demande de faire une analyse et de proposer des hypothèsês quant au réchauffement climatique.

Vitesse d'écoulement de la glace de la Mer de Glace dans les Alpes

Un glacier de montagne n'est pas immobile. Une fois la glace formée, elle s'écoule lentement vers l'avant de la pente, comme un fleuve. Une première estimation de la vitesse d'écoulement de la Mer de Glace a été établie il y a déjà presque deux siècles : une échelle abandonnée par le physicien alpiniste Horace Benedict de Saussure en 1788 a été retrouvée 4 370 mètres en aval en 1832.

4. Établir le raisonnement permettant de calculer la vitesse d'écoulement de la glace de la Mer de Glace. Effectuer le calcul et exprimer le résultat en mètre par an.

La notion ici est celle de la vitesse. Cette grandeur a été travaillée au programme et vous devez connaître la formule v = d/t. Pour déterminer la vitesse d'écoulement de la glace, on va alors utiliser cette formule reliant la vitesse, la distance et le temps.

1. a) D'après l'introduction, l'augmentation de la température de l'air, elle-même liée à l'excédent de gaz à effet de serre, ainsi que la diminution des précipitations de neige sont deux causes essentielles responsables de la fonte des glaciers de montagne.

b) D'après l'introduction, la formule du méthane est CH_4. La lettre C symbolise l'atome de carbone et la lettre H celui de l'hydrogène.
Par conséquent dans la molécule de méthane il y a 1 atome de carbone et 4 atomes d'hydrogène.

c) Tout d'abord il est dit dans l'énoncé que du dioxyde de carbone ($C0_2$) et de l'eau (H_2O) sont obtenus. La 1re équation n'est donc pas possible, car on ne retrouve pas ces deux formules après la flèche. Seules les deux dernières restent possibles.
Pour finaliser le choix, il faut regarder si les équations sont « équilibrées ». En effet, la combustion étant une transformation chimique, elle doit respecter la loi de conservation de la matière : le nombre d'atomes au niveau des « réactifs » est le même que le nombre d'atomes au niveau des « produits ».
Il faut alors vérifier qu'il y ait le même nombre d'atomes de chaque type (ici C, H et O).
Du côté des réactifs (à gauche de la flèche), grâce aux nombres stochiométriques (coefficients devant les molécules) on a :
1 atome de carbone
4 atomes d'hydrogène
$2 \times 2 = 4$ atomes d'oxygène
L'équation chimique qui correspond à la combustion complète du méthane est donc la dernière :
$CH_4 + 2\ O_2 \rightarrow CO_2 + 2\ H_2O$.
En effet on retrouve bien ce même dénombrement du côté des produits (à droite de la flèche).
Pour info dans la 2e équation, le nombre d'atomes « avant » et « après » réaction n'est pas le même (2 C,$2 \times 2 + 1 = 5$ O et 2 H).

2. a) L'eau dans le lac est située en hauteur, l'énergie emmagasinée par cette eau est donc de l'énergie potentielle ou énergie de position.

b) On a vu à la question précédente que l'énergie était stockée sous forme d'énergie potentielle dans le lac de retenue. Lors du passage de l'eau dans la conduite forcée, l'énergie est convertie en énergie cinétique lors de la descente.
L'eau en bas de la conduite fait tourner la turbine qui entraîne l'alternateur et convertit alors l'énergie cinétique (1) en énergie électrique (2) et en énergie thermique (pertes).

3. a) D'après ce graphique, lorsqu'on se place en abscisses à l'année 2000, et qu'on se reporte à la courbe, on lit en ordonnées une épaisseur de 340 mètres. De la même manière, pour une abscisse de l'année 2010, l'ordonnée est une épaisseur de 324 mètres.
Calcul de la diminution de l'épaisseur du glacier entre 2000 et 2010 : $340 - 324 = 16$.
Entre 2000 et 2010, le glacier a perdu 16 mètres d'épaisseur.

b) Si on choisit par exemple la dizaine d'années de 1990 à 2000, le glacier a perdu une épaisseur de 4 mètres (en effet par lecture graphique on passe de 344 m à 340 m, puis sur la dizaine suivante, de 2000 à 2010, on vient de montrer que le glacier a perdu 16 mètres, soit 4 fois plus durant la même durée.
On constate donc que le réchauffement climatique s'accélère fortement.

On peut alors supposer que la diminution de l'épaisseur des glaciers ne va faire qu'accélérer sur les années à venir.

4. On connaît le temps (en années) qui s'est écoulé entre le moment où le physicien alpiniste Horace Benedict a abandonné son échelle et celui où on l'a retrouvée.

On connaît la distance parcourue par la glace (en mètres), qui, comme c'est expliqué dans l'énoncé, « s'écoule lentement vers l'avant de la pente ». On peut donc en déduire la vitesse d'écoulement de la glace. Calcul de la vitesse d'écoulement de la glace de la Mer de Glace :

On utilise la relation $v = d/t$ avec :

$t = 1832-1788$

$t = 44$ ans.

soit $v = d/t = 4370/44$

$v = 99,32$ mètres/an.

La vitesse d'écoulement de la glace de la Mer de Glace est de 99,32 mètres/an.

Sujet national, juin 2019

Des cylindres de glace, de formule chimique H_2O, appelés « carottes », sont prélevés dans les régions polaires et dans les glaciers des montagnes ; ils contiennent des renseignements précieux pour l'étude du climat.

L'élément oxygène se trouve notamment sous la forme de trois atomes stables nommés oxygène 16, oxygène 17 et oxygène 18. À partir de la proportion d'oxygène 18 par rapport à l'oxygène 16 dans la glace, les chercheurs déterminent la température de l'atmosphère au moment de la formation de la glace.

Document 1

Un modèle de l'atome d'oxygène

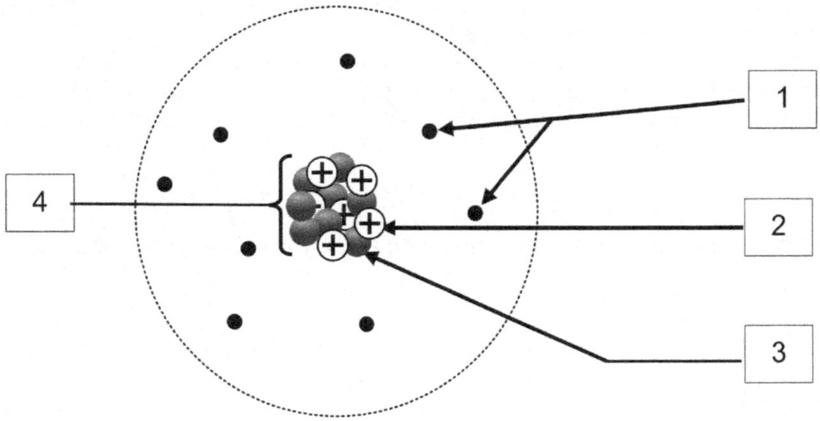

Document 2

Les fiches d'identité des atomes d'oxygène stables

oxygène 16 symbole : $^{16}_{8}O$ numéro atomique : 8 nombre d'électrons : 8 nombre de nucléons : 16 masse de l'atome : $2{,}67 \times 10^{-26}$ kg abondance : 99,76 %	**oxygène 17** symbole : $^{17}_{8}O$ numéro atomique : 8 nombre d'électrons : 8 nombre de nucléons : 17 masse de l'atome : $2{,}84 \times 10^{-26}$ kg abondance : 0,04 %	**oxygène 18** symbole : $^{17}_{8}O$ numéro atomique : 8 nombre d'électrons : 8 nombre de nucléons : 18 masse de l'atome : $3{,}01 \times 10^{-26}$ kg abondance : 0,20 %

1. a) Légender le document 1, en affectant à chaque numéro un nom parmi les propositions suivantes : noyau, électrons, proton, neutron.

> Souvenez-vous des définitions et notions de cours sur les éléments constitutifs de l'atome.

b) Quel est le nombre de protons présents dans chacun des 3 atomes d'oxygène ? Justifier vos réponses par une phrase.

> Souvenez-vous du lien entre numéro atomique et nombre de protons.

L'analyse des bulles d'air piégées dans la glace permet de déterminer la quantité de dioxyde de carbone CO_2 contenu dans l'atmosphère du passé.

Document 3

Évolution du pourcentage en volume de CO_2 dans l'air au cours des années

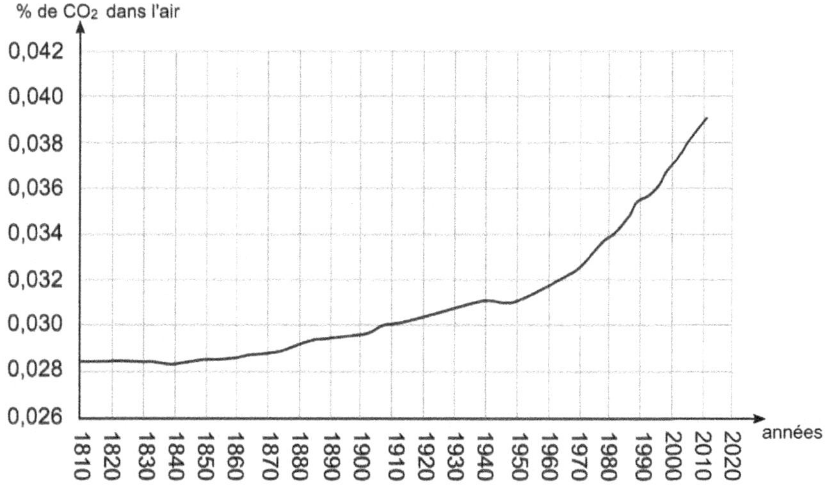

Données : https ://www.eea.europa.eu/data-and-maps/figures/atmospheric-concentration-of-co2-ppm-1.

2. a) En utilisant le graphique du document 3, indiquer le pourcentage en volume de dioxyde de carbone présent dans l'air en 1910.

Attention à bien repérer que le « temps » se lit sur l'axe des abscisses.

b) En quelle année ce pourcentage a-t-il atteint 0,037 % ?

Attention à bien repérer que le « pourcentage de CO_2 » se lit sur l'axe des ordonnées.

c) Comparer, en citant des données du graphe, l'évolution du pourcentage de CO_2 en volume dans l'air, entre 1810 et 1950 puis entre 1950 et 2010.

Cherchez et relevez les différentes valeurs du pourcentage de CO_2 prises aux dates indiquées et faites une comparaison sur les valeurs relevées (rapport de pourcentage obtenu, calcul de l'augmentation sur un temps donné…).

d) Quelle valeur pourrait atteindre ce pourcentage en 2020 ? Décrire et critiquer la méthode utilisée.

Vous devez ici proposer une valeur qui serait cohérente quant à l'évolution possible de la courbe.On voit que la fin de la courbe semble être une droite (possibilité de la prolonger…).

Le projet ICE MEMORY est un programme scientifique dont l'objectif est de constituer la première archive glaciaire du monde. Des carottes provenant des glaciers les plus en danger seront conservées à –54 °C dans une cave creusée sous la neige de l'Antarctique.

Document 4

Lieu de prélèvement de carottes glaciaires	*Intensité de pesanteur g du lieu*
Glacier du mont Illimani (Bolivie). Altitude 6 300 m	g = 9,76 N/kg
Glacier du Col du Dôme (France). Altitude 4 236 m	g = 9,79 N/kg
Base de Vostok (Antarctique). Altitude 3 800 m	g = 9,82 N/kg

3. a) À la base de Vostok qui se situe en Antarctique, on extrait une carotte de glace de 3 mètres de long, le poids du cylindre de glace est P = 236 N. Schématiser le cylindre de glace en position verticale et représenter le poids de la glace par un segment fléché en prenant pour échelle 1 cm pour 100 N.

Vous devez ici donner les « caractéristiques » du poids (point d'application, direction, sens et valeur)
et le représenter (segment fléché). N'oubliez pas de faire figurer une échelle pour la représentation.

b) Utiliser les données du document 4 et de la question 3a pour calculer la masse du cylindre de glace de Vostok en kilogrammes. Expliquer la démarche suivie et écrire la relation utilisée.
Les essais et les démarches même non aboutis seront pris en compte.

Rappelez-vous que P = $m \times g$. Utilisez la formule pour trouver m en veillant à prendre la bonne valeur de g dans le document 4. N'oubliez pas l'unité à la fin de votre calcul.

1. a) Le numéro 1 correspond aux électrons. Le numéro 4 représente le noyau. Le numéro 2 représente les protons. Le numéro 3 représente les neutrons.

b) Le numéro atomique indique le nombre de protons présents dans un noyau, ainsi l'oxygène 16 possède 8 protons, l'oxygène 17 possède 8 protons et l'oxygène 18 possède 8 protons.

2. a) Après avoir repéré l'année 1910 sur l'axe des abscisses, on vient lire sur l'axe des ordonnées la valeur du pourcentage correspondant au point de la courbe.
Le pourcentage en volume de dioxyde de carbone dans l'air en 1910 était de 0,030 %.

b) Après avoir reporté sur l'axe des ordonnées la valeur du pourcentage de CO_2 dans l'air (0,037 %) et l'avoir projeté sur la courbe, on vient lire en quelle année ce taux a été atteint. Graphiquement, on peut lire que ce pourcentage a été atteint dans les années 2000 environ.
Au contraire, dans la PHASE 2 comme la vitesse augmente le mouvement est accéléré.

c) À partir de 1810 et pendant près de 40 ans, le pourcentage en volume de $C0_2$ dans l'air n'a pratiquement pas varié, tournant autour de 0,028 %. On peut alors considérer que de 1810 à 1850, il est resté constant.
Puis on remarque que la courbe croît légèrement, les valeurs augmentent de 0,028 % à 0,031 % en 1950. C'est à partir de 1950 que le pourcentage en volume de CO_2 dans l'air augmente significativement, passant de 0,031 % à 0,039 % en l'espace de 60 ans, et donc jusqu'en 2010.
Ainsi le pourcentage en volume de CO_2 dans l'air a pris 0,003 % de plus en 140 ans (1810 à 1950) alors que l'augmentation a été de 0,008 % de plus en l'espace de seulement 60 ans (1950 à 2010), soit presque le triple en deux fois moins de temps environ.

d) Le pourcentage de dioxyde de carbone présent dans l'air en 2020 devrait être autour des 0,040 % de CO_2 dans l'air. En effet, on peut continuer la courbe en réalisant une projection en traçant une droite. Cette méthode est approximative (à main levée) donc peu précise, mais donne une idée de la valeur qu'il atteindra. (De plus il n'est absolument pas sûr que l'évolution sur nos 10 dernières années suivent les tendances des 60 dernières, car on ne tient nullement compte des facteurs extérieurs.)

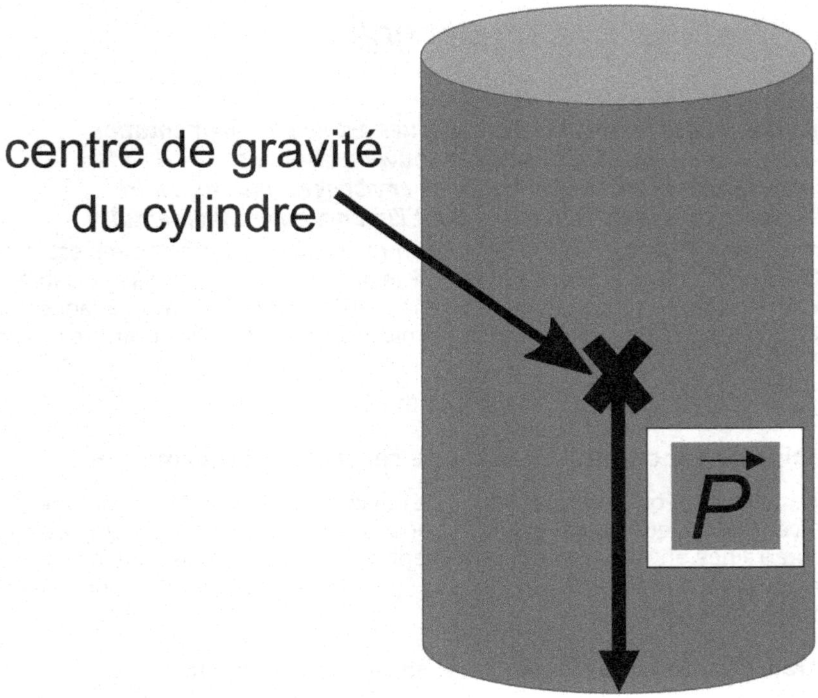

3. a) Le poids est une force que l'on représente par un segment fléché :
- qui s'applique au centre de gravité de l'objet ;
- ayant pour direction la verticale ;
- de sens vers le bas ;
- de valeur P = 236 N.

D'après l'échelle imposée (1 cm représente 100 N), la flèche doit alors mesurer 236/100 = 2,36 cm.

b) On sait que P = m × g (avec m masse cylindre glace en kg et g intensité de la pesanteur à Vostok donnée dans le document 4). Donc en transposant :
- m = P/g ;
- m = 236 / 9,82 ;
- m = 24,0 kg.

Le cylindre de glace prélevé à Vostok en Antarctique aura une masse de 24,0 kg.

Sujet national, juin 2017

L'énergie

L'exploitation des ressources énergétiques est liée à l'augmentation de la population mondiale et de ses nouveaux besoins.
Le sujet d'étude porte sur les solutions envisagées pour répondre aux besoins croissants tout en limitant l'impact environnemental.

La production d'électricité à partir des centrales thermiques à flamme est le mode le plus répandu dans le monde et bénéficie des abondantes, mais épuisables, ressources en charbon, pétrole et gaz de la planète. Certains pays se lancent dans le développement de centrales géothermiques, on veut ici comprendre ce choix.

Document 1

Principe de fonctionnement d'une centrale géothermique

Une centrale géothermique produit de l'électricité, sans qu'il y ait de combustion, grâce à la chaleur de la Terre qui transforme l'eau contenue dans les nappes souterraines en vapeur. Le mouvement de la vapeur d'eau sous pression permet de faire tourner une turbine entraînant un alternateur, qui produit alors un courant alternatif.

Centrale géothermique de Waikarei en Nouvelle-Zélande

Document 2

Principe de fonctionnement d'une centrale thermique à flamme

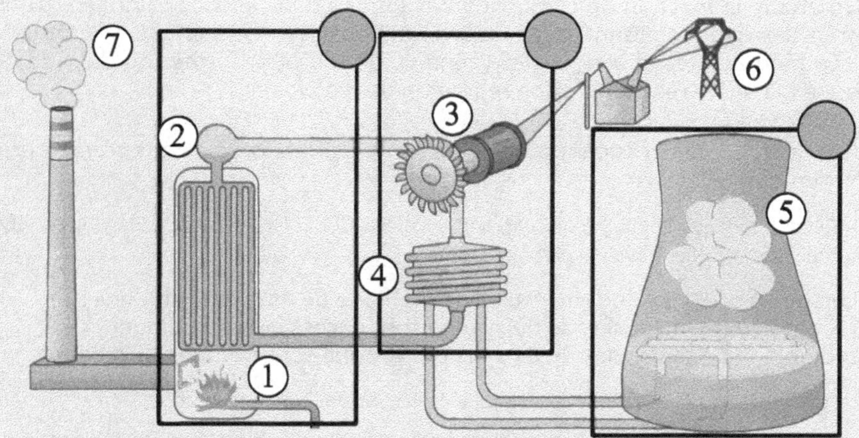

① Combustion du charbon, du pétrole ou du gaz ② Vapeur d'eau

③ Turbine et alternateur ④ Condensateur (transforme la vapeur en liquide)

⑤ Dans ces tours, l'eau de refroidissement de la centrale est elle-même refroidie en circulant au contact de l'air, ce qui explique le dégagement de vapeur d'eau.

⑥ Réseau électrique ⑦ Cheminée libérant gaz et fumées produits lors de la combustion

Source : *MICROMÉGA Physique chimie 3e* paru chez Hatier.

1. Compléter le tableau suivant en exploitant le document 1 et le document 2.

Nom de la centrale	Source(s) d'énergie utilisée(s)	Sources d'énergie renouvelable ou non ?	Dégage ou ne dégage pas de fumées lors de son utilisation ?
Thermique à flamme			
Géothermique			

Bien lire les légendes des documents 1 et 2 pour compléter le tableau. Pour la présence ou non de fumées, regarder s'il y a une cheminée.

2. Il s'agit de repérer sur le dessin de la centrale thermique à flamme (document 2) les 3 circuits distincts A, B et C décrits ci-dessous :
- A : circuit de refroidissement ;
- B : circuit primaire ou lieu de transformation d'énergie chimique en énergie thermique ;
- C : circuit secondaire ou lieu de transformation de l'énergie mécanique en énergie électrique.

Pour répondre à la question 2, mettre A, B ou C à l'intérieur des cercles grisés du document 2.

Savoir distinguer l'énergie thermique liée à la chaleur, l'énergie mécanique liée au fonctionnement des turbines, l'énergie chimique liée à la combustion des énergies fossiles et l'énergie électrique source d'électricité.

3. On étudie la réaction de combustion ayant lieu dans le circuit primaire d'une centrale thermique utilisant le gaz naturel, composé essentiellement de méthane CH_4. Le méthane réagit avec le dioxygène O_2 de l'air pour former du dioxyde de carbone CO_2 et de l'eau H_2O, selon l'équation de réaction :
$CH_4 + 2\ O_2 \rightarrow CO_2 + 2\ H_2O$.

a) Nommer le gaz participant à l'effet de serre produit lors de cette transformation chimique.

Dans l'équation bilan, 2 molécules sont formées, CO_2 et H_2O. Le gaz participant à l'effet de serre est une molécule carbonée.

b) Lorsqu'on brûle 6×10^{22} molécules de méthane de manière complète :

- **1.** Combien de molécules de dioxygène sont nécessaires ? Expliquer.
- **2.** Combien de molécules de dioxyde de carbone sont formées ? Expliquer.

Bien regarder le chiffre devant chaque molécule de l'équation bilan.

4. Un réacteur de centrale thermique à flamme produit une puissance d'environ 1 100 MW. Un réacteur de centrale géothermique peut délivrer une énergie de 7 500 000 MWh par an, en fonctionnant 6 820 heures.

a) Montrer par un calcul que la puissance électrique du réacteur de centrale géothermique est équivalente à celle du réacteur de centrale thermique à flamme.

b) En faisant référence aux réponses précédentes, donner deux arguments expliquant pourquoi certains pays ont opté pour des centrales géothermiques.

Utiliser la formule : $P = \dfrac{E}{t}$ avec P la puissance en W, E l'énergie en Wh et t le temps en heure.
Pour les arguments, utiliser le résultat de votre calcul précédent ainsi que les inconvénients du dégagement de CO_2 pour la planète.

1.

Nom de la centrale	Source(s) d'énergie utilisée(s)	Sources d'énergie renouvelable ou non ?	Dégage ou ne dégage pas de fumée lors de son utilisation ?
Thermique à flamme	Charbon, pétrole, gaz	Non renouvelable	Dégage des fumées dans l'atmosphère (dioxyde de carbone) et vapeur d'eau
Géothermique	Chaleur de la Terre	Oui, énergie renouvelable	Pas de dégagement de fumées (pas de CO_2)

2.

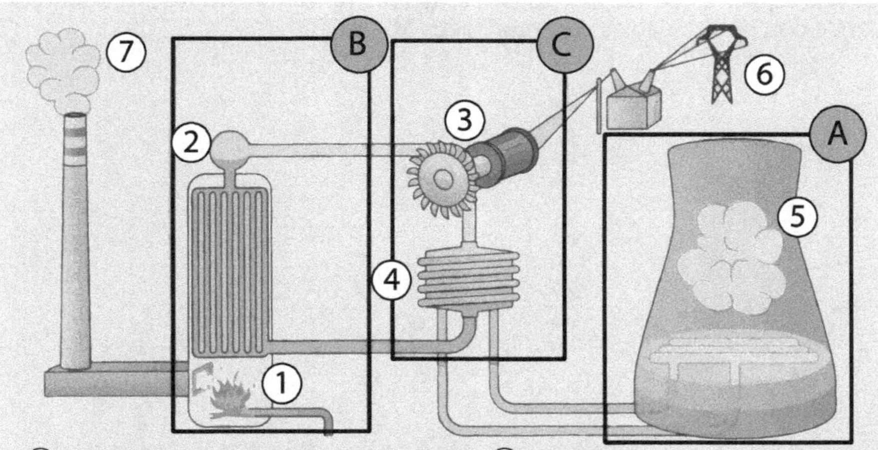

(1) Combustion du charbon, du pétrole ou du gaz (2) Vapeur d'eau

(3) Turbine et alternateur (4) Condensateur (transforme la vapeur en liquide)

(5) Dans ces tours, l'eau de refroidissement de la centrale est elle-même refroidie en circulant au contact de l'air, ce qui explique le dégagement de vapeur d'eau.

(6) Réseau électrique (7) Cheminée libérant gaz et fumées produits lors de la combustion

3. a) Le gaz à effet de serre produit lors de cette transformation est le dioxyde de carbone, CO_2.

b)

– **1.** Au cours de la réaction de combustion, une molécule de méthane réagit avec deux molécules de dioxygène. Ainsi, si l'on brûle 6.10^{22} molécules de méthane, il faudra 12.10^{22} molécules de dioxygène.

– **2.** L'équation bilan de la réaction de combustion montre que la combustion d'une molécule de méthane forme une molécule de dioxyde de carbone. Ainsi, il y a 6.10^{22} molécules de dioxyde de carbone formées lors de la combustion de 6.10^{22} molécules de méthane.

4. a) Un réacteur de centrale thermique à flamme produit une puissance d'environ 1 100 MW.

On nous indique qu'un réacteur de centrale géothermique délivre une énergie de 7 500 000 MWh par an pour 6 820 heures.

La puissance $P = \frac{E}{t}$ avec E = énergie en Wh et t = temps en h et P en W.

Ainsi la puissance de la centrale géothermique est :
P = 7 500 000/6 820 = 1 099,7 MW (≈ 1100 MW), ce qui est équivalent à celle de la centrale thermique à flamme.

b) Certains pays ont opté pour des centrales géothermiques afin d'éviter le rejet de dioxyde de carbone, gaz à effet de serre, responsable en partie du réchauffement climatique. De plus la production énergétique des centrales géothermiques est équivalente à celle des centrales thermiques à gaz. On utilise alors une énergie renouvelable alors que les centrales thermiques fonctionnent avec des sources d'énergie non renouvelables ; charbon, pétrole, gaz.

Sujet zéro du ministère, 2017

La sécurité du freinage en voiture

La sécurité sur les routes dépend notamment du respect des distances de sécurité, de la capacité des conducteurs à réagir rapidement lorsqu'ils aperçoivent un obstacle sur la route et de la performance du système de freinage du véhicule. On étudie dans l'exercice qui suit les distances d'arrêt et de sécurité d'un véhicule.

Distance d'arrêt et distance de sécurité d'un véhicule

La connaissance de la distance d'arrêt d'un véhicule est importante pour la sécurité routière. La figure 1 fait apparaître trois distances caractéristiques.

Figure 1

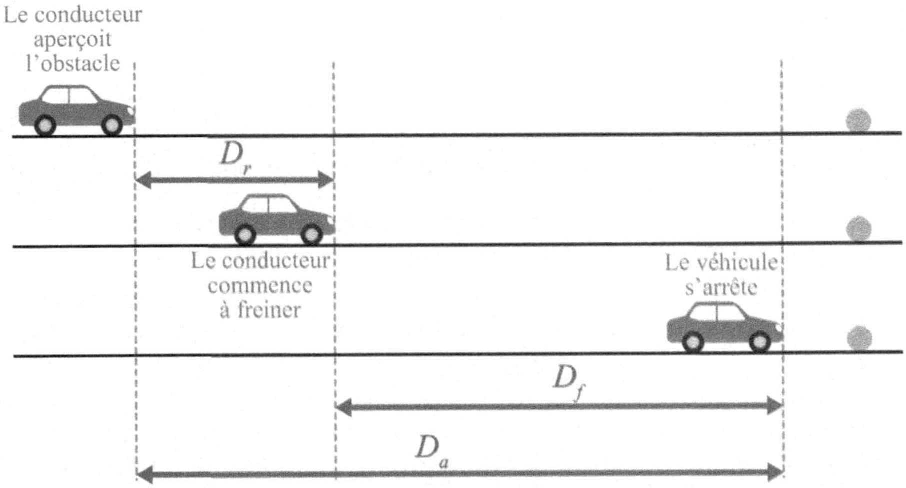

- D_r est la distance de réaction. C'est la distance parcourue par le véhicule entre le moment où le conducteur aperçoit l'obstacle et le moment où il commence à freiner. Elle dépend de la durée de réaction du conducteur.
- D_f est la distance de freinage. C'est la distance parcourue par le véhicule entre le moment où le conducteur commence à freiner et le moment où le véhicule s'arrête.
- D_a est la distance d'arrêt. C'est la distance parcourue par le véhicule entre le moment où le conducteur aperçoit un obstacle et l'arrêt du véhicule.

Le tableau suivant présente, pour différentes vitesses, la distance de réaction et la distance de freinage sur route sèche d'un véhicule correctement entretenu.

Vitesse (km/h)	0	30	50	90	100	110	130
Vitesse (m/s)	0	8	14	25	28	31	36
$D_r(m)$	0	8	14	25	28	31	36
$D_f(m)$	0	6	16	50	62	75	104

1. Distance d'arrêt

Au voisinage d'un collège, un véhicule roule à 30 km/h, vitesse maximale autorisée ; donner la valeur de la distance de réaction D_r, de la distance de freinage D_f et calculer la valeur de la distance d'arrêt D_a. Commenter la valeur de la distance d'arrêt obtenue en la comparant à celle d'une autre longueur ou distance que vous choisirez.

> Comme l'indique la figure 1, la distance d'arrêt est la distance parcourue par le véhicule entre le moment où le conducteur aperçoit l'obstacle et l'arrêt du véhicule. La distance d'arrêt D_a est donc la somme de la distance de réaction, D_r et de la distance de freinage, D_f :
>
> $D_a = D_r + D_f$.

2. Énergie cinétique

Rappeler l'expression de l'énergie cinétique d'un objet en fonction de sa masse *m* et de sa vitesse *V*. Calculer l'énergie cinétique d'un véhicule de masse *m* = 1 000 kg roulant à 50 km/h. Lors du freinage, l'énergie cinétique du véhicule diminue jusqu'à s'annuler. Décrire ce que devient cette énergie.

> L'énergie cinétique est l'énergie que possède un corps du fait de son mouvement, autrement dit, un objet en mouvement possède de l'énergie cinétique liée à sa vitesse.

3. Code de la route et distance de sécurité

Le Code de la route définit la distance de sécurité entre deux véhicules : « *Lorsque deux véhicules se suivent, le conducteur du second doit maintenir une distance de sécurité suffisante pour pouvoir éviter une collision en cas de ralentissement brusque ou d'arrêt subit du véhicule qui le précède. Cette distance est d'autant plus grande que la vitesse est plus élevée.* ***Elle correspond à la distance parcourue par le véhicule pendant une durée d'au moins deux secondes.*** » (Article R412-12 du Code de la route)
Sur autoroute, les panneaux ci-après expliquent aux conducteurs comment respecter la distance de sécurité.
L'automobiliste doit veiller à ce que le véhicule qui le précède soit séparé de lui d'au moins deux traits blancs sur le côté droit de la route.

Le schéma ci-dessous représente les traits blancs et donne leurs longueurs exprimées en mètres.

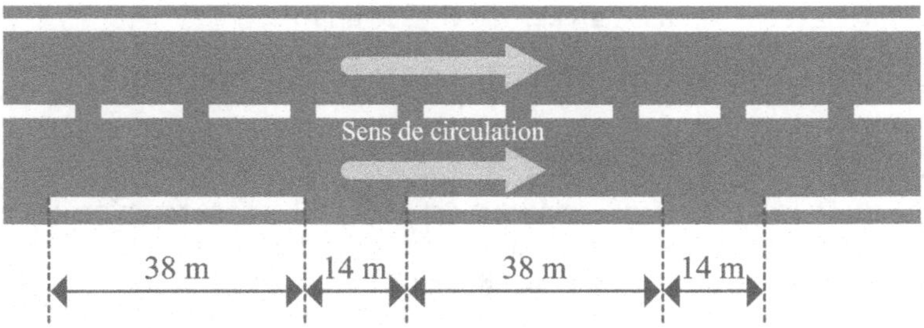

Sur autoroute et par temps sec, la vitesse des véhicules est limitée à 130 km/h.
À l'aide de calculs simples, expliquer pourquoi, sur autoroute, la règle « un automobiliste doit veiller à ce que le véhicule qui le précède soit séparé de lui d'au moins deux traits blancs » permet d'avoir une distance de sécurité suffisante.

> Vous devez justifier par des calculs simples le principe d'une distance de sécurité égale à deux traits blancs sur autoroute, donc à une vitesse de 130 km/h. Veillez à bien lire les documents où se trouvent les informations nécessaires à votre réponse.
> La question à vous poser : à quelle distance correspondent les deux traits de sécurité ?

1. Distance d'arrêt

– À 30 km/h, la distance de réaction $D_r = 82$ m, la distance de freinage $D_f = 6$ m et la distance d'arrêt $D_a = D_r + D_f = 8 + 6 = 14$ m.

– À 90 km/h par exemple, $D_r = 25$ m, $D_f = 50$ m, donc $D_a = 25 + 50 = 75$ m.

Ainsi, en multipliant la vitesse par trois, on constate que la distance d'arrêt n'est pas multipliée par trois (3 × 14 = 42 m) mais qu'elle est encore plus importante (75 m).

2. Énergie cinétique

Un objet en mouvement possède de l'énergie cinétique liée à sa vitesse.
L'unité est le joule (J).

$E_c = \frac{1}{2} mV^2$ avec m = masse en kg, V = vitesse en m/s.

Calcul pour m = 1 000 kg et V = 50 km/h = 14 m/s (voir le tableau) :

$E_c = \frac{1}{2} \times 1\,000 \times 14^2 = \frac{1}{2} \times 1\,000 \times 196 = 98\,000$ J.

Au cours du freinage, l'énergie cinétique est essentiellement transformée en énergie thermique au niveau des freins du véhicule (frottements).

3. Code de la route et distance de sécurité

La distance de sécurité correspondant à deux traits blancs est égale, d'après le schéma, à : 38 + 14 + 38 = 90 m.

Le Code de la route précise que la distance de sécurité correspond à la distance parcourue par le véhicule pendant une durée d'au moins deux secondes.

Sur autoroute à 130 km/h, la distance parcourue est de 36 m par seconde (voir le tableau) soit : 2 × 36 = 72 m pour 2 secondes.

Ainsi, on voit que la règle des deux traits blancs de sécurité est suffisante (90 m) pour assurer la distance de sécurité d'un véhicule à 130 km/h parcourant donc 72 m en 2 secondes.

Sciences de la vie et de la Terre

SVT, sujet national, juin 2022

Situés dans la zone intertropicale dans des eaux peu profondes et chaudes, les récifs coralliens couvrent moins de 0,2 % de la surface des océans, mais offrent un potentiel économique et une source de nourriture à plus de 500 millions de personnes, soit 8 % de la population mondiale.
On constate actuellement que l'augmentation de la température des eaux de surface des océans due au réchauffement climatique provoque le blanchissement des coraux.

Photographies de coraux sains, en cours de blanchissement et complètement blancs. (Marinesavers, 2016)

Document 1

Le corail, une association symbiotique entre des animaux et des algues

Les récifs coralliens sont construits par des animaux qui fabriquent un squelette calcaire. Ces animaux marins, appelés polypes, hébergent à l'intérieur de leurs cellules des algues microscopiques : les zooxanthelles responsables en partie de leur couleur.

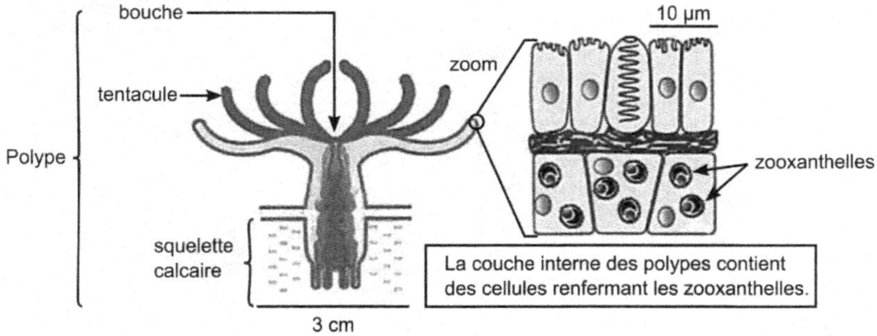

Schéma d'une coupe longitudinale d'un polype. (NOAA, s.d)

Grâce à la photosynthèse, les zooxanthelles apportent des molécules riches en carbone et du dioxygène aux polypes. Les zooxanthelles bénéficient d'un environnement protégé du broutage par les prédateurs et des conditions stables pour leur multiplication. Elles utilisent les déchets azotés et phosphatés du polype comme source d'éléments minéraux.

1. Sachant qu'une symbiose est une association à bénéfices réciproques, justifier que le corail est une association symbiotique. (4 points)

> On cherche à démontrer le bénéfice réciproque de chacun des êtres vivants qui constituent l'association bénéfique.

La température est un paramètre environnemental primordial, car elle agit sur la photosynthèse, la respiration et la croissance des coraux.

Document 2

Nombre de zooxanthelles dans les polypes en fonction de la température de l'eau

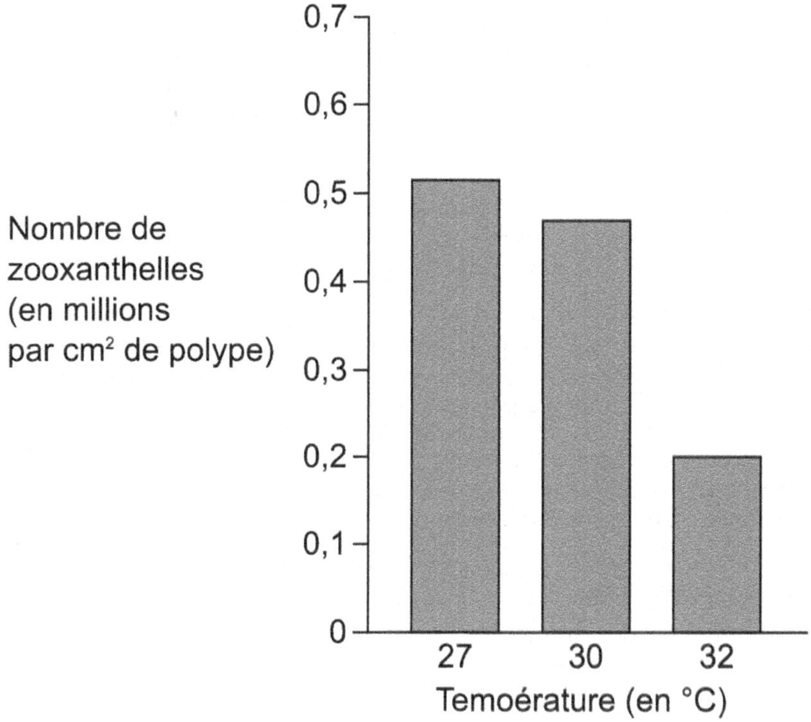

(Hoegh-Guldberg & Smith, 1989)

2. En vous aidant du graphique du document 2, établir le lien entre la quantité de zooxanthelles et la température de l'eau de mer. Votre réponse sera justifiée par des valeurs. (6 points)

> Il est très important de donner des unités pour chaque valeur indiquée. On les retrouve sur le graphique pour chaque axe.

Les zooxanthelles sensibles à l'élévation de température meurent, ce qui entraîne la mort des polypes et le blanchissement des coraux.
On cherche à sélectionner des coraux résistant à une température de 32 °C afin de les multiplier et de les réintroduire dans l'environnement.

Document 3

Matériel disponible pour réaliser les expériences :

- coraux hébergeant des zooxanthelles d'espèce A ;
- coraux hébergeant des zooxanthelles d'espèce B ;
- coraux hébergeant des zooxanthelles d'espèce C ;
- aquariums ;
- eau de mer ;
- bains thermostatés (conservant une température constante) ;
- thermomètres.

Durée des expériences : Les résultats des expériences ne seront visibles qu'au bout de quelques semaines, car le blanchissement des coraux n'est pas immédiat.

3. En vous aidant du document 3, proposer un protocole expérimental pour sélectionner des coraux résistant à une température des eaux de surface de 32 °C. Votre réponse sera présentée sous forme d'un texte ou/et d'un schéma légendé. (6 points)

> On attend ici que le mode de sélection des coraux soit expliqué.
> Le témoin avec une autre température plus basse est ici inutile puisqu'on cherche à réaliser « une sélection des coraux résistants à 32 °C » et non pas à savoir « si la température de 32 °C agit sur coraux ». Dans cette dernière nuance, le témoin à une température plus basse est indispensable puisqu'il permet de comparer la résistance des coraux entre deux températures.

On s'intéresse aux services rendus par les récifs coralliens pour les 8 millions d'humains vivant à leur proximité.

Document 4

Les récifs coralliens de l'île de la Réunion, des écosystèmes marins d'une grande valeur

Aspects socio-économiques	Aspects environnementaux
Les ressources marines sont limitées, les récifs constituent des zones de pêche privilégiées. La pêche est la ressource principale des familles les plus démunies. Environ un demi-million de touristes visitent l'île chaque année en moyenne. Plus de 80 % des touristes passent au moins une journée ou plus à la plage pendant leur séjour. L'ensemble des touristes dépense en moyenne 350 millions d'euros chaque année sur l'île. Les activités récréatives de sports côtiers (voile, plongée, surf, kayak) représentent plus de 80 000 pratiquants par an. Des dizaines de clubs de plongées vivent directement des activités en lien avec les récifs. L'utilisation pharmacologique potentielle des différentes espèces marines constitue un réservoir naturel susceptible de constituer les médicaments de demain.	Les récifs coralliens protègent les côtes de la houle et évitent la dégradation des habitats du littoral. L'érosion des plages est ralentie par la barrière de corail qui diminue l'énergie de la houle. 1/3 des espèces marines connues vivent dans les récifs : les récifs sont un réservoir de biodiversité. Les récifs constituent une zone de frayère et de nurserie pour de très nombreuses espèces de poissons notamment des poissons pêchés. Des espèces rares et menacées vivent de manière protégée dans les récifs. Le carbone est séquestré dans le squelette calcaire des coraux.

4. À partir de l'ensemble des documents, montrer comment un changement à l'échelle de la planète peut influencer la biodiversité locale et les activités humaines sur l'île de la Réunion.
On attend au moins deux exemples qui associent obligatoirement ces trois éléments : activités humaines, biodiversité et climat. (9 points)

> La question doit bien être comprise. Il ne s'agit pas ici de parler des conséquences des activités humaines sur l'environnement ou le réchauffement climatique, mais bien de l'influence du changement climatique sur la biodiversité et les activités humaines à l'île de la Réunion.

1. Les zooxanthelles sont des algues microscopiques situées dans les cellules des polypes (animaux marins).
Elles fabriquent grâce à la photosynthèse du dioxygène et des molécules riches en carbone qu'elles fournissent en partie aux polypes.
Les polypes, quant à eux, protègent les zooxanthelles du broutage des prédateurs et leurs apportent un environnement stable pour leur multiplication ainsi qu'une source d'éléments minéraux (déchets azotés et phosphatés).
Comme chaque être vivant apporte un bénéfice à l'autre, on peut parler d'association symbiotique chez le corail constitué des polypes et des zooxanthelles.

2. On observe sur le graphique du document 2 que plus la température de l'eau de mer augmente, plus le nombre de zooxanthelles présentent dans cette eau diminuent.
En effet, pour une température de 27 °C (degrés Celsius), il y a 0,5 million de zooxanthelles par centimètre carré et seulement 0,2 million de zooxanthelles par centimètre carré lorsque la température est à 32 °C (soit 0,3 million de zooxanthelles par centimètre carré de moins lorsque la température de l'eau de mer augmente de 5 °C).

3. On cherche à sélectionner des espèces de coraux résistantes à une température des eaux de surface de 32 °C.

- Prendre 3 bains thermostatés réglés sur 32 °C.
- Remplir d'un même volume d'eau les 3 cuves (ou aquarium) des bains thermostatés.
- Accrocher un thermomètre dans chaque cuve afin qu'il soit totalement immergé.
- Placer le même poids de coraux hébergeant des zooxanthelles dans chaque cuve de façon qu'ils soient totalement recouverts d'eau. On différenciera une cuve par espèce de zooxanthelles (cuve 1 avec l'espèce A, cuve 2 avec l'espèce B et cuve 3 avec l'espèce C).
- Attendre quelques semaines.
- Observer les coraux. Si les coraux ont blanchi, cela signifie que les zooxanthelles et les coraux meurent. On sélectionnera donc les coraux non blanchis qui ont résisté à une température de 32 °C.

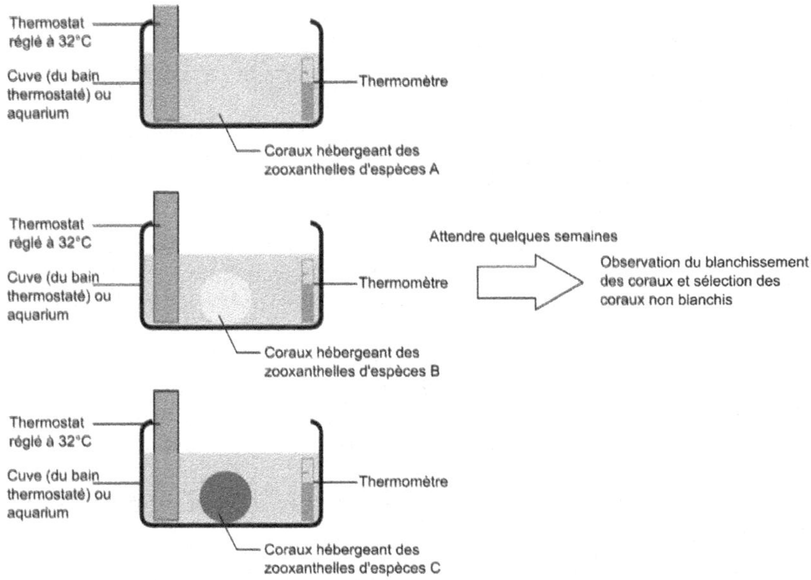

4. Le document 2 indique que plus la température de l'eau de mer augmente, plus le nombre de zooxanthelles diminue. Or les zooxanthelles s'associent aux polypes pour survivre (document 1) et forment les récifs coralliens. Une augmentation de la température des eaux de mer à l'échelle de la planète détruit les récifs coralliens par la mort des coraux (blanchissement) puisque les zooxanthelles ont du mal à survivre en haute température (32 °C).

La mort des coraux agit sur la biodiversité marine locale (document 4).

- Les espèces marines ainsi que les espaces rares et menacées vivant dans les récifs ne sont plus protégées. On peut donc supposer que leur nombre va diminuer.
- Les espèces (et notamment les espèces de poissons pêchés) se servant des récifs coralliens comme frayères et nurseries se reproduiront moins ou auront moins de descendants qui arriveront à maturité puisqu'ils ne seront plus protégés.

La baisse de la biodiversité locale aura alors des conséquences sur les activités humaines.

- La pêche, qui est la ressource principale des familles les plus démunies, sera moins fructueuse puisque moins de reproduction des poissons protégés par les récifs.
- L'utilisation pharmacologique des différentes espèces vivant dans les coraux sera alors limitée.
- En plus de diminuer le nombre d'espèces rares et menacées vivant dans les récifs, les plages s'érodent et le littoral n'est plus protégé de la houle ce qui réduit les zones de pêche et diminue les activités touristiques (les activités récréatives de sports côtiers, l'accès aux plages...) et donc est néfaste pour l'économie locale.

Sujet national, juin 2021

Dans la nature, au printemps, on peut observer des plantes à feuilles vertes, des plantes à feuilles rouges, des plantes à feuilles panachées, c'est-à-dire vertes et blanches, rouges et blanches…
Pour réaliser la photosynthèse, les plantes à feuilles vertes captent l'énergie lumineuse grâce à des pigments, notamment les chlorophylles, présents dans les cellules de leurs feuilles. Ces chlorophylles sont responsables de la couleur verte de ces plantes.
On recherche les pigments que possèdent les plantes à feuilles rouges.

Document 1

Chromatographie et chromatogrammes

La chromatographie est une technique qui permet, notamment, de séparer les pigments contenus dans une feuille. Pour cela, un morceau de feuille est écrasé sur une bande de papier (étape 1). La bande de papier est placée dans un solvant (étape 2) qui va entraîner les pigments vers le haut et les séparer.
On réalise deux chromatographies : un pour une feuille verte et l'autre pour une feuille rouge.

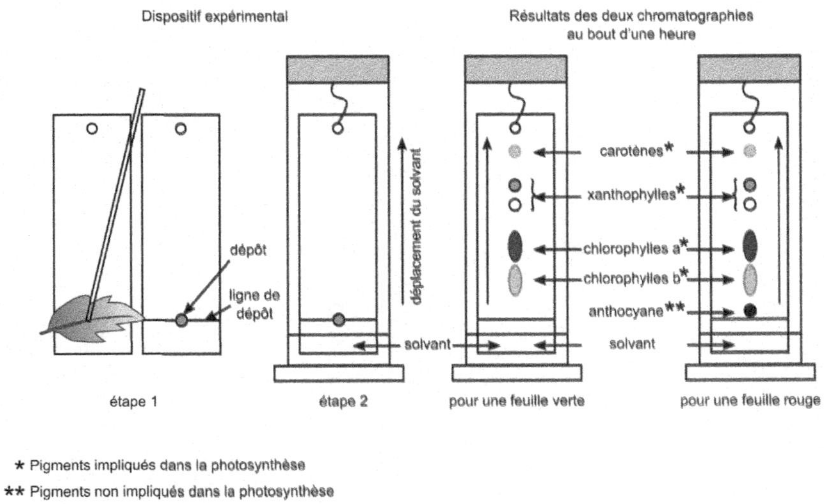

1. En vous appuyant sur les chromatogrammes du document 1 :
- montrer que les feuilles rouges disposent de pigments permettant la photosynthèse ;
- citer les pigments qui pourraient être responsables de la couleur rouge des feuilles des plantes à feuilles rouges.

L'amidon est une molécule qui constitue une forme de stockage de la matière organique. Pour le produire, les plantes à feuilles vertes réalisent la photosynthèse. Les pigments chlorophylliens des plantes à feuilles rouges sont fonctionnels (ils permettent de réaliser la photosynthèse). On se demande si les plantes à feuilles rouges produisent de l'amidon grâce à la photosynthèse en présence de lumière.

> Pour la première partie de la question, il s'agit de repérer dans le texte quels sont les pigments qui permettent la photosynthèse. La légende du document 1 apporte également une information très importante puisqu'elle indique par une étoile les pigments participants à la photosynthèse.
> La deuxième partie de la question demande une comparaison entre les deux chromatographies (feuille verte et feuille rouge). Les feuilles vertes ne contiendront pas de pigments responsables de la couleur rouge.

Document 2

Production et stockage d'amidon dans les différentes parties d'une plante à feuilles rouges

Avant de débuter l'expérience, il est nécessaire de s'assurer de l'absence d'amidon dans les feuilles des plantes. Pour cela, on laisse les plantes au moins deux jours à l'obscurité. Dans ces conditions, la photosynthèse s'arrête, les produits de la transformation de l'amidon sont distribués dans les autres parties de la plante.

Document 3

Dispositifs expérimentaux

Expériences		Expérience 1	Expérience 2	Expérience 3
Matériel de départ Les plantes sont cultivées en présence d'eau et de sels minéraux.		 1 plante à feuilles vertes 1 plante à feuilles rouges	 2 plantes à feuilles rouges	 1 plante à feuilles rouges
Protocole expérimental	Étape 1	Culture des 2 plantes pendant 3 jours à l'obscurité	Culture des 2 plantes pendant 3 jours à l'obscurité	Culture de la plante pendant 3 jours à l'obscurité
	Étape 2	Culture pendant 6 heures : - à la lumière pour la plante rouge - à l'obscurité pour la plante verte	Culture pendant 6 heures : - à la lumière pour une plante - à l'obscurité pour l'autre plante	Culture pendant 6 heures à la lumière
	Étape 3	Prélèvement d'une feuille de chacune des plantes Décoloration en laboratoire Test à l'eau iodée	Prélèvement d'une feuille de chacune des plantes Décoloration en laboratoire Test à l'eau iodée	Prélèvement d'une feuille de la plante Décoloration en laboratoire Test à l'eau iodée

2. À l'aide des documents 2 et 3, indiquer sur votre copie l'expérience, parmi les trois proposées, qui permet de tester l'hypothèse :
« La lumière est nécessaire pour que les plantes à feuilles rouges produisent de l'amidon grâce à la photosynthèse. »
Justifier votre choix.
On s'intéresse aux plantes à feuilles panachées : de couleur verte et blanche ou de couleur rouge et blanche.

> Pour tester une hypothèse, il faut toujours un dispositif sur lequel on applique l'élément souhaité (ici l'absence de lumière) et un autre dispositif dit « témoin » sur lequel l'élément testé est différent (ici, la présence de lumière) pour être certain que le résultat obtenu est bien lié à l'élément testé (l'obscurité). S'il y a une différence entre les deux expériences alors l'hypothèse est confirmée.
> Dans le cas où plusieurs éléments sont suggérés dans une hypothèse, il faut les tester un par un dans des expériences différentes.

Document 4

Tests à l'eau iodée sur différentes feuilles

Toutes les feuilles utilisées ci-dessous sont issues de plantes placées dans des conditions favorables à la photosynthèse : en présence de lumière, d'eau et de sels minéraux.
Les parties blanches des feuilles ne contiennent pas de pigments.

	Expérience 1	Expérience 2	Expérience 3	Expérience 4
Couleur des feuilles avant le test à l'eau iodée : Verte Rouge Blanche	Feuilles vertes 	Feuilles rouges 	Feuilles panachées vertes et blanches 	Feuilles panachée rouges et blanches 

3. En vous aidant de tous les documents du sujet :
• donner les résultats attendus des tests à l'eau iodée pour les feuilles des quatre expériences du document 4 (sous forme de schémas légendés et/ou d'un texte) ;
• expliquer la production d'amidon ou son absence dans les différentes parties des feuilles.

> Les schémas légendés ne sont pas obligatoires dans cette consigne, mais sont souvent très appréciés des correcteurs.
> Les documents donnent toutes les informations nécessaires sur la façon de repérer la présence d'amidon ainsi que son lieu de production. Il s'agit ici de relier toutes les informations ensemble.

1. La chromatographie de la feuille rouge a pour but de séparer les pigments qui y sont contenus. Sur le document 1, on remarque sur la bande de papier, l'apparition des pigments suivants : chlorophylles b, chlorophylles a, xanthophylles et carotènes. Tous ces pigments participent à la photosynthèse.
Les anthocyanes, aussi révélées sur la bande de papier, ne participent pas à la photosynthèse. Ce sont les seuls pigments non présents sur la chromatographie d'une feuille verte. On peut donc en déduire que les anthocyanes sont des pigments responsables de la couleur rouge des feuilles des plantes à feuilles rouges.

2. Afin de tester l'hypothèse « La lumière est nécessaire pour que les plantes à feuilles rouges produisent de l'amidon grâce à la photosynthèse », il nous faut une plante témoin placée à la lumière et une plante à laquelle on retire cette lumière.
Le dispositif témoin est nécessaire pour effectuer une comparaison des résultats et pour affirmer ou non que la lumière est indispensable à la production d'amidon.
Ces deux plantes doivent fonctionner de façon identique pour pouvoir justifier cette comparaison et devront être deux plantes à feuilles rouges.
L'expérience choisie est donc l'expérience 2.

3. D'après le document 3, l'eau iodée est un réactif qui se colore en violet/noir en présence d'amidon.
L'amidon est produit lors de la photosynthèse grâce aux pigments chlorophylliens.
Les chromatogrammes du document 1 révèlent que les feuilles rouges et les feuilles vertes possèdent ces pigments chlorophylliens (chlorophylles a et b). Les parties vertes et rouges produiront donc de l'amidon et seront alors colorées en violet/noir.
Le document 4 nous apprend que « les parties blanches des feuilles ne contiennent pas de pigments ». Ces parties blanches ne pourront pas effectuer la photosynthèse, c'est-à-dire qu'elles ne produiront pas d'amidon et ne seront donc pas colorées en violet/noir par l'eau iodée, mais prendront la teinte du colorant, c'est-à-dire jaune.

<table>
<tr><th></th><th>Expérience 1</th><th>Expérience 2</th><th>Expérience 3</th><th>Expérience 4</th></tr>
<tr><td>Résultats au test à l'eau iodée</td><td colspan="4">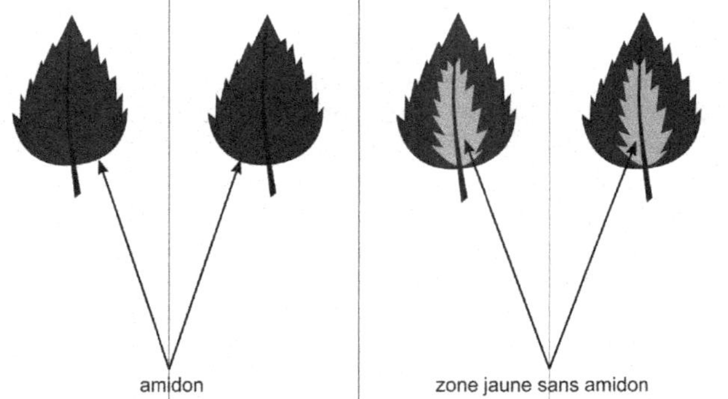
</td></tr>
<tr><td>Observations</td><td>Toute la feuille est colorée en violet/noir.</td><td>Toute la feuille est colorée en violet/noir.</td><td>La partie centrale est jaune.
La partie autour de la partie centrale est violet/noir.</td><td>La partie centrale est jaune.
La partie autour de la partie centrale est violet/noir.</td></tr>
<tr><td>Interprétation</td><td>Présence d'amidon sur toute la feuille.</td><td>Présence d'amidon sur toute la feuille.</td><td>Absence d'amidon dans la partie centrale.
Présence d'amidon autour.</td><td>Absence d'amidon dans la partie centrale.
Présence d'amidon autour.</td></tr>
</table>

Sujet national, juin 2019

L'eau et les sels minéraux comme l'azote, le phosphore et le potassium sont indispensables pour satisfaire les besoins nutritifs des végétaux.
Dans ce sujet, on s'intéresse au lieu de prélèvement de l'eau et des sels minéraux au niveau d'un végétal.

Document 1

Organisation générale d'un végétal avec ses principaux organes

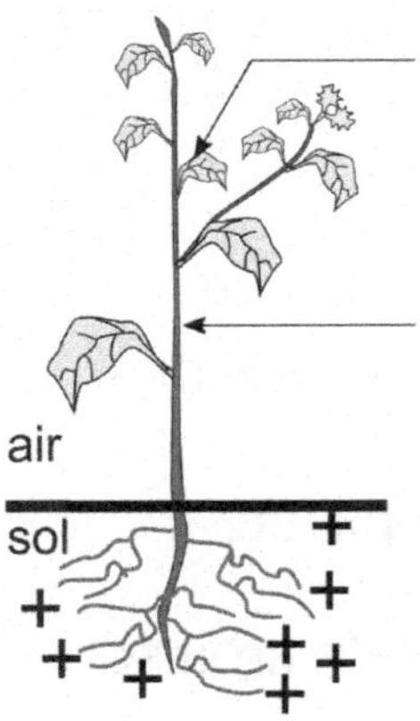

La feuille capte un maximum de lumière et prélève du dioxyde de carbone, ce qui permet de fabriquer de la matière organique (sucres) grâce à la photosynthèse.

La tige porte les feuilles. Elle est également le lieu de trasnport de la sève brute et de la sève élaborée.

La racine permet d'ancrer le végétal dans le sol, de prélever l'eau et les sels minéraux (azote, potassium...) et de stocker des réserves.

D'après le site snv.jussieu.fr et svt.ac-dijon.fr/schéma.

1. Recopier le schéma ci-après et relier chaque substance minérale à l'organe qui la prélève en utilisant le document 1.

substances minérales	organes du végétal
l'eau	la feuille
le dioxyde de carbone	la tige
l'azote	la racine

Il s'agit ici de bien lire la consigne puisque l'on demande de « relier chaque substance minérale » à l'organe qui la prélève. Autrement dit, tous les organes proposés ne sont pas obligatoirement utilisés. Prenez le temps de bien lire le document 1 référent et surlignez les 3 substances minérales que vous devez repérer, vous permettant de les relier à l'organe du végétal qui les prélève.

On s'intéresse à l'absorption racinaire par la plantule.

Document 2

Expériences permettant de déterminer le lieu d'absorption de l'eau et des sels minéraux

Document 2a

Observation d'une plantule à la loupe binoculaire

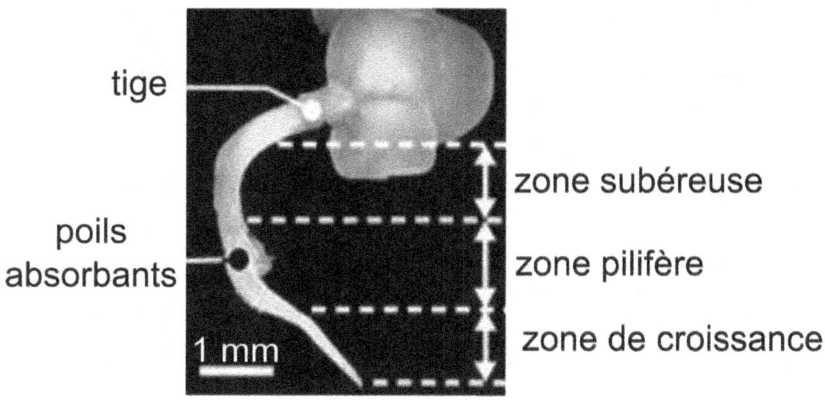

La racine est constituée de trois zones distinctes.
Pour déterminer quelle(s) zone(s) de la racine absorbe l'eau et les sels minéraux, les différentes parties de la racine sont placées dans l'eau minéralisée ou dans l'huile selon l'hypothèse testée (voir le tableau ci-après).

Document 2b

Expérience permettant de rechercher la/les zone(s) d'absorption racinaire

Précisions :
- L'huile et l'eau ne se mélangent pas, il n'y a pas d'échanges entre ces 2 fluides.
- L'huile est moins dense que l'eau ; ainsi elle se trouve au-dessus de l'eau dans le récipient.
- L'huile ne peut pas être absorbée par la plante et n'est pas toxique.
- L'huile ne contient ni eau ni sels minéraux.

Conditions expérimentales et résultats :

	Tube 1	Tube 2	Tube 3
Début de l'expérience	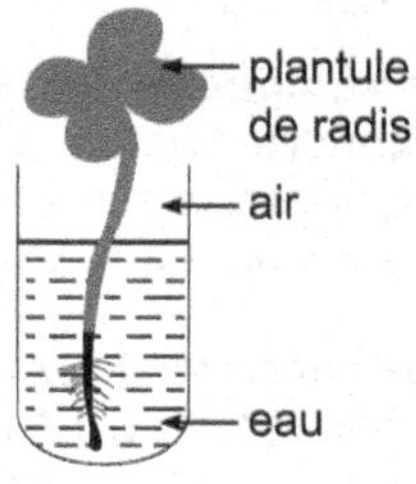	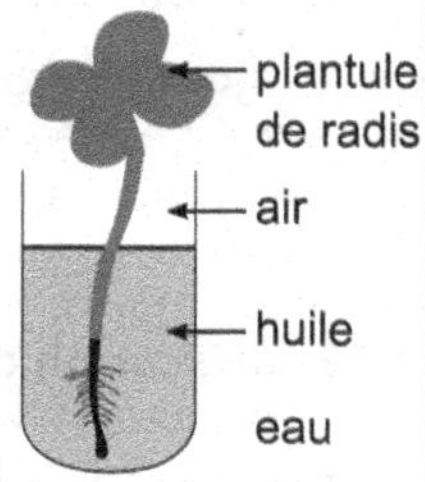	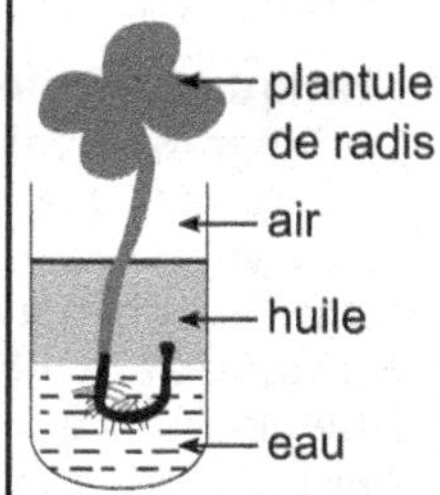
Fin de l'expérience	Le végétal vit et se développe.	Le végétal meurt au bout de quelques jours.	Le végétal vit et se développe.

2. À partir des documents 2a et 2b, choisir parmi les trois propositions suivantes l'hypothèse testée dans l'expérience précédente et la recopier sur la copie.
Hypothèse 1 : la zone subéreuse absorbe l'eau et les sels minéraux.
Hypothèse 2 : la zone de croissance absorbe l'eau et les sels minéraux.
Hypothèse 3 : la zone pilifère absorbe l'eau et les sels minéraux.

> Le document 2a informe des 3 différentes zones de la racine correspondant aux 3 hypothèses. Dans le document 2b, on réalise deux témoins (positif puis négatif) en insérant la totalité des 3 zones dans de l'eau (tube 1) où le végétal vit et dans de l'huile (tube 2) où le végétal meurt. Dans le troisième tube, seule la zone pilifère (zone du mi lieu avec les poils absorbants) est placée dans l'eau. Si le végétal survit, on en déduira que c'est bien cette zone qui absorbe l'eau et les sels minéraux, autrement si le végétal meurt, on pourra en déduire que ce n'est pas cette zone.

3. À partir des documents 2a et 2b, décrire sur votre copie une expérience constituée de plusieurs tubes qui permet de tester l'hypothèse suivante :
« La zone de croissance est aussi une zone d'absorption d'eau et de sels minéraux. »Vous pouvez répondre sous la forme d'un texte ou d'un schéma.

> Si on veut tester les hypothèses 1 et 2, on place seulement la zone racinaire concernée par l'hypothèse dans l'eau, en plus d'effectuer les 2 témoins déjà présentés dans le document 2b.

On s'intéresse maintenant à l'absorption de l'azote par les végétaux et à l'amélioration de la production des cultures. L'azote est indispensable pour la croissance des végétaux.

Document 3

Présentation de deux pratiques agricoles pour satisfaire les besoins d'une plante non légumineuse (céréale comme le blé) en azote

Pratique agricole n° 1 : ajout d'engrais chimique azoté
De l'engrais chimique azoté peut être apporté chaque année dans les cultures de céréales. Quand l'apport est trop important, le surplus qui n'est pas absorbé par le végétal se retrouve dans les cours d'eau, ce qui peut perturber les écosystèmes et engendrer des pollutions.

Pratique agricole n° 2 : utilisation des bactéries Rhizobium
Une alternative à l'ajout d'engrais consiste à cultiver des légumineuses l'année qui précède la culture de céréales. En effet, la racine de légumineuses (pois chiche, luzerne, etc.) possède des structures sphériques, appelées nodosités, qui renferment des bactéries du genre **Rhizobium.**
Ces bactéries présentes naturellement dans le sol sont capables de capter l'azote atmosphérique présent dans les poches d'air du sol et de le transformer en azote utilisable par les végétaux. Après la récolte des légumineuses, il reste dans le sol des feuilles, des racines et des nodosités riches en azote. Les céréales nouvellement cultivées utilisent l'azote issu de ces restes de cultures de légumineuses.

Document 4

Cultures de pois chiche (légumineuse) dans trois conditions culturales différentes
Graphique montrant la quantité de matière sèche produite par le pois chiche dans trois conditions de cultures différentes

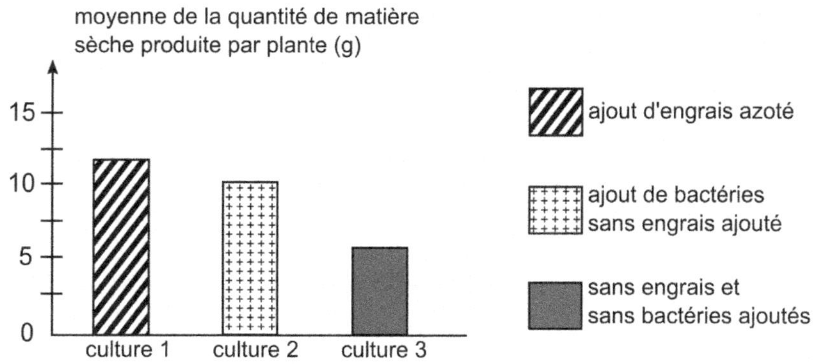

La matière sèche produite par la plante permet d'évaluer la production de pois chiche.

4. À partir des documents 3 et 4, comparer les deux pratiques agricoles utilisées pour améliorer la production des cultures.

Pour répondre, rédiger un paragraphe sur votre copie. Des valeurs chiffrées sont attendues.

> Dans un premier temps, repérez les éléments de la question à laquelle vous devez répondre, à savoir « comparer les deux pratiques agricoles ». On peut par exemple utiliser un tableau de comparaison au brouillon permettant la rédaction du paragraphe sur votre copie. Vous reprenez ensuite les documents 3 et 4 et complétez au brouillon votre tableau au fur et à mesure de la lecture. Attention de ne pas réécrire les textes sans les comprendre. Il est important que votre correcteur voie que vous avez bien saisi ce que l'on vous demande. Et n'oubliez pas tous les éléments de la consigne, à savoir les valeurs chiffrées du document 4.

1.

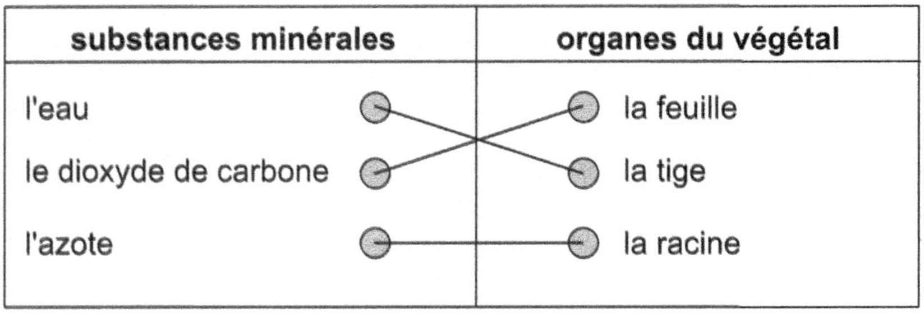

2. L'hypothèse testée dans l'expérience précédente est l'hypothèse 3 : la zone pilifère absorbe l'eau et les sels minéraux.

3. On cherche à tester l'hypothèse 2 « La zone de croissance absorbe aussi l'eau et les sels minéraux ».

Pour cela, il est essentiel de conserver les deux premiers tubes témoins réalisés dans le document 2b et d'y faire une autre expérience où l'on place uniquement la zone de croissance dans l'eau.

	Tube 1 témoin positif	**Tube 2 témoin négatif**	**Tube 4 expérience testant l'hypothèse 2**
Condition de l'expérience	Racine totale placée dans l'eau	Racine totale placée dans l'huile	Zone de croissance de la racine placée dans l'eau. Les zones subéreuse et pilifère sont placées dans l'huile.
Fin de l'expérience	Le végétal vit et se développe.	Le végétal meurt au bout de quelques jours.	
Interprétation	La racine absorbe l'eau et les sels minéraux.	La racine ne peut pas absorber l'eau et les sels minéraux dans l'huile.	Si le végétal survit, on en déduira que la zone de croissance participe aussi à l'absorption de l'eau et des sels minéraux. Si le végétal meurt, on en déduira que la zone de croissance ne participe pas à l'absorption de l'eau et des sels minéraux.

4. On cherche ici à comparer deux pratiques agricoles utilisées pour améliorer la culture. Les comparaisons se situent sur cinq niveaux différents :

- **La méthode** : La première ajoute de l'engrais chimique azoté alors que la seconde utilise des bactéries Rhizobium issues de la culture de légumineuses.
- **Le principe** : La première pratique ajoute directement de l'azote alors que la deuxième pratique utilise l'azote transformé par les légumineuses.
- **La fréquence** : La première est à renouveler 1 fois par an alors que la seconde nécessite une culture de légumineuse un an auparavant.
- **L'écologie** : La deuxième pratique semble moins perturber les écosystèmes.

– **La production** : Même si l'utilisation de la première pratique semble plus productive sur la culture de pois chiche, la différence reste tout de même très faible (12 g de matière sèche produite pour une culture avec la pratique n° 1 contre 10 g de matière sèche produite pour une culture avec la pratique n° 2 par rapport à une culture qui n'utilise ni engrais, ni bactérie (soit environ 6 g de matière sèche produite).
Ces points de comparaison peuvent être répertoriés sous forme de tableau.

Comparaison de deux pratiques agricoles utilisées pour améliorer la culture			
		Pratique agricole n° 1	**Pratique agricole n° 2**
Document 3	Méthode	Ajout d'engrais chimique azoté	Utilisation des bactéries *Rhizobium* issues de la culture de légumineuses
	Fréquence	1 fois par an	1 an avant la culture voulue
	Principe	Apport d'azote direct	Azote atmosphérique capté par les légumineuses et transformé en azote utilisable par les végétaux
	Écologie	Surplus d'azote retrouvé dans les cours d'eau pouvant perturber les écosystèmes et engendrer la pollution	Utilisation de l'azote concentré dans les restes de feuilles, les racines et les nodosités issues des légumineuses
Document 4	Production	Très forte (environ 12 g de matière sèche)	Forte (environ 10 g de matière sèche)

Sujet national, juin 2018

Dans ce sujet, on s'intéressera à une maladie, le tétanos.

Un médecin reçoit aux urgences hospitalières un patient qui s'est sérieusement blessé avec un outil de jardinage. Dans un premier temps, la plaie est nettoyée et désinfectée. Le médecin décide de prévenir rapidement le risque de tétanos.
Le tétanos est une maladie provoquée par une toxine produite par une bactérie, *Clostridium tetani*. La vaccination contre le tétanos protège de cette maladie.

Document 1

Calendrier simplifié permettant de se tenir à jour* dans ses vaccinations

Âge approprié / Vaccins	1 mois	2 mois	4 mois	5 mois	11 mois	12 mois	16 - 18 mois	6 ans	11 - 13 ans	25 ans	45 ans	65 ans	Tous les 10 ans... 75 ans, 85 ans...
BCG	X												
Diphtérie - Tétanos - Poliomyélite		X	X		X			X	X	X	X	X	X
Rougeole - Oreillons - Rubéole						X	X						
X : injection d'un vaccins													

D'après le site http://inpes.santepubliquefrance.fr, 2017.

*être à jour dans ses vaccinations signifie avoir reçu les vaccins recommandés selon son âge et avec le bon nombre d'injections pour être protégé.

1. Le carnet de santé du patient indique qu'il a été vacciné contre le tétanos à 2 mois, 4 mois, 11 mois, 6 ans et 13 ans. À partir du document 1, justifier que le patient, actuellement âgé de 33 ans, n'est plus à jour dans sa vaccination contre le tétanos.

Dans le cas d'un patient qui n'est plus à jour dans sa vaccination contre le tétanos, le médecin prescrit un test de dosage sanguin des anticorps spécifiques antitoxine tétanique**. Le résultat du dosage permet de déterminer le traitement à lui appliquer sans tarder.

***anticorps spécifiques antitoxine tétanique* : molécules produites par les lymphocytes (cellules impliquées dans les défenses immunitaires) suite à une vaccination contre le tétanos. Ces anticorps neutralisent la toxine tétanique, l'empêchant d'exercer son action.

Repérez les éléments donnés dans le document 1. On s'intéresse uniquement au vaccin contre le tétanos et aux âges appropriés pour recevoir ce vaccin.

Document 2

Protocole du dosage rapide des anticorps spécifiques antitoxine tétanique dans le sang d'un patient

- Une goutte de sang prélevée au niveau du doigt est déposée sur une plaquette-test, puis quelques gouttes d'un diluant sont ajoutées.
- Dix minutes plus tard, une ou deux bandes colorées apparaissent dans la zone de lecture.
  - Si une seule bande se colore, le patient n'est pas ou est insuffisamment protégé contre le tétanos, le test est dit négatif.
  - Si deux bandes se colorent, la personne est immunisée contre le tétanos, le test est dit positif.

Plaquette utilisée pour le dosage rapide des anticorps antitoxine tétanique

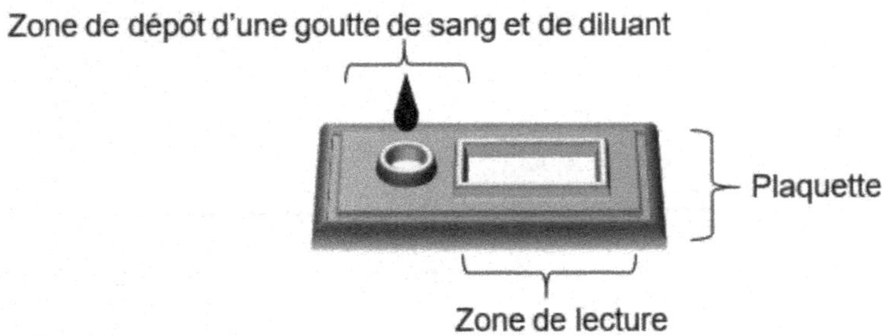

2. À partir du document 2, réaliser le schéma légendé d'une plaquette-test correspondant à un résultat négatif de dosage des anticorps, obtenu pour un patient qui n'est plus immunisé contre le tétanos.

Il s'agit ici de bien repérer dans le texte du document 2 le nombre de bandes correspondant à un résultat négatif.

Document 3

Arbre décisionnel des étapes à suivre pour un patient blessé par un outil de jardinage

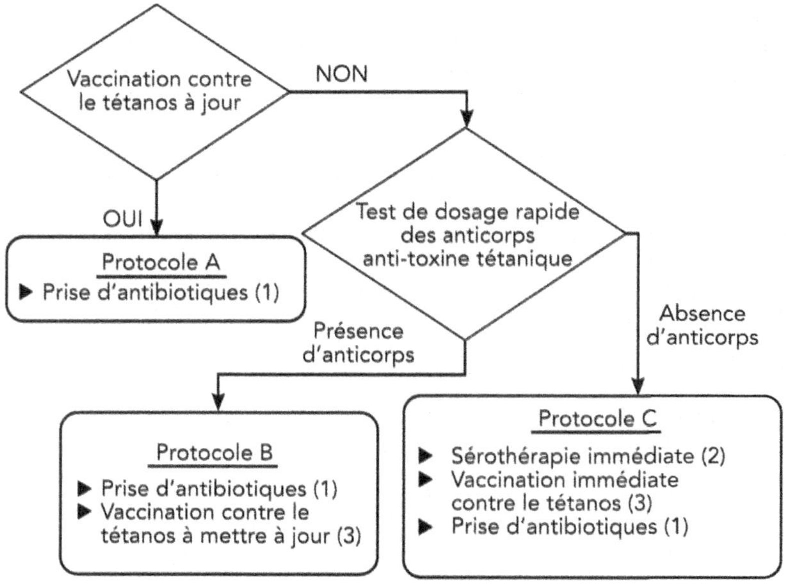

(1) Les antibiotiques stoppent l'infection due aux nombreuses bactéries présentes sur l'outil de jardinage.
(2) La sérothérapie est une injection d'anticorps antitoxine tétanique, la protection est quasi immédiate et ne dure que quelques jours.
(3) Seule la vaccination contre le tétanos assure une immunisation supérieure à 10 ans contre la toxine tétanique.

D'après E. Pilly, *Maladies infectieuses et tropicales*, CMIT, 2016.

3. a) À partir du document 3, citer les étapes de l'arbre décisionnel qui amènent le médecin à appliquer le protocole C.

> Repérez le protocole C et effectuez le chemin avec un surligneur ou un feutre sur votre document. Commencez à lire le document 3 en haut à gauche par « Vaccination contre le tétanos » et suivez les différentes étapes conduisant au protocole C.

b) Les trois éléments du protocole C sont : la sérothérapie immédiate, la vaccination immédiate et la prise d'antibiotiques. À partir du document 3, justifier la nécessité des trois éléments du protocole C à appliquer à ce patient qui s'est blessé avec un outil de jardinage.

> Repérez dans le document 3 les légendes (1), (2) et (3) pour chaque processus du protocole C. Reprenez les informations données précédemment en les surlignant dès qu'elles font référence aux anticorps antitoxine tétanique (quel est leur rôle et par qui sont-ils produits ?) et à l'agent responsable du tétanos (bactérie).

1. Selon le document 1, les vaccins Diphtérie-Tétanos-Poliomyélite doivent être effectués à 2 mois, 4 mois, 11 mois, 6 ans, 11-13 ans puis 25 ans et 45 ans. Le patient est âgé de 33 ans et sa dernière vaccination remonte à l'âge de 13 ans selon son carnet de vaccination. Le dernier vaccin aurait dû être effectué à 25 ans, mais cela n'est pas le cas ; il a donc 8 ans de retard sur son vaccin et n'est plus à jour dans sa vaccination contre le tétanos.

2.

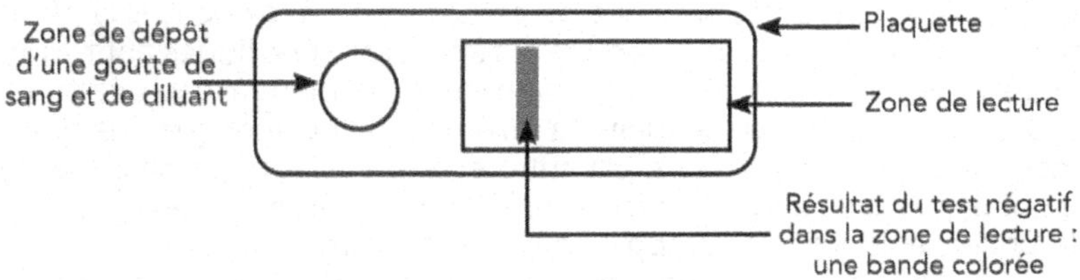

3. a) Le médecin regarde le carnet de vaccination du patient et constate que la vaccination n'est pas à jour (supérieur à 8 ans dans notre cas, voir question 1). Suite à cette non-vaccination, il effectue un dosage rapide des anticorps antitoxine tétanique et constate que le test revient négatif et que donc le patient ne possède pas d'anticorps contre le tétanos (question 2). Il met donc en place le protocole C, à savoir sérothérapie immédiate, vaccination immédiate contre le tétanos et prise d'antibiotiques.

Résulats négatifs sur une plaquette utilisée pour le dosage rapide des anticorps anti-toxine.

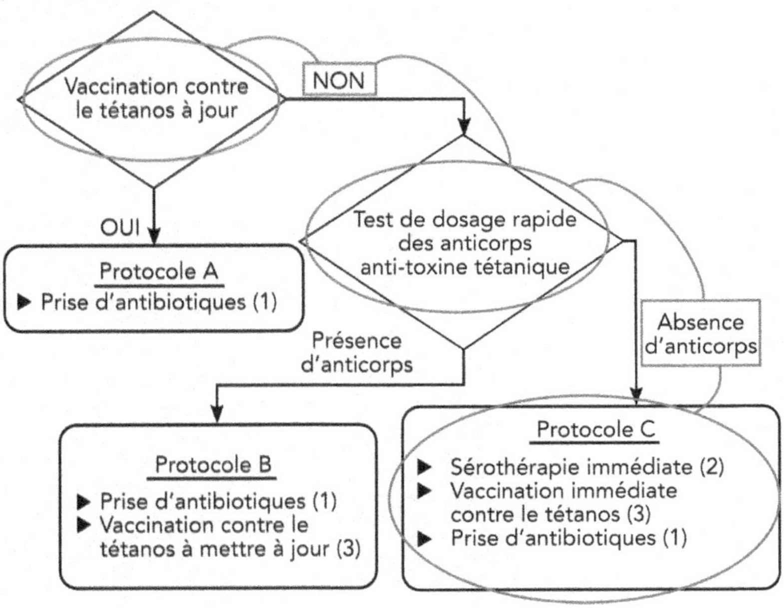

b) Le patient s'est blessé avec un outil de jardinage et n'a pas les vaccins à jour contre le tétanos et ne possède pas d'anticorps antitoxine tétanique.
Il convient d'effectuer une sérothérapie immédiate ayant pour but d'injecter les anticorps antitoxine tétanique qui vont neutraliser immédiatement la toxine tétanique produite par la bactérie *Clostridium tetani* et l'empêcher d'agir. La sérothérapie joue le rôle des lymphocytes si le patient avait été vacciné.
Le patient n'étant plus protégé contre le tétanos, la vaccination (contribuant à la mémoire immunitaire) contre le tétanos permettra de le protéger contre la toxine tétanique en cas de nouvelle blessure ou contact avec la toxine. Les lymphocytes du patient seront en mesure de produire les anticorps spécifiques antitoxine tétanique et de neutraliser la toxine sans besoin d'effectuer à nouveau une sérothérapie. Dans le cas de la blessure actuelle, la sérothérapie ne dure que quelques jours (document 3). Les lymphocytes du patient prendront le relais passé ce délai grâce à la vaccination si elle a été effectuée immédiatement après la blessure.
Enfin la prise d'antibiotiques stoppe l'infection en éliminant les bactéries qui ne peuvent donc plus se multiplier et donc ne peuvent plus produire la toxine.

Sujet zéro du ministère, décembre 2017

En été, certains étangs sont envahis par une plante, l'élodée de Nutall. En 2009, la prolifération a été si forte que plusieurs journaux ont produit des articles décrivant ce phénomène dans la région des Hauts-de-France. Pour comprendre comment les élodées peuvent envahir l'étang, on s'intéresse d'abord à leurs besoins nutritifs. Les élodées étant des végétaux verts, on suppose qu'elles fabriquent leur propre matière organique en présence de lumière et en utilisant le dioxyde de carbone et de la matière minérale.

On réalise les expériences décrites dans le tableau ci-dessous (document 1). La recherche de la matière organique produite par l'élodée se fait par une coloration à l'eau iodée : une coloration noirâtre révèle la présence d'amidon. L'amidon fait partie de la matière organique.

Document 1

Cultures d'élodées dans différentes conditions et recherche de matière organique

	Élodées placées à la lumière et dans une eau riche en dioxyde de carbone.	**Élodées placées à la lumière et dans une eau appauvrie en dioxyde de carbone.**
Observations au microscope des feuilles d'élodées au début de l'expérimentation après coloration à l'eau iodée	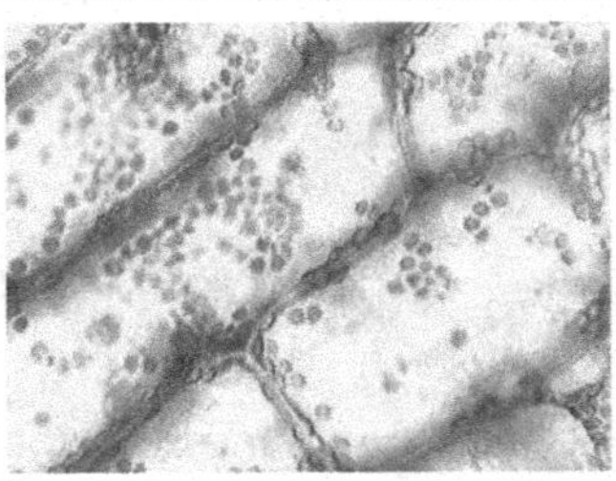	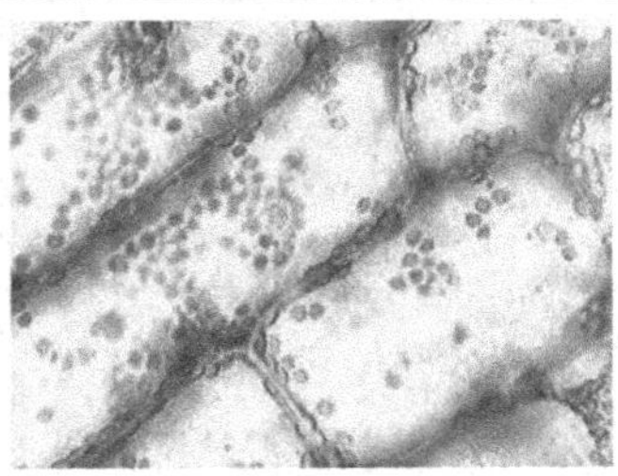
Observations au microscope des feuilles d'élodées à la fin de l'expérimentation après coloration à l'eau iodée	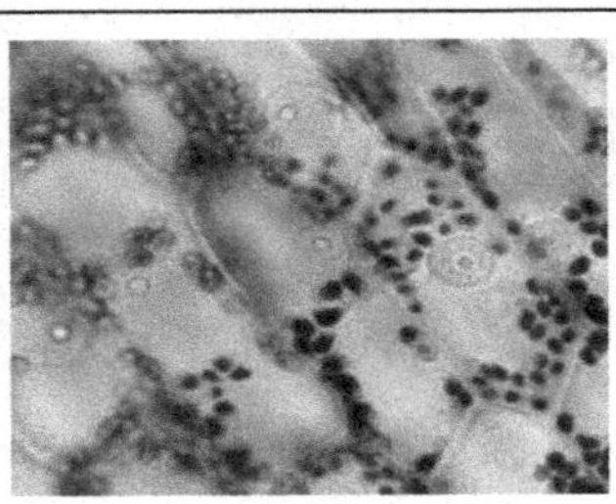	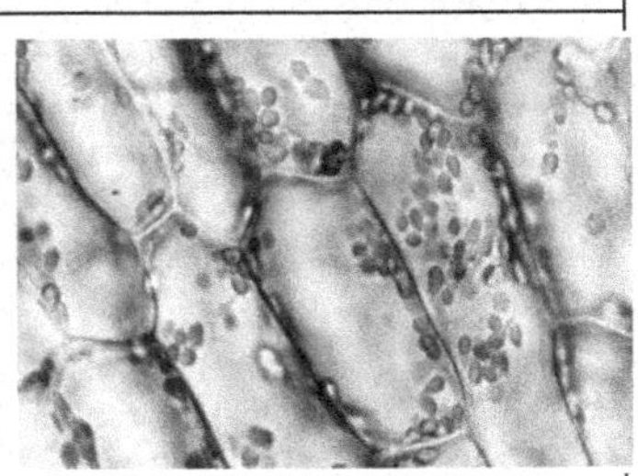

Détail d'une cellule	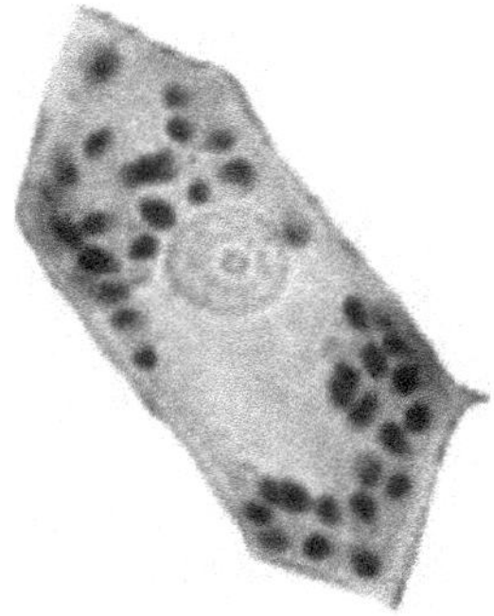 0,05 mm	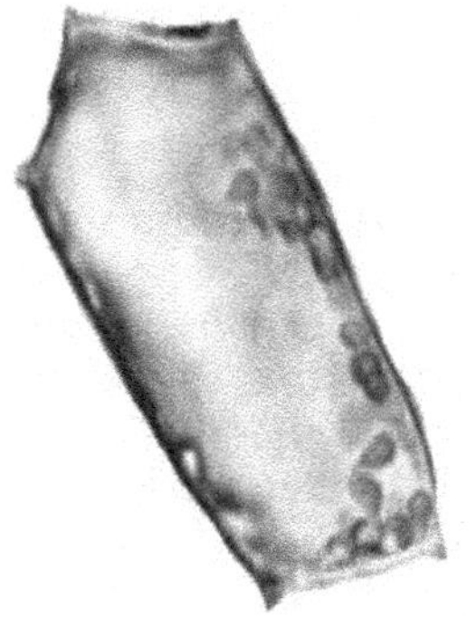 0,05 mm

1. Trouver la bonne réponse.
L'expérience, réalisée et présentée dans le document 1, permet :

a) de tester le rôle de la lumière dans la production de matière organique et de montrer que la lumière est indispensable pour cette production.

b) de tester le rôle de la lumière dans la production de matière organique et de montrer que la lumière n'a pas de rôle dans cette production.

c) de tester le rôle du dioxyde de carbone dans la production de matière organique et de montrer que le dioxyde de carbone est indispensable pour cette production.

d) de tester le rôle du dioxyde de carbone dans la production de matière organique et de montrer que le dioxyde de carbone n'a pas de rôle dans cette production.

> Les deux expériences sont réalisées en présence de lumière, elles ne permettent donc pas de tester le rôle de la lumière. Lorsqu'il y a présence de dioxyde de carbone, on observe une coloration noire dans des grains ronds (ce sont les chloroplastes) de la cellule de l'élodée. Or dans l'eau appauvrie en dioxyde de carbone, les chloroplastes restent verts.

Pour comprendre comment les élodées ont pu envahir l'étang, on cherche le rôle d'un composé chimique, l'azote, contenu dans l'eau de l'étang.
On cultive six lots d'élodées de Nutall en contrôlant pour chacun des lots la concentration en azote dans le liquide apporté aux plantes. Le graphique ci-dessous (document 2) présente les résultats obtenus en 7 jours.

Document 2 : taille de l'élodée et quantité d'azote

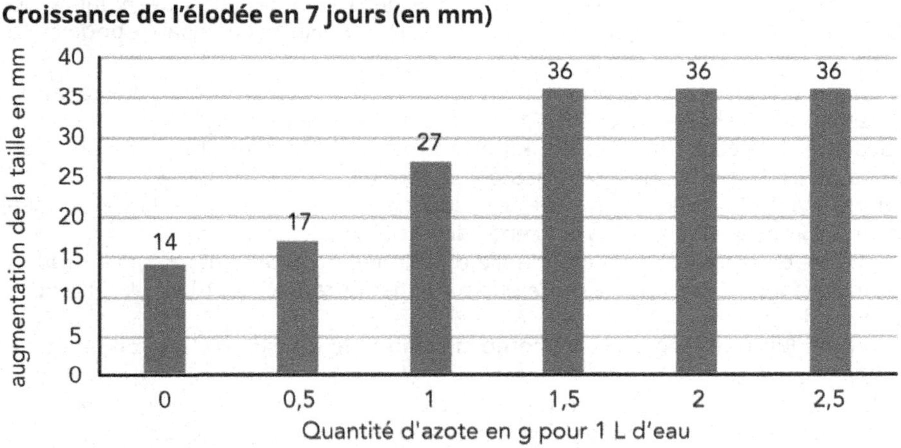

Source : à partir de Siences-project.com et du site de SVT de l'académie de Toulouse.

2. Déduire de cette expérience le rôle de l'azote dans la croissance des élodées.

La prolifération de l'élodée de Nutall dans les étangs gène les activités nautiques et aquatiques et a un impact économique fort sur le tourisme. Or certaines villes, comme celle dont il est question ci-dessous, réussissent à les éliminer en un an. On cherche à comprendre selon quel procédé.

En 2009, les analyses de l'eau des étangs de cette ville où prolifèrent les élodées de Nutall ont mis en évidence la présence de taux anormalement élevés de composés chimiques qui stimulent la croissance des élodées. On sait que ces substances minérales peuvent avoir plusieurs origines mais qu'elles proviennent essentiellement des champs cultivés et sont apportées par les eaux de ruissellement qui se déversent dans les étangs.

Pour l'un des étangs envahis la ville a décidé :

- de concevoir et de fabriquer un bateau qui est une tondeuse subaquatique d'élodée de Nutall ;
- d'informer les agriculteurs sur les bons dosages d'engrais à utiliser ;
- de traiter certaines des eaux d'écoulement qui arrivent dans les étangs.

> Comparer la valeur correspondant à l'augmentation de la taille de l'élodée (axe verticale) à celle indiquant la quantité d'azote présente dans le milieu (axe horizontale) et indiquer comment la taille de l'élodée évolue en fonction de la quantité d'azote.

3. Expliquer comment les trois actions entreprises par la ville ont pu permettre d'éliminer l'élodée de Nutall en un an.

> Repérez à l'aide d'un surligneur, dans le texte et les documents précédents, les différents éléments agissants sur la croissance et la prolifération de l'élodée et réalisez le lien avec les actions mises en œuvre.

1. L'expérience, réalisée et présentée dans le document 1, permet :

c) de tester le rôle du dioxyde de carbone dans la production de matière organique et de montrer que le dioxyde de carbone est indispensable pour cette production.

2. Dans cette expérience, on étudie l'impact de la concentration en azote sur la croissance de l'élodée. On remarque que jusqu'à une concentration de 1,5 g/L d'azote, plus la concentration est importante et plus l'élodée est grande. En effet, on passe de 14 mm pour 0 g/L d'azote à 36 mm pour 1,5 g/L d'azote.

Lorsque la concentration en azote est supérieure à 1,5 g/L, la taille de l'élodée reste à 36mm quelque soit la concentration appliquée.

L'azote joue un rôle dans la croissance de l'élodée puisque plus la concentration est importante, plus la taille de l'élodée augmente rapidement jusqu'à atteindre un seuil de 36 mm.

On en déduit que l'azote est un composé chimique qui stimule la croissance de l'élodée.

3. La première action est de concevoir et de fabriquer un bateau qui est une tondeuse subaquatique d'élodée de Nutall. La tondeuse va avoir pour rôle de réduire considérablement la masse d'élodée dans les étangs et de moins gêner les activités aquatiques et nautiques. La coupe évite également leur reproduction et donc la prolifération des élodées.

La deuxième action consiste à informer les agriculteurs sur les bons dosages d'engrais à utiliser. Les engrais contiennent des composés chimiques tels que l'azote, qui stimule la croissance des élodées comme expliqué dans la question 2. Il s'agit là d'informer les agriculteurs afin de trouver des alternatives et d'utiliser moins de composés chimiques dans les champs, puisque ces derniers vont s'infiltrer dans le sol et rejoindre les eaux d'écoulement qui atteindront ensuite les étangs pour stimuler la croissance des élodées. Ainsi, utiliser moins d'engrais permet de réduire la concentration de composés chimiques dans les eaux et donc de réduire la croissance et la prolifération des élodées.

Enfin, la dernière action est de traiter certaines des eaux d'écoulement qui arrivent dans les étangs. Comme dit précédemment, les eaux d'écoulement contiennent les composés chimiques des engrais utilisés dans les champs cultivés. Ces eaux ruissèlent jusqu'aux étangs contenant les élodées et apportent les composés chimiques stimulants leur croissance. Le traitement de ces eaux (dans une station d'épuration) permet une élimination totale ou partielle de ces composés et ainsi de réduire la concentration en composés chimiques comme l'azote et donc de réduire la croissance des élodées et leur prolifération.

De ce fait, ces trois actions agissent sur la croissance, la reproduction et donc la prolifération des élodées dans les étangs et peuvent permettre de les éliminer en un an.

Sujet national, juin 2017

L'énergie

L'exploitation des ressources énergétiques est liée à l'augmentation de la population mondiale et de ses nouveaux besoins.
Le sujet d'étude porte sur les solutions envisagées pour répondre aux besoins croissants tout en limitant l'impact environnemental.

L'augmentation de la population mondiale et des différents besoins en énergie s'accompagne d'une consommation de pétrole de plus en plus forte. L'augmentation de l'exploitation des ressources en pétrole entraîne un appauvrissement rapide de celles-ci.

Document 1

Productions énergétiques mondiales en 2012
(en Mtep : Mégatonne équivalent pétrole*)

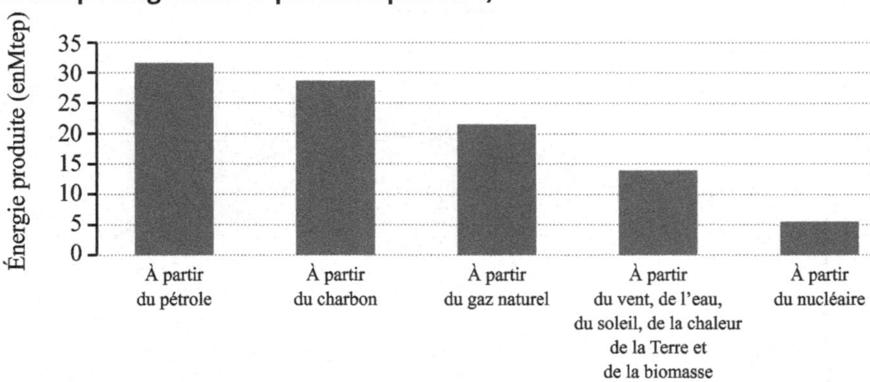

D'après les données du Key World Energy Statistics 2014 de l'AIE.

*La Mégatonne équivalent pétrole est une unité de mesure de l'énergie utilisée en économie et dans l'industrie.

Une énergie non renouvelable désigne l'énergie que l'on produit à partir de la combustion de matières premières fossiles d'origine organique (issues d'êtres vivants) : le pétrole, le charbon et le gaz naturel. Elle n'est pas renouvelable à l'échelle d'une vie humaine.

Une énergie renouvelable est une ressource énergétique dont le renouvellement naturel est assez rapide pour qu'elle puisse être considérée comme inépuisable à l'échelle d'une vie humaine.

L'énergie solaire, l'énergie éolienne, l'énergie hydraulique et l'énergie biomasse[1] sont des types d'énergies renouvelables.

1. L'énergie biomasse provient de la combustion de matières vivantes (bois, végétaux, déchets agricoles, ordures ménagères organiques) ou du biogaz issu de la fermentation de ces matières, dans des centrales.

1. En utilisant les données du document 1, comparer la part des sources d'énergies renouvelables à celle des sources d'énergies non renouvelables en 2012 dans les productions énergétiques mondiales.

> Additionner les valeurs des énergies produites pour les énergies non renouvelables, puis comparer le résultat obtenu avec la valeur de l'énergie produite à partir des énergies renouvelables.

Document 2

Évolution de la production et de la consommation mondiale de pétrole (en millions de barils par jour) entre 1975 et 2035

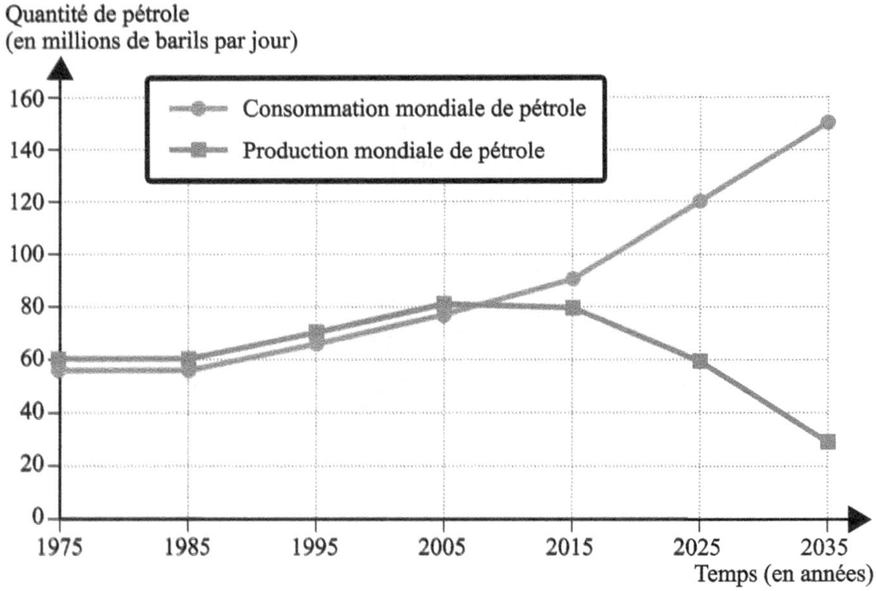

2. a) Comparer les courbes de la production mondiale et de la consommation mondiale de pétrole depuis 2005.

b) Formuler le problème auquel l'être humain est confronté depuis 2015.

> Votre étude de courbes doit être précise, c'est-à-dire qu'il est nécessaire de faire une lecture graphique afin de donner des valeurs précises en 2005, puis 2015, 2025 et 2030 pour la production et la consommation mondiale de pétrole.
> Pour formuler le problème auquel l'être humain est confronté, utiliser votre analyse des courbes précédentes ainsi que le petit texte d'introduction du sujet.

Document 3

La transition énergétique pour la croissance verte (croissance économique respectueuse de l'environnement naturel)

La loi du 17 août 2015 relative à la transition énergétique pour la croissance verte est une loi qui engage le pays tout entier : citoyens, entreprises, territoires, pouvoirs publics. Elle va permettre à la France de renforcer son indépendance énergétique [...] et donne à tous des outils concrets pour accélérer la croissance verte.
Le discours de Ségolène Royal[2] du 25 avril 2016 fixe : « ... l'objectif d'augmenter de 50 % la capacité installée[3] des énergies renouvelables d'ici 2023 ».

D'après http://www.gouvernement.fr/action/la-transition-energetique-pour-la-croissance-verte.

Document 4

Estimation de l'épuisement des ressources énergétiques disponibles (en prenant en compte le rythme actuel de consommation et de production)

Énergies/ressources	Pétrole	Gaz	Charbon	Éolienne[4]	Solaire
Estimation de la durée de l'épuisement des stocks	54 ans	63 ans	112 ans	Jamais	Jamais

3. En vous appuyant sur les documents 3 et 4, identifier et argumenter les objectifs relatifs à la transition énergétique pour la croissance verte.

> Pour faciliter l'organisation de votre réponse, relire les documents 3 et 4 en surlignant de deux couleurs différentes les objectifs de la ministre et les arguments en faveur de la transition énergétique, puis rédiger.

2. Ministre de l'Environnement, de l'Énergie et de la Mer.
3. Installations technologiques permettant de produire de l'énergie renouvelable (éoliennes, panneaux solaires...).
4. *Énergie éolienne* : énergie produite à partir du vent.

1. La part des sources d'énergies renouvelables (vent, eau, soleil, chaleur de la Terre et biomasse) est d'environ 14 Mtep (Mégatonne équivalent pétrole) en 2012 alors que la part des énergies non renouvelables (pétrole, charbon, gaz naturel et le nucléaire) est d'environ 88 Mtep (environ 31 Mtep pour le pétrole, 29 Mtep pour le charbon, 21 Mtep pour le gaz et 5 Mtep pour le nucléaire).
Ainsi, ce sont essentiellement les énergies non renouvelables qui sont utilisées : leur part est presque six fois plus importante que pour les énergies renouvelables.
Remarque : le nucléaire est une énergie utilisant la fission du minerai d'uranium, ayant des réserves limitées mais non issues des êtres vivants. Compte tenu de la définition des énergies renouvelables proposée dans le sujet, il est possible que certains élèves n'aient pas inclus les 5 Mtep du nucléaire dans le calcul précédent, mais cela ne change en rien le raisonnement.

2. a) En 2005, la production mondiale de pétrole était égale à la consommation à savoir environ 80 barils par jour. Jusqu'en 2015, la production est restée constante tandis que la consommation a augmenté légèrement à environ 90 barils par jour. Les projections pour 2025 puis 2035 montrent une réduction conséquente de la production à 60 puis 30 barils par an alors que la consommation va exploser à 120 puis 150 barils par jour.

b) L'être humain est confronté au problème d'une consommation toujours plus importante d'énergie : la population mondiale augmente, l'utilisation de plus en plus importante d'appareils électriques et électroniques pour une partie de la population dont le niveau de vie augmente. Or, les ressources en énergies non renouvelables telles que le pétrole s'épuisent progressivement et les états producteurs sont amenés à réduire leur production. Il y a donc nécessité de se tourner vers des sources d'énergie renouvelables et respectueuses de l'environnement.

3. Les objectifs fixés par la ministre de l'Environnement, de l'Énergie et de la Mer, Madame Ségolène Royal en avril 2016 sont d'augmenter la capacité de 50 % des énergies renouvelables pour 2023 soit dans 7 ans, c'est-à-dire de doubler la production de ces énergies (solaire, éolien, biomasse, hydraulique).
La loi relative à la transition énergétique doit permettre de satisfaire l'augmentation des besoins énergétiques. En effet, les réserves en énergies fossiles s'épuisent peu à peu : 54 ans pour le pétrole, 63 ans pour le gaz, 112 ans pour le charbon. Ainsi, dans un peu plus d'un siècle, nous n'aurons plus d'énergies fossiles d'après les projections faites à partir du rythme actuel de production et de consommation. Il est donc indispensable de prévoir cette transition énergétique. L'éolien et le solaire sont des sources d'énergies inépuisables.
Il est également nécessaire de respecter davantage l'environnement. En effet, l'utilisation des énergies fossiles produit du CO_2, gaz à effet de serre responsable en partie du réchauffement climatique tandis que les énergies renouvelables n'en produisent pas.
Cette transition énergétique concerne tout le monde, citoyens, entreprises, territoires, pouvoirs publics... tous ces acteurs doivent travailler ensemble pour arriver à ces objectifs : permettre l'indépendance énergétique de la France, le développement économique et le respect de l'environnement.

Technologie

Sujet national, juin 2022

De plus en plus de déchets flottent en mer, polluent les eaux et intoxiquent les animaux.
La collecte de ces déchets, triés puis recyclés permet d'économiser les ressources naturelles non renouvelables (pétrole, aluminium...), de limiter les émissions de gaz à effet de serre, de préserver la faune et la flore subaquatiques.
L'étude porte sur un robot collecteur de déchets se déplaçant de façon autonome sur l'eau.

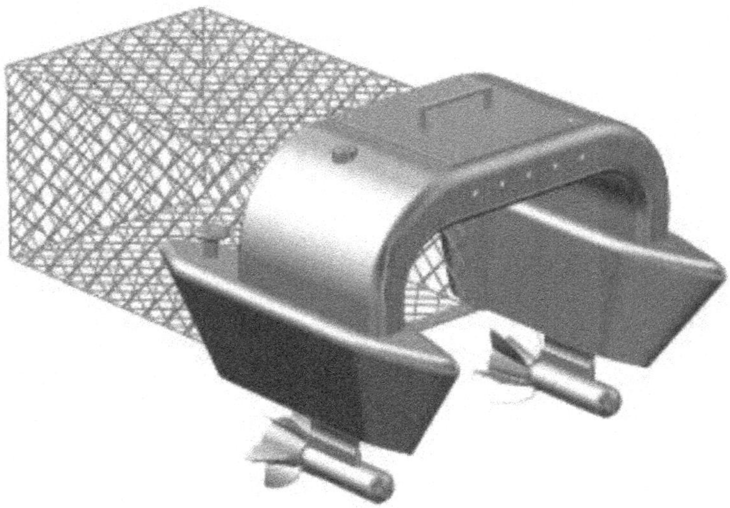

Question 1 (4 points)

Sur le document annexe 1, **donner** la fonction d'usage de ce robot. **Citer** trois éléments permettant d'expliquer l'importance de recycler les déchets collectés par ce robot.

Document 1 - principe de fonctionnement

Le déplacement du robot sur l'eau est assuré par deux hélices couplées chacune à un moteur électrique.
La consommation électrique des moteurs est proportionnelle à la quantité de déchets collectés. Le niveau de déchets collectés est estimé à l'aide d'un capteur qui effectue une mesure du courant consommé par les moteurs électriques. L'énergie électrique, nécessaire au fonctionnement du robot, est stockée au sein d'une batterie.

Un module de puissance distribue, sur ordre d'une interface programmable, l'énergie aux moteurs électriques.
Les flux d'information et de puissance sont gérés par l'interface programmable.
Un retour à la base est programmé dès lors que l'intensité lumineuse, détectée par le capteur de luminosité, est faible ou que le réservoir de déchets est plein.

Question 2 (6 points)

Sur le document annexe 1, à l'aide du document 1, **compléter** le diagramme des blocs internes en utilisant les termes suivants :
- interface programmable ;
- capteur de mesure de courant ;
- capteur de luminosité ;
- batterie ;
- moteurs électriques ;
- hélices.

> La fonction d'usage est « à quoi sert l'objet » et les trois éléments à citer sont dans le texte d'introduction.

Document 2 - algorithme du programme de gestion du retour à la base

Si la valeur mesurée par le capteur de courant est supérieure à 80 A
 Alors les DEL* d'information à destination de l'utilisateur sont allumées,
 la commande « retour base » est activée,
 le message « vider les déchets » est envoyé à tous
Sinon
 Si l'intensité lumineuse reçue par le capteur est inférieure à 50 Lux
 Alors les DEL d'information à destination de l'utilisateur sont allumées,
 la commande « retour base » est activée,
 le message « intensité lumineuse insuffisante » est envoyé à tous
Sinon le robot effectue son cycle de « déplacement ».
*DEL : diode électroluminescente

> On complète le diagramme grâce au document 1 donnant le principe de fonctionnement du robot.
> Chaque terme doit être identifié en regardant quels blocs fonctionnels il « met en liaison ».
> Par exemple le capteur de mesure de courant estime la quantité de déchets, le capteur de luminosité estime le niveau de luminosité et les deux renvoient l'information à l'interface programmable. L'énergie est stockée dans la batterie, puis le module de puissance alimente les moteurs électriques qui font tourner les hélices.

Question 3 (8 points)

Sur le document annexe 2, à l'aide du document 2, **compléter** le programme de gestion « retour à la base ».

Document 3 - caractéristiques des matériaux

matériau	aluminium recyclé	composite (fibre de carbone)
volume de la pièce	2 500 cm^3	1 800 cm^3
masse volumique du matériau	2,7 $g \cdot cm^{-3}$	1,7 $g \cdot cm^{-3}$
émission de gaz à effet de serre pour 1 kg de matière utilisée	560 g	2 600 g

Remarque : le volume de la pièce varie en fonction du matériau utilisé, car l'épaisseur de la coque est différente pour obtenir un même niveau de résistance.

Pour limiter l'impact environnemental, la coque du robot est réalisée avec le matériau qui a la plus faible émission de gaz à effet de serre.

Question 4 (7 points)

Sur le document annexe 2, à l'aide du document 3, **calculer** la masse de chaque matériau puis la quantité d'émission de gaz à effet de serre. **Déterminer** alors le matériau à utiliser pour réaliser la coque du robot. **Argumenter.**

> Pour les calculs de masse de matériau, il faut multiplier le volume de la pièce par la masse volumique. Ensuite, on divise notre résultat en gramme par 1 000 pour le convertir en kilogrammes.
> Pour l'émission de gaz à effet de serre, il suffit de multiplier la masse trouvée en kg par la quantité d'émission donnée, puis de comparer les deux résultats.

Document annexe 1

Question 1

Fonction d'usage du système :

………

Importance de recycler les déchets collectés :

………

………

………

Question 2

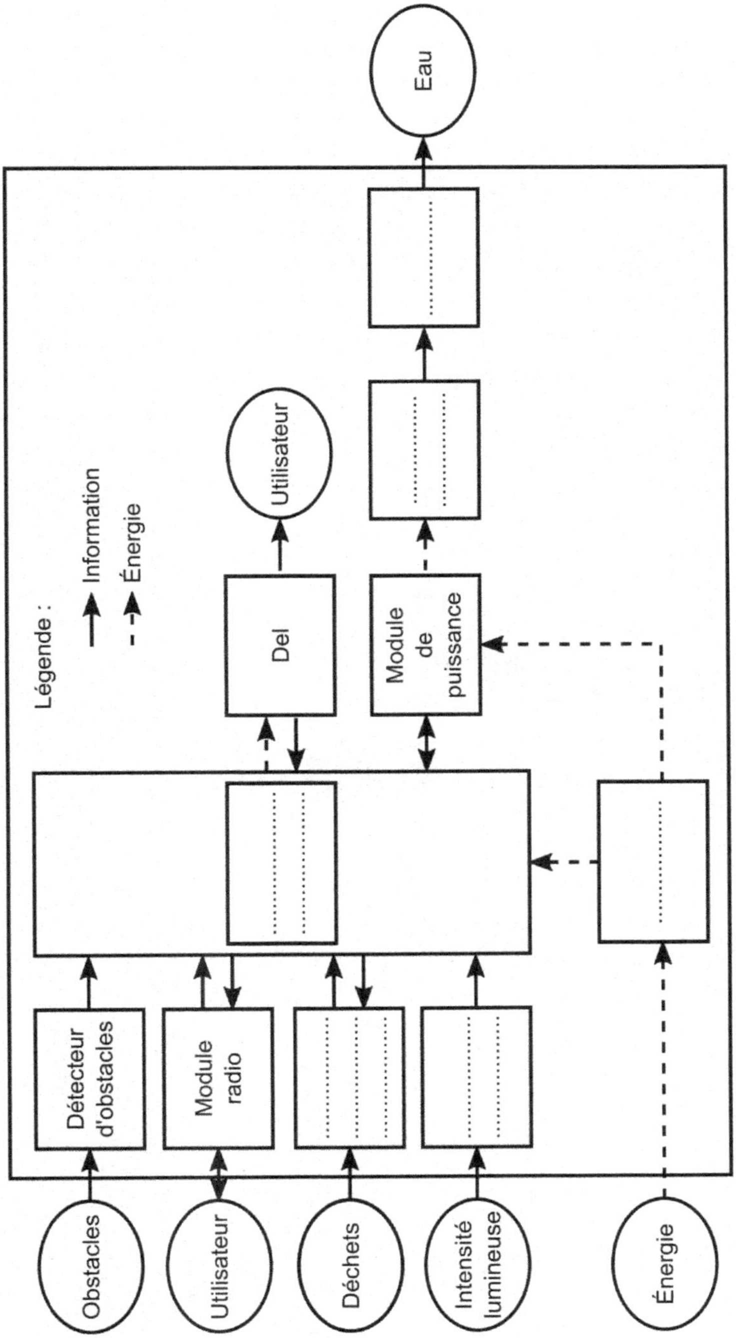
Eau
Légende :
Information
Énergie
Utilisateur
Del
Module de puissance
Détecteur d'obstacles
Module radio
Obstacles
Utilisateur
Déchets
Intensité lumineuse
Énergie

Document annexe 2

Question 3

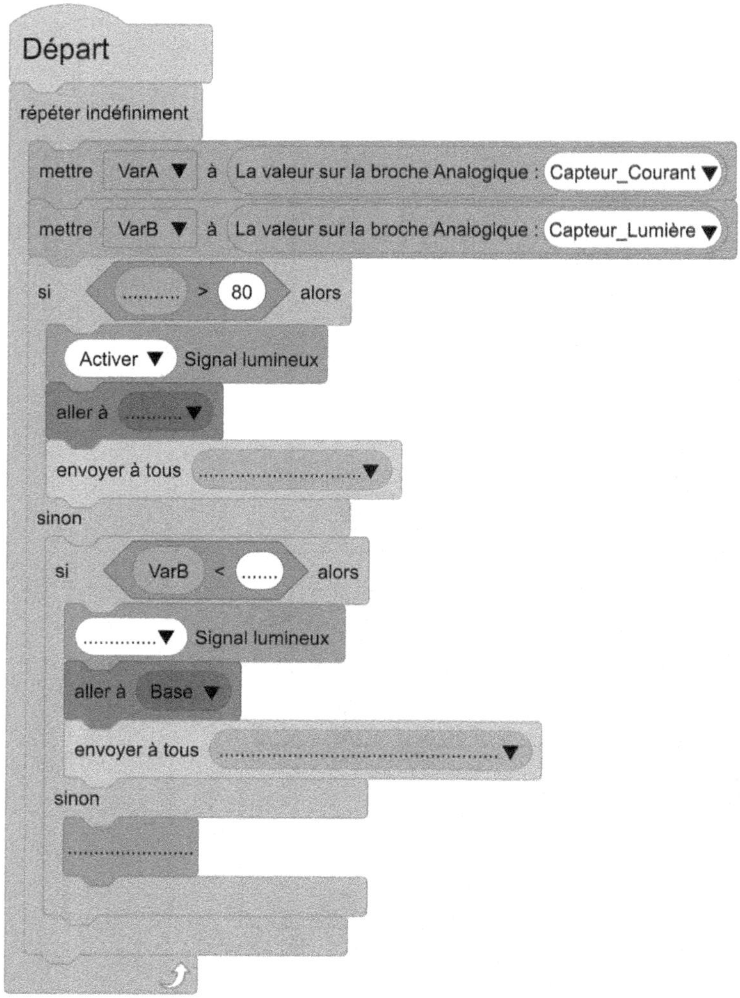

Question 4

matériau		aluminium recyclé	composite : fibre de carbone
masse du matériau	détail du calcul		
	résultat en kg		
émission de gaz à effet de serre lors du cycle de vie de la coque	détail du calcul		
	résultat en g		

Matériau choisi :

....

Argumentation :

....

....

Question 1

La fonction d'usage du robot est : « Collecter des déchets sur l'eau »
Voici trois éléments expliquant l'importance de recycler les déchets collectés par ce robot :

- économiser les ressources naturelles non renouvelables ;
- limiter les émissions de gaz à effet de serre ;
- préserver la faune et la flore subaquatiques.

Question 2

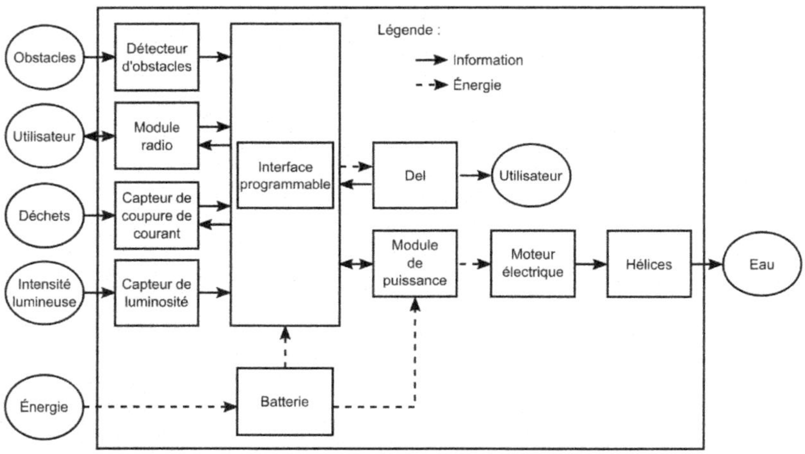

Question 3

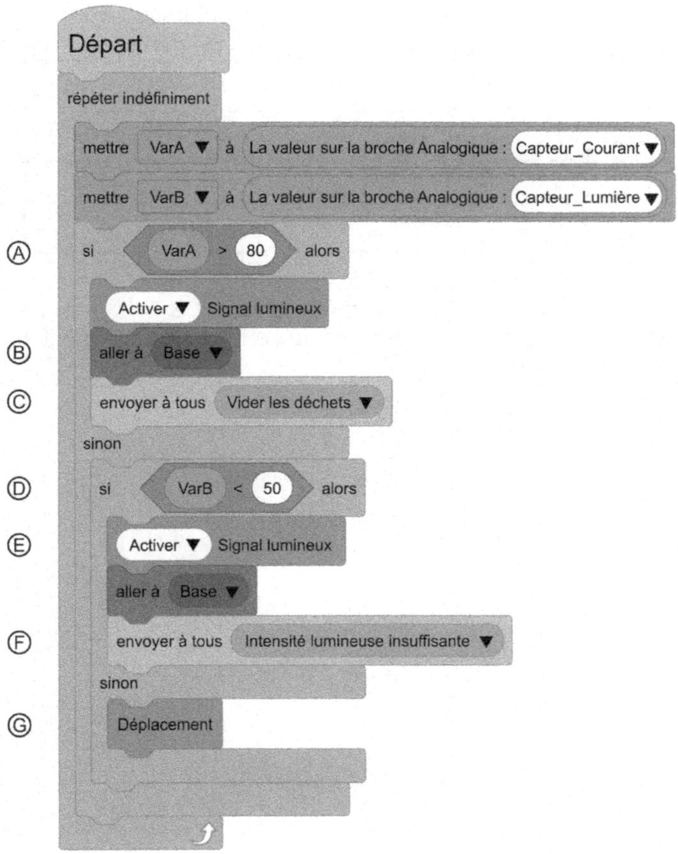

Ⓐ C'est le nom de la variable créée au-dessus pour la valeur donnée par le capteur courant

Ⓑ Ou « Retour base » comme marqué dans le document 2

Ⓒ Message envoyé à tous d'après doc 2

Ⓓ Valeur minimum (en Lux) indiquée dans le doc 2

Ⓔ Action d'activer le signal lumineux comme à la 6e ligne

Ⓕ Message envoyé à tous en cas de lumière inférieure à 50 Lux

Ⓖ Si la lumière est assez forte et le panier pas encore plein, alors le robot continue son déplacement

Question 4

matériau		aluminium recyclé	composite : fibre de carbone
masse du matériau	détail du calcul	2,7 x 2500 = 6750 g = 6,75 kg	1,7 x 1800 = 3060 g = 3,06 kg
	résultat en kg	6,75 kg	2,7 x 2500 = 6750 g = 6,75 kg
émission de gaz à effet de serre lors du cycle de vie de la coque	détail du calcul	6,75 x 560 = 3780 g	3,06 x 2600 = 7956 g
	résultat en g	3780 g	7956 g

Le matériau choisi est donc l'aluminium recyclé.
D'après nos calculs, le robot en aluminium recyclé émettrait 3 780 grammes de gaz à effet de serre, lors de son cycle de vie alors qu'en fibre de carbone il émettrait 7 956 grammes, soit plus du double.

Sujet national, juin 2018

L'échographie est une technologie d'imagerie 2D qui permet de visualiser certaines parties du corps humain, non visibles à l'œil nu.
Un constructeur d'échographes souhaite intégrer une transmission des résultats d'une vidéo de l'échographie en haute définition (HD). Afin de garantir une bonne disponibilité de cet appareil, il est nécessaire d'améliorer l'autonomie de la batterie et d'indiquer l'état de sa charge électrique.

Document 1

Principe de fonctionnement d'un échographe portable

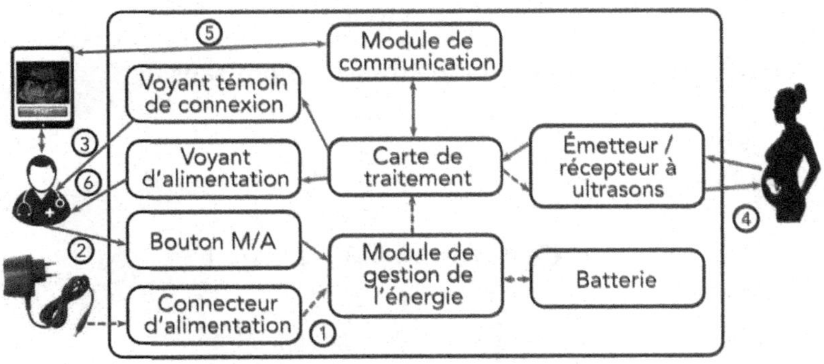

Diagramme simplifié des blocs internes

Lorsque le médecin appuie sur le bouton Marche/Arrêt (flèche 2), la carte de traitement est alimentée. Un voyant témoin de connexion avec la tablette est allumé (flèche 3).
Les consignes de début et de fin d'acquisition des images, ainsi que leur visualisation, se font sur la tablette tactile. La tablette transmet les consignes (flèche 5) au module de communication qui les transmet à la carte de traitement.
La carte de traitement alimente l'émetteur à ultrasons en énergie électrique. L'émetteur à ultrasons convertit l'énergie électrique en signal sonore (flèche 4) qui se propage au sein du corps du patient. L'écho du signal sonore est capté par le récepteur, qui le convertit en signal électrique transmis à la carte de traitement puis au module de communication. Celui-ci renvoie les résultats du traitement (flèche 5) à la tablette pour l'affichage des images.
Pour une transmission de vidéo en HD, il est nécessaire d'adapter la solution technique pour le module de communication.

1. À l'aide du document 1 qui décrit le principe de fonctionnement d'un échographe ainsi que les flux (information et énergie) représentés par les flèches, compléter le tableau en mettant, pour chaque flèche numérotée, une croix pour identifier la nature et le type de flux de chaque liaison.

Lien	Nature de l'interaction					Type de flux	
Flèche	signal sonore	signal lumineux	courant électrique	ondes radio (sans fil)	consigne utilisateur	flux d'énergie	flux d'information
1							
2							
3							
4							
5		X					X

> Seul le flux 1 est un flux d'énergie (alimentation en courant électrique) alors que les autres sont des flux d'informations. Chaque signal est bien identifié par le document et le texte en dessous.

Document 2

Caractéristiques des technologies de transmissions sans fil

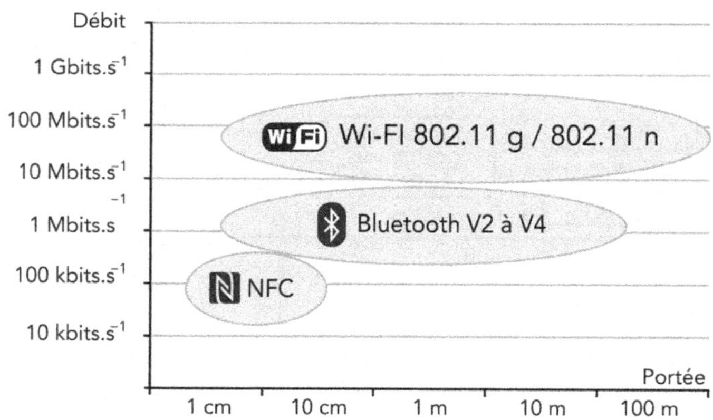

Comparaison de la porté et du débit de 3 normes de connectivité sans fil.

Débits nécessaires pour une transmission :
- d'une image d'échographie en 1 s ; ⟶ 128 kbits.s^{-1} (kilobits par seconde)
- d'une vidéo d'échographie haute définition. ⟶ 10 Mbits.s^{-1} (mégabits par seconde)

Afin de répondre aux exigences du cahier des charges, le constructeur remplace la batterie utilisée de type Ni-Cd par une batterie de type Li-ion.

2. À l'aide des données du document 2, choisir la solution technique que le constructeur doit intégrer au nouvel appareil et argumenter la réponse en précisant le (ou les) critère(s) de choix.

Dans cette question, il faut bien analyser les informations des documents fournis et les comparer aux besoins du cahier des charges (ici le débit nécessaire).

Document 3

Caractéristiques des batteries

Type batterie Critère	Plomb	Ni-Cd	Ni-Mh	Li-ion
Rapport énergie stockée / masse	40 $Wh.kg^{-1}$	60 $Wh.kg^{-1}$	85 $Wh.kg^{-1}$	170 $Wh.kg^{-1}$
Prix pour 1 Wh	0,15 €	0,60 €	0,65 €	0,70 €
Source de pollution	élevée	élevée	faible	faible
Durée de vie (ans)	4 à 5	2 à 3	2 à 4	2 à 3

3. À l'aide du document 3, préciser les exigences qui ont été déterminantes dans le choix du constructeur. Argumenter la réponse.

Ici encore on compare les informations des documents par rapport à un choix ou à un besoin. Il faut bien donner les arguments qui sont en faveur du choix réalisé.

Document 4

Gestion de la charge de la batterie

Un module de gestion gère la charge de la batterie et communique les informations suivantes à la carte de traitement :

- charge en cours - état vrai ou faux ;
- batterie déchargée - état vrai ou faux ;
- batterie chargée - état vrai ou faux.

L'information de l'utilisateur est réalisée à l'aide d'une LED tricolore respectant le principe de fonctionnement suivant.

En permanence :

- lorsque la batterie est en charge, la LED clignote en orange (1 s allumée, 1 s éteinte) ;
- lorsque la batterie est en charge et qu'elle a atteint son niveau chargé, la LED s'allume en vert ;
- si la batterie est déchargée, la LED s'éclaire en rouge.

4. À l'aide du document 4, compléter sur la modélisation du programme de gestion du voyant d'alimentation de l'appareil d'échographie.

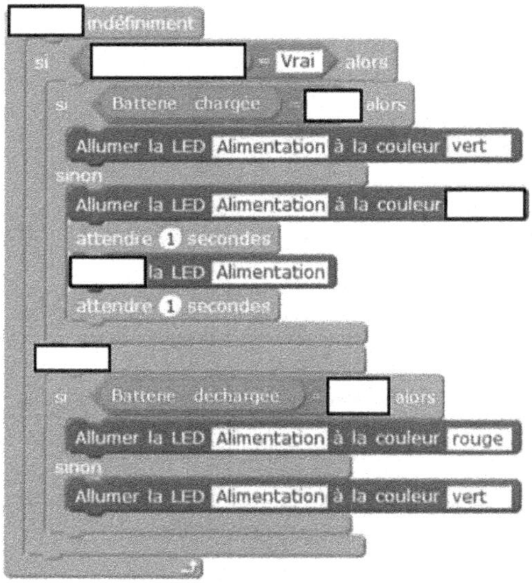

Pour compléter ce programme informatique, il convient de bien identifier les boucles et de les comparer aux attentes du document 4. Ensuite il faut bien voir qu'une boucle de test est toujours constituée d'une action (en bleu) à effectuer si la condition (si : ... = Vrai ou Faux), et d'une autre action (en bleu) à effectuer « sinon » (si la condition n'est pas remplie).
Explication du programme : le premier mot signifie qu'il faut répéter le test indéfiniment pour savoir si la batterie est en charge ou non.
Si elle est en charge (Vrai), alors on teste si elle est chargée : la LED sera allumée en vert si tel est le cas, sinon elle clignotera (allumer 1 s – éteindre 1 s) en orange.
Si elle n'est pas en charge, alors on teste si elle est déchargée, la LED s'allume alors en rouge, ou si elle est toujours chargée, la LED s'allume alors en vert.

1.

Lien	Nature de l'interaction					Type de flux	
Flèche	signal sonore	signal lumineux	courant électrique	ondes radio (sans fil)	consigne utilisateur	flux d'énergie	flux d'information
1			X			X	
2					X		X
3		X					X
4	X						X
5				X			X
6		X					X

2. La solution technique que le constructeur doit intégrer au nouvel appareil est la transmission sans fil wi-fi, car c'est le seul de ces trois moyens de transmission qui est capable de fournir un débit supérieur à 10 Mbits/s, débit minimum nécessaire à la transmission d'une vidéo d'échographie HD.

3. L'exigence qui a été principalement déterminante dans le choix du constructeur est le rapport « énergie stockée par rapport à la masse », car il est beaucoup plus important pour la batterie Li-ion (170 Wh/kg pour la Li-ion contre seulement 60 Wh/kg pour la Ni-Cd). La batterie Li-ion engendre aussi une plus faible pollution, cela peut avoir un peu influencé le choix. Les autres critères sont identiques ou désavantageux pour la Li-ion.

4.

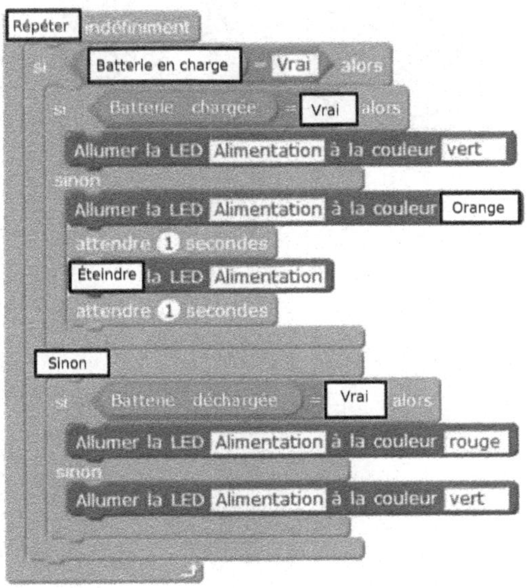

Sujet zéro du ministère, janvier 2018

Le sirop d'érable est produit essentiellement au Canada et plus particulièrement au Québec (72 % de la production mondiale).
La France est une grande consommatrice de ce nectar et était, il y a cinq ans, le cinquième pays importateur de sirop d'érable du Canada
(source : Global Trade Atlas, 2012).
Pour les producteurs de sirop d'érable, il faut pouvoir le commercialiser dans les meilleures conditions afin de satisfaire le consommateur.

Un producteur souhaite revoir le conditionnement de son sirop et donc choisir un nouveau récipient pour une commercialisation dans une grande enseigne française de distribution.

Document 1

Diagramme d'exigences du récipient

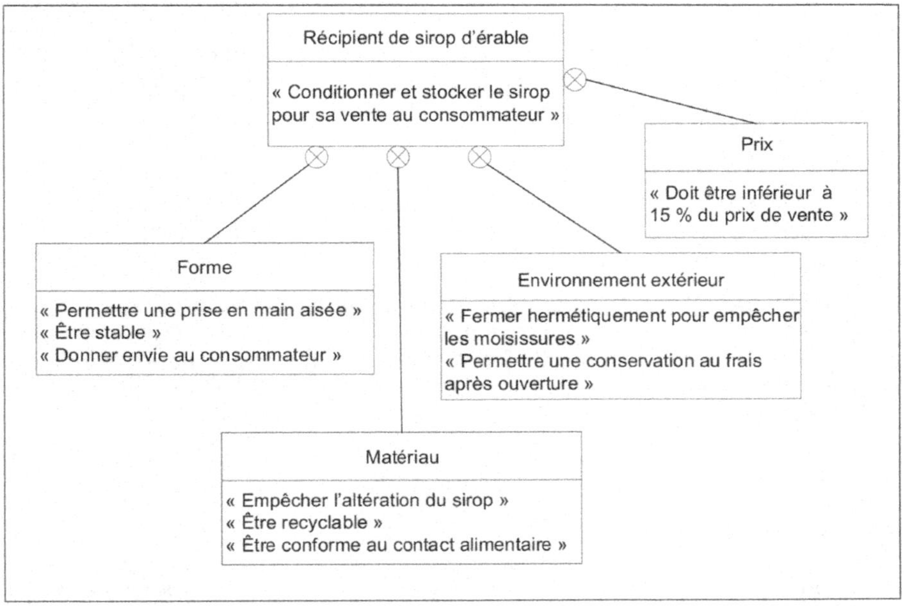

1. À l'aide du diagramme d'exigences du récipient (document 1), préciser celles des contraintes à respecter qui est sont au design.

Le design d'un objet lie la fonction d'estime, « plaire au consommateur », à ses fonctions contraintes et techniques. Ici c'est bien dans les exigences de « Forme » que l'on retrouve la fonction « donner envie au consommateur » qui est celle liée au design.

Document 2

Prototypes de récipients

Récipient 1 (Bouchon verre)	Récipient 2 (Bouchon vissé plastique)	Récipient 3 (Ouverture mécanique)

2. À l'aide des récipients représentés (document 2) et du respect des exigences « forme » et « environnement extérieur » (document 1) :

a) déterminer la solution adéquate pour le conditionnement et le stockage du sirop d'érable ;

> Il faut bien identifier les contraintes liées aux exigences « forme » et « environnement extérieur », et uniquement celles-ci. Ensuite, on vérifie, pour chaque récipient s'il remplit toutes ces fonctions contraintes.

b) argumenter la réponse.

> Seul le récipient 2 répond à toutes les contraintes de ces deux exigences, grâce à un bouchon qui se visse et qui est donc est hermétique. Tout autre récipient qui ne répond pas au moins une des contraintes ne peut être validé.

Pour la production du sirop d'érable la température idéale à donner au sirop d'érable est de 3,5 °C de plus que la température d'ébullition de l'eau, par exemple, à 101, 3 kPa, l'eau bouillant à 100 °C, le sirop sera prêt lorsqu'il atteindra 103,5 °C. Pour le conditionnement, les seuls matériaux envisageables sont le verre, certaines matières plastiques et le fer blanc.

Document 3

Propriétés des matériaux

Matériaux	Avantages	Inconvénients	Prix de fabrication du contenant à l'unité
Fer blanc	Léger Recyclable	Formage limité (rond type conserve) Opaque	0,15 ± 0,04 € (inflation des matières premières)
PolyPropylène (PP, matière plastique)	Résistant jusqu'à 120°Rigide	Difficilement recyclable	0,22 ± 0,03 € (inflation des matières premières)
Verre	Transparent Inerte Imperméable Recyclable	Fragile Lourd	0,30 €

3. Le producteur souhaite vendre son sirop d'érable au prix de 2,80 € le récipient, le prix du contenant devant être inférieur à 15 % du prix total.
À l'aide des propriétés des trois matériaux envisageables (document 3), et du diagramme d'exigences (document 1) :

a) compléter le tableau suivant ;

	Forme	Prix maximum à l'unité	Propriétés du matériau	Environnement extérieur
Fer blanc			*Recyclable* *Alimentaire*	*Non hermétique après ouverture*

	Forme	Prix maximum à l'unité	Propriétés du matériau	Environnement extérieur
PP	*Toute forme possible*			
Verre	*Toute forme possible*			

Chaque matériau a des caractéristiques propres et un prix. Il faut bien repérer les propriétés de chaque type de matériau données dans le tableau document 3 sous forme d'avantages ou d'inconvénients, puis les associer aux caractéristiques demandées dans le tableau.

Il y a les avantages et les inconvénients liés à la forme que l'on peut obtenir (formage du matériau), ceux liés aux caractéristiques du matériau (recyclable ou difficilement recyclable, léger ou lourd, fragile, rigide, alimentaire, transparent ou opaque), et ceux liés à l'environnement extérieur (résistant à températures de 120 ° (ici 103,5 ° nécessaire), inerte, imperméable).

Dans le document 3, on nous donne les prix de base avec « plus ou moins » quelques centimes, car le prix des matières premières peut augmenter ou diminuer durant le temps de la commande. Pour calculer le prix au maximum, on ajoute bien la hausse maximum pour chacun, c'est-à-dire + 0,04 € pour le fer (donc 0,15 + 0,04 = 0,19 €) et + 0,03 € pour le plastique (donc 0,22 + 0,03 = 0,25 €).

Le verre ne varie pas car le prix du sable est très stable.

b) proposer en argumentant le matériau qui convient le mieux.

Le producteur souhaite vendre à 2,80 € le total et le récipient doit avoir un prix inférieur à 15 % de ce prix. Il faut donc trouver 15 % de 2,80 € pour connaître le prix maximum du récipient : (15/100 × 2,80).

Choix du matériau

Le fer blanc n'a qu'un formage limité (rond type conserve) donc ne peut pas créer un récipient de type « récipient 2 », celui choisi en question 2. Le PP n'est pas recyclable, il ne respecte donc pas la contrainte « Être recyclable ».

Le verre correspond à toutes les exigences et contraintes données dans le diagramme d'exigences. Seul le bouchon sera en plastique.

Lors de la vente des produits de consommation en grande surface, l'implantation d'un code à barres sur le récipient est obligatoire. Tous les exemplaires du même produit ont un code à barres unique permettant de l'identifier lors du passage en caisse. Le code barre est également associé à un prix défini au sein d'une base de données.

Document 4

Le code à barres à 13 chiffres (norme GS1 EAN 13)

Les codes à barres au format international GS1 (anciennement EAN) sont composés d'une série de 13 chiffres numériques et d'une représentation graphique sous forme de barres et d'espaces.

Les 13 chiffres du code à barres suivent une règle d'identification afin de créer un code à barres en fonction du produit identifié, c'est-à-dire :

3 080201 459620

Un préfixe entreprise — Un code produit — Une clé de contrôle

Les trois premiers chiffres du préfixe entreprise représentent le code du pays de l'entreprise qui a apposé le code à barres sur le produit.
Extraits de la liste des codes « pays » :

00000	**Unused to avoid collision with GTIN-8**
00001 – 00009 001 – 009	GS1 US
020 – 029	Used to issue restricted circulation numbers within a geographic region (MO defined)
....	
300 – 379	GS1 France
380	GS1 Bulgaria
383	GS1 Slovenija
....	
746	GS1 Republica Dominicana
750	GS1 Mexico
754 – 755	GS1 Canada
759	GS1 Venezuela
760 – 769	...

Source : www.gs1.fr

L'enseigne de distribution souhaite indiquer aux consommateurs le pays d'où provient le produit créé par l'entreprise lorsque le code barre est lu à l'aide d'une borne en libre-service.

4. Pour le sirop d'érable, à l'aide du document 4 :

a) compléter, directement sur l'annexe ci-dessous, le programme permettant d'identifier le pays de provenance et d'afficher l'information sur l'écran LCD ;

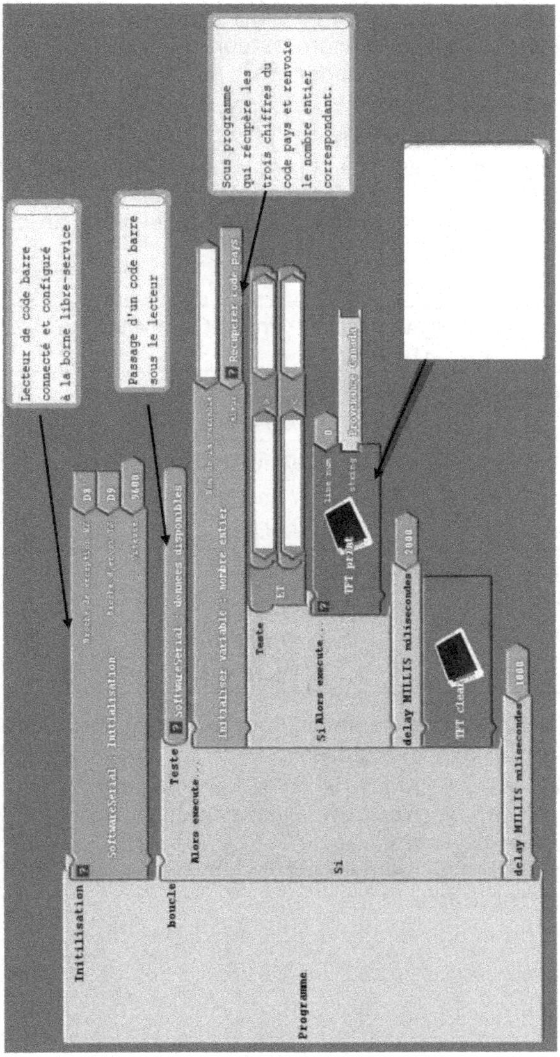

b) Préciser au sein de la case « commentaire » la fonction de l'instruction fléchée.

Avant d'utiliser une variable dans un programme, il faut la nommer. Ici on prendra le nom « pays ». Elle devra ensuite porter toujours exactement le même nom pour être bien identifiée par le programme.
Dans la condition « si », on donne les valeurs minimum et maximum de cette variable « pays » à tester (valeurs strictement supérieures ou inférieures, donc l'entier précédent ou suivant).
Puis si la valeur de « pays » est bien 754 ou 755, alors la fonction « TFT print » permet d'afficher à l'écran une chaîne de caractère donnée par « string » (ici : « Provenance Canada ») à la ligne précisée par « line » (ici « 0 » donc la première ligne de l'écran).

1. Le design est associé à l'exigence « Forme » dans le diagramme et influe plus particulièrement sur l'attrait du consommateur.
La réponse attendue est donc « Donner envie au consommateur ».

2. a) Le récipient 2 est la solution adéquate, qui répond à toutes les exigences de forme et d'environnement extérieur.

b) Le récipient est stable ; grâce à son bouchon vissé, il est fermé hermétiquement ; il permet une conservation facile au réfrigérateur. Le récipient 1 n'est pas hermétique et le récipient 3 ne permet pas de conserver le sirop au réfrigérateur une fois ouvert.

3. a)

	Forme	Prix maximum à l'unité	Propriétés du matériau	Environnement extérieur
Fer blanc	**Type conserve**	0,19 € < 0,42 €	*Recyclable* *Alimentaire*	*Non hermétique après ouverture*
PP	*Toute forme possible*	0,25 € < 0,42 €	**Difficile à recycler** Alimentaire Rigide	Résistant aux températures nécessaires
Verre	*Toute forme possible*	0,30 € < 0,42 €	Recyclable Alimentaire **Fragile** **Lourd**	Inerte imperméable

En gras sont indiqués les inconvénients. Pour le verre, le fait d'être fragile et lourd ne s'oppose pas aux exigences exposées.

b) 15 % de 2,80 € = 0,42 € (donc prix à 0,42 € au maximum).
Le matériau qui convient le mieux est le verre car :
- le prix répond aux exigences ;
- il n'y a pas d'altération de l'aliment même à forte température ;
- il est facilement recyclable.

4. a)

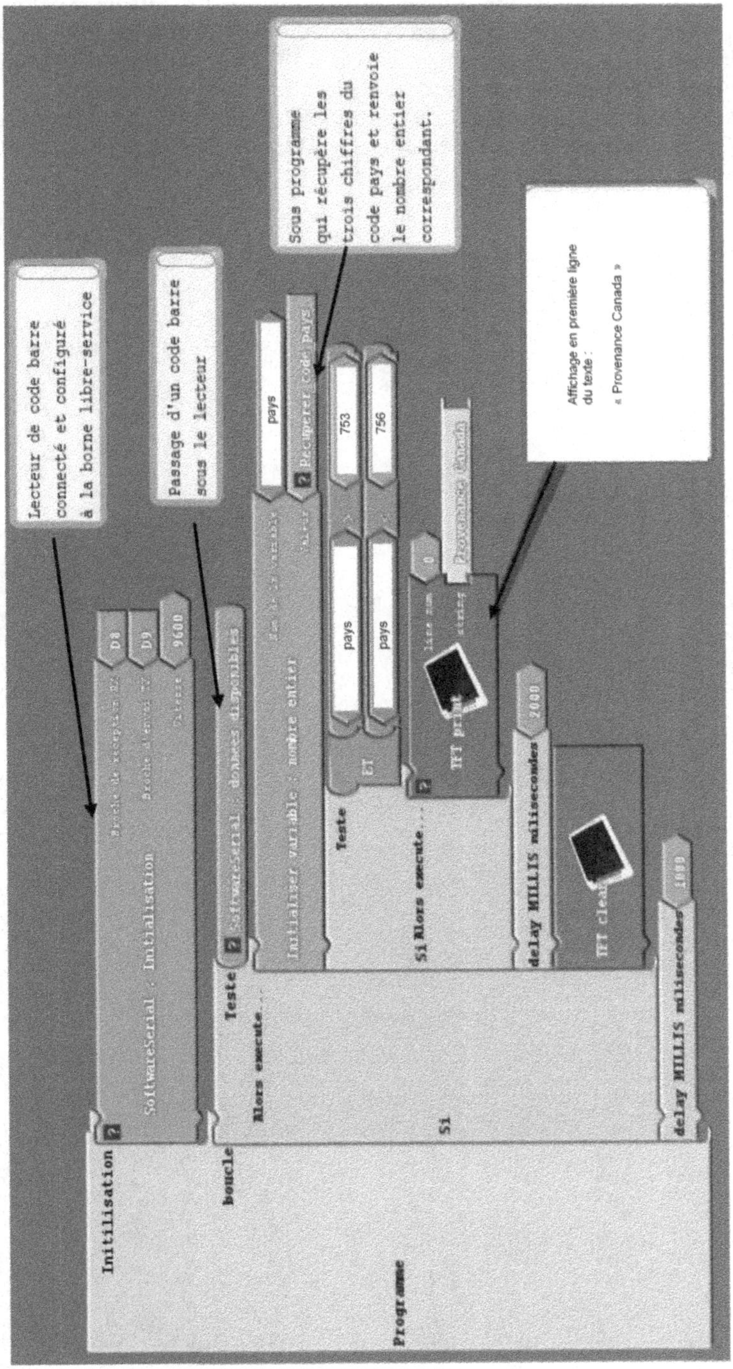
Lecteur de code barre connecté et configuré à la borne libre-service
Passage d'un code barre sous le lecteur
Sous programme qui récupère les trois chiffres du code pays et renvoie le nombre entier correspondant.
Affichage en première ligne du texte : « Provenance Canada »
Initilisation
SoftwareSerial : Initialisation
D8
D9
9600
boucle
Teste
Alors execute...
Si
pays
753
756
ET
TFT print
0
delay MILLIS millisecondes
2000
TFT clear
1000
Programme

b) La fonction de l'instruction TFT print est d'afficher une chaîne de caractère qui est donnée par « string », c'est-à-dire « Provenance Canada ». Cet affichage est possible grâce à un test conditionnel effectué sur une variable nommée « pays ». La variable aurait pu être appelée « provenance » ou « origine », le nom en lui-même importe peu, mais il faut que ce nom reste le même lors de la procédure.
Le test conditionnel porte sur la valeur de la variable : si la valeur de « pays » est bien 754 ou 755, alors la condition est remplie et la fonction TFT print affiche « Provenance Canada ».

Sujet zéro du ministère, 2017
La sécurité du freinage en voiture

La sécurité sur les routes dépend notamment du respect des distances de sécurité, de la capacité des conducteurs à réagir rapidement lorsqu'ils aperçoivent un obstacle sur la route et de la performance du système de freinage du véhicule. On étudie dans l'exercice qui suit le dispositif de freinage.

Le dispositif de freinage sans blocage des roues (Anti Blocage System : ABS)

Lors d'un freinage, il est important pour la sécurité de ne pas bloquer les roues, car cela permet de conserver de bonnes conditions d'adhérence avec la route et d'éviter la perte du contrôle du véhicule en cas de changement de trajectoire ou de conditions différentes de contact des roues avec le sol (une roue sur une flaque d'eau et les autres sur le bitume sec).
La structure matérielle de l'équipement ABS est représentée sur la figure suivante :

Figure 1

Principe du système anti blocage (ABS)

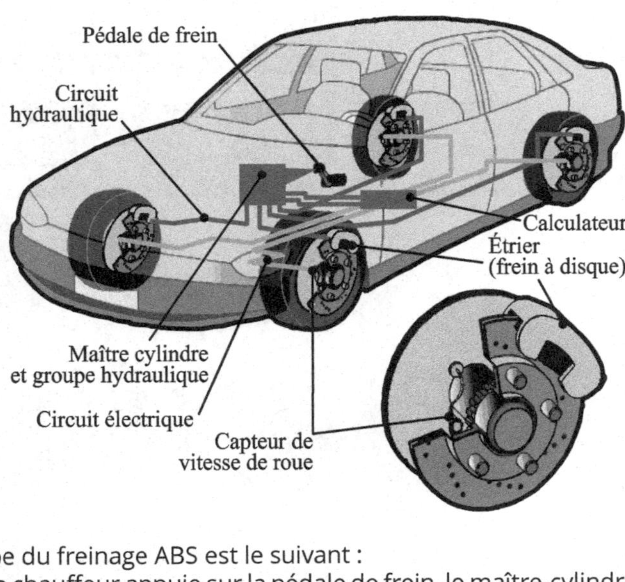

Le principe du freinage ABS est le suivant :
Lorsque le chauffeur appuie sur la pédale de frein, le maître-cylindre alimente en huile le groupe hydraulique qui régule la pression d'huile dans le circuit hydraulique. Les pistons portés par les étriers et disposés de part et d'autre du disque sont poussés par l'huile sous pression ; ils pincent fortement le disque solidaire de la roue qui ralentit. Si le pincement est trop fort, la roue peut se bloquer. Pour

éviter cela, un capteur détecte la vitesse de la roue et délivre cette information au calculateur. Si la vitesse devient trop faible et proche du blocage, le calculateur donne l'ordre au groupe hydraulique de diminuer la pression. Ainsi, grâce à l'ensemble capteur de vitesse-calculateur-groupe hydraulique, la pression est régulée lors d'un appui sur la pédale de frein pour obtenir la meilleure efficacité du freinage sans blocage.

> Vous devez ici représenter sous forme d'algorithme les différents événements qui permettent l'adaptation du freinage grâce au système ABS.
> Rappel : un algorithme est une succession d'opérations et d'instructions permettant la réalisation d'une tâche ou la réalisation d'un problème. Il est représenté par des algorigrammes.

1. Expliquer pourquoi il est indispensable de doter les quatre roues d'un capteur de vitesse.

2. À partir de l'analyse de la figure 1, compléter la figure 2 en associant un composant matériel à chaque fonctionnalité.

> Lisez attentivement le texte de la figure 1 qui vous donne toutes les indications pour compléter le schéma.
> Dans les rectangles on indique les actions, dans les losanges les questions (posées par les capteurs) et dans les cases ovales sont précisées le début et la fin de l'ordre. Les différentes étapes sont reliées par des flèches.

Figure 2

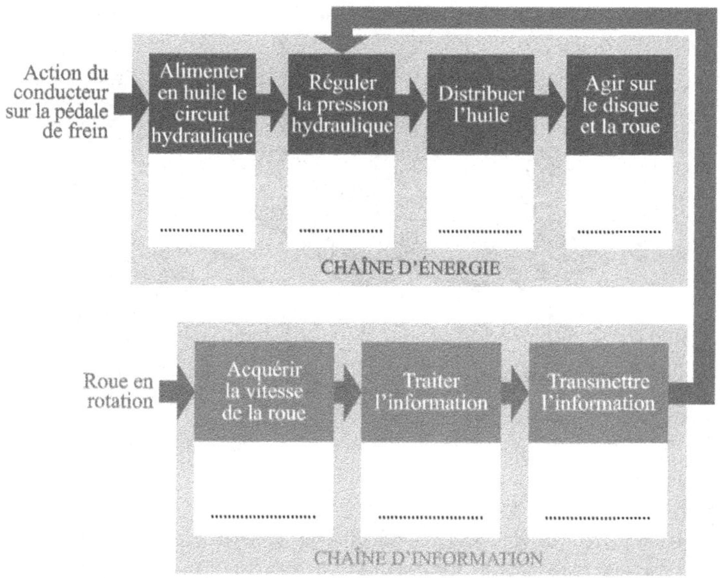

3. La figure 3 présente l'algorithme du freinage ABS pour une roue. Compléter les parties manquantes.

Figure 3

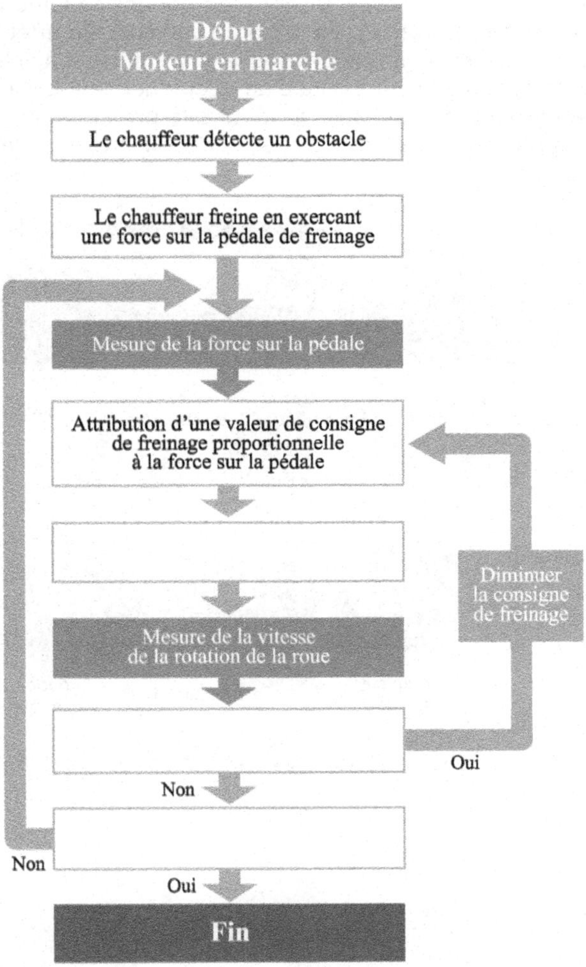
Début
Moteur en marche
Le chauffeur détecte un obstacle
Le chauffeur freine en exercant une force sur la pédale de freinage
Mesure de la force sur la pédale
Attribution d'une valeur de consigne de freinage proportionnelle à la force sur la pédale
Diminuer la consigne de freinage
Mesure de la vitesse de la rotation de la roue
Oui
Non
Non
Oui
Fin

1. Il est important de doter les quatre roues d'un capteur de vitesse afin d'éviter qu'elles ne se bloquent et ainsi de conserver de bonnes conditions d'adhérence avec la route et d'éviter la perte du contrôle du véhicule. En effet, le capteur de vitesse permet de détecter la vitesse de la roue et la transmet au calculateur. Si la vitesse est trop faible et que la roue risque de se bloquer, le calculateur va donner comme ordre au groupe hydraulique de réduire la pression dans le circuit afin que les pistons appuient moins sur le disque et que la vitesse de la roue puisse à nouveau augmenter.

2.

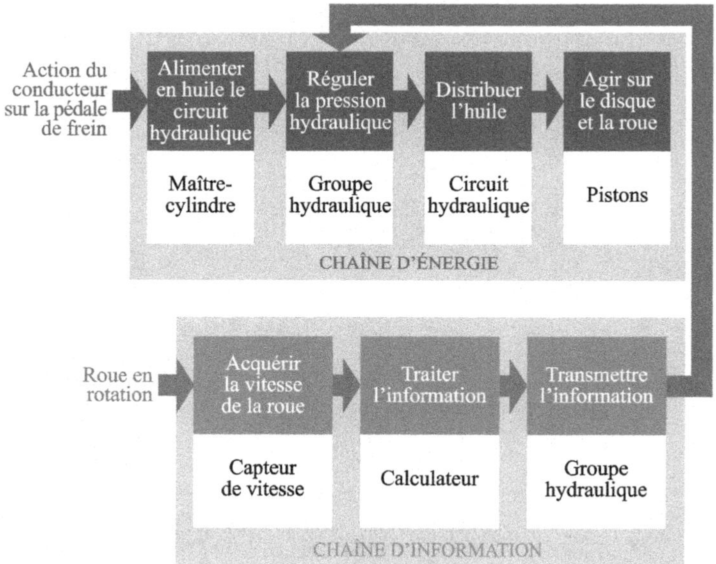

3.

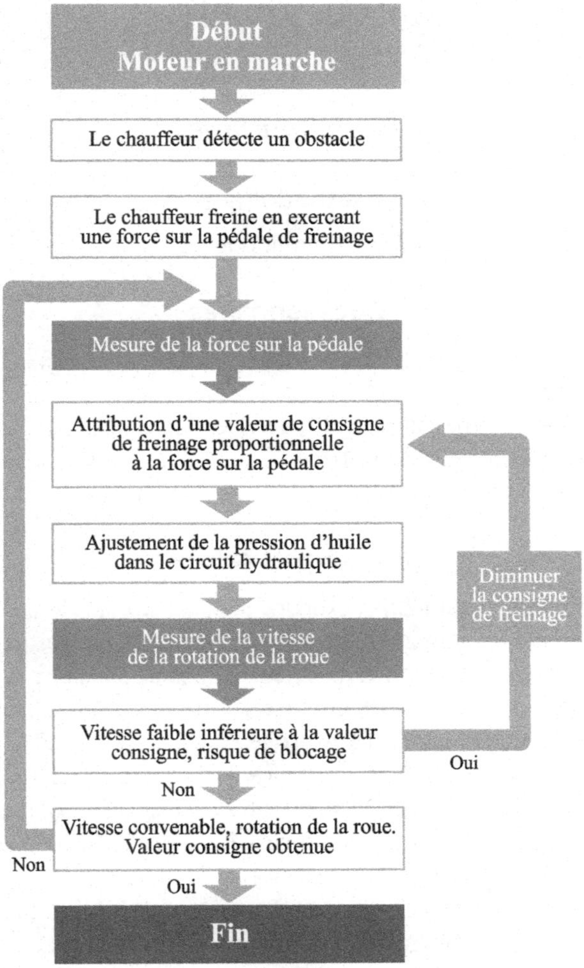
Début
Moteur en marche
Le chauffeur détecte un obstacle
Le chauffeur freine en exercant une force sur la pédale de freinage
Mesure de la force sur la pédale
Attribution d'une valeur de consigne de freinage proportionnelle à la force sur la pédale
Ajustement de la pression d'huile dans le circuit hydraulique
Mesure de la vitesse de la rotation de la roue
Vitesse faible inférieure à la valeur consigne, risque de blocage
Oui
Diminuer la consigne de freinage
Non
Vitesse convenable, rotation de la roue. Valeur consigne obtenue
Non
Oui
Fin

Table des matières

Mathématiques

Méthodologie

Questionnaires

Nombres et calculs

Géométrie

Organisation et gestion des données, fonctions

Algorithmique et programmation

Sciences

Méthodologie

Physique-chimie

SVT

Technologie

LMDE
LA MUTUELLE DES ÉTUDIANTS
EN FORME POUR LE BAC !
Crédit photos © Shutterstock
AUJOURD'HUI LYCÉEN, DEMAIN ÉTUDIANT...

LMDE

Forte de son expertise en matière de santé et de sa connaissance des modes de vie des jeunes, LMDE vous accompagne dans la préparation de votre bac.

Réussite bac
Un site LMDE

C'est pourquoi, depuis 2006, LMDE vous propose de réviser votre baccalauréat grâce à son site Internet entièrement gratuit : **www.reussite-bac.com** avec des fiches de révision, les annales du bac, des fiches méthodologiques, des conseils orientation...

Depuis sa création, LMDE améliore concrètement vos conditions de vie et d'études: protection sociale de qualité, éducation pour la santé et prévention, solidarité, accès à l'autonomie...

Vous retrouvez, dans ce dossier, de nombreuses informations pour préserver votre santé et favoriser la réussite de vos examens.

LMDE vous aide à garder une bonne hygiène de vie grâce à des conseils simples, pas contraignants et facilement applicables.

Une fois votre bac en poche et à compter de vos 18 ans, vous percevez vous-même vos remboursement de Sécurité sociale (vous devenez assuré autonome et ne dépendez plus de la Sécurité sociale de vos parents). **Aucune démarche n'est à réaliser.**

Attention, par contre, la Sécurité sociale ne rembourse pas tout (entre 15 et 70%). Pour compléter vos remboursements, il est indispensable d'adhérer à une mutuelle. LMDE vous propose des produits adaptés à vos besoins à partir de 4.90 € / mois (lunettes, hospitalisation, soins à l'étranger...).
Venez découvrir les offres sur **www.lmde.fr**.

INFO SÉCU

MUTUELLE

PRÉVENTION

ASSURANCE

lmde.fr

Photo © Emmanuelle Descraques

PRÉSERVEZ VOTRE SOMMEIL

DORMIR : POUR QUOI FAIRE ?

Dormir, manger ou boire sont des fonctions indispensables. **Dormir permet d'évacuer fatigue physique et psychologique** et de recharger ses batteries.

Et pendant le sommeil, on rêve ! On évacue ainsi tout ce qui encombre le cerveau, les fantasmes qu'on n'ose pas formuler. On stocke aussi les informations utiles.

Qui n'a pas fait l'expérience de la leçon relue avant de s'endormir et bien mémorisée le lendemain matin ?

BESOIN DE SOMMEIL ?

Selon des études effectuées auprès des lycéens, il apparaît qu'un lycéen dort en moyenne 8 heures par nuit pendant la semaine, 9 h 30 pendant le week-end et...
10 h 30 pendant les vacances scolaires.

On peut en déduire qu'en période scolaire le compte d'heures de sommeil n'y est pas et que week-end et vacances permettent de rattraper le retard accumulé.

> « Pour les jeunes adultes, il faut encore 9 h 15 de sommeil par nuit pour satisfaire l'organisme. »

LES VRAIS ENNEMIS DU SOMMEIL

- un rythme de vie décalé, avec des **couchers tardifs et des activités excitantes** (boîtes de nuit, concerts, télé, consoles...)
- la **consommation de substances excitantes** (café, thé, coca, nicotine) trop près de l'heure du coucher
- les **médicaments ou drogues** contenant des substances stimulantes
- le stress et la pression scolaire, sociale ou affective
- le **bruit**

LES BONS AMIS DU SOMMEIL

- un **rythme de vie régulier**
- une **heure de coucher constante avec un rituel calme et agréable** (lecture...) et sans activité stressante
- l'option relax avant de se coucher : **prendre un bain deux heures avant le coucher, musique douce, yoga, tisane.** Ca fait un peu mamie mais ça marche !
- la **non-consommation de substances excitantes**
- une sieste d'environ 20 minutes ou une grasse matinée les jours de repos

ALIMENTATION

COMMENT MANGER ?

Equilibre alimentaire ne signifie pas régime drastique ou consommation équivalente de tous les produits. Il faut privilégier les aliments qui sont identifiés comme favorables à notre santé.

Faire 3 ou 4 repas par jour : pour votre santé, il est recommandé de faire 3 ou 4 repas par jour (pour les enfants et adolescents). Pour apprécier ce que vous mangez, prenez votre temps.

Éviter le grignotage entre les repas : grignotage rime souvent avec produits gras et sucrés et favorise ainsi la prise de poids.

« Profiter des produits de saison, moins chers et plus savoureux »

BOUGER CHAQUE JOUR

Il vaut mieux marcher 1/2 heure chaque jour plutôt qu'essayer de se rattraper le week-end en marchant trois heures d'affilée. C'est plus efficace. Si vous pratiquez un sport une à deux fois par semaine, c'est formidable.

QUELQUES POINTS DE REPÈRES

- **Fruits et légumes :** au moins 5 par jour
- **Pains, céréales, p.de terre et légumes secs :** à chaque repas
- **Lait et produits laitiers** (yaourts, fromages) : 3 par jour
- **Viandes, produits de la pêche et œufs :** 1 à 2 fois par jour
- **Matières grasses ajoutées :** limiter la consommation
- **Produits sucrés :** limiter la consommation
- **Boissons alcoolisées :** la consommation d'alcool doit rester occasionnelle. La seule boisson indispensable reste l'eau.
- **Sel :** limiter la consommation
- **Activité physique :** 1/2 heure de marche rapide chaque jour

QUAND VOTRE CORPS VOUS ALERTE...

« J'ai mal à la tête », « j'ai mal au ventre », « je dors mal », « je suis fatigué » : des signes d'une mauvaise hygiène de vie, peuvent se transformer en grands maux.

Un déséquilibre du comportement alimentaire empêche votre organisme de fonctionner correctement.

GÉRER VOTRE STRESS

LE STRESS : AMI OU ENNEMI ?

Lors des phases d'alerte, le stress peut aider à avoir les bons réflexes face à une situation déstabilisante : on oublie souvent cet aspect positif où le stress nous permet d'augmenter nos facultés.

Mais si la tension est trop importante, le stress devient nuisible : on se laisse déborder par lui. Le stress modifie le comportement et la perception de l'environnement et cela peut avoir des conséquences néfastes.

LES RÈGLES D'OR POUR APPRENDRE À GÉRER SON STRESS
S'organiser : apprenez à faire correctement votre planning
Avoir une bonne hygiène de vie
Anticiper et être en forme le jour J : Je suis stressé, que faire ?

JE SUIS STRESSÉ QUE FAIRE ? SE DÉTENDRE...

Nous avons tous besoin de prendre du recul par rapport au travail intellectuel que l'on est en train de fournir. Le sport et la relaxation sont là pour ça et leurs bienfaits sont réels. Pratiqué de manière raisonnée, le sport aide à garder le moral et le corps en bonne santé en :

- Augmentant le tonus musculaires, pour lutter contre les maux
- Favorisant l'amplitude et la souplesse des articulations
- Facilitant la fixation du calcium
- Aidant à préserver l'appareil cardio-vasculaire

QUELQUES CONSEILS DE RELAXATION

Pour pratiquer la relaxation, il est important de choisir un endroit calme et de privilégier des vêtements confortables.

- **La respiration abdominale :** inspirez lentement en faisant en sorte de gonfler le ventre, puis expirez lentement.
- **La lutte contre les tensions musculaires :** concentrez-vous successivement sur chacun de vos muscles et décontractez-les.
- **Chassez les pensées négatives** en focalisant votre esprit sur des moments agréables, des choses positives.

MAÎTRISEZ VOS ÉMOTIONS

Sans la refuser, sachez maîtriser votre émotivité pour qu'elle ne vous empêche pas d'agir comme vous le faites habituellement. Faites abstraction de l'environnement extérieur pendant quelques instants en prenant une position stable et en respirant calmement.

BOOSTERS ET VITAMINES

Ces produits promettent à leur utilisateur d'augmenter leur capacité de mémorisation et de concentration intellectuelle mais ces raccourcis marketing sont particulièrement dangereux

Il en existe un large éventail, de toutes les formes, pour toutes les prises et de toutes les couleurs : des comprimés ***« spécial coup de fouet pour examens »***, des boissons énergétiques, des compléments alimentaires, des ampoules contre la fatigue…

QUE CONTIENNENT-ILS ?

En général, le principe actif est la caféine. Un seul comprimé de ces boosters peut être équivalent à deux tasses de café. Une surconsommation peut entraîner des tachycardies (accélération du rythme cardiaque) et des insomnies, mais n'augmente pas les capacités de mémorisation.

5 CONSEILS POUR NE PAS DEVENIR ACCRO

1. Évitez l'automédication, demandez conseil à votre médecin

2. N'achetez pas de médicament vendu sur Internet

3. Essayez d'adopter un rythme de sommeil régulier

4. Méfiez-vous des produits vendus en pharmacie et préférez une bonne hygiène de vie pour être en forme

5. N'abusez pas des stimulants, ils peuvent avoir des effets non désirés

LES BOISSONS ÉNERGISANTES

Leurs fabricants tentent de nous convaincre de la puissance de ces boissons ; ainsi, au lieu de rechercher l'équilibre, on vous propose des stimulants.

Les stimulants qui composent ces boissons (caféine…) peuvent avoir un effet « coup de fouet » mais ils masquent surtout la véritable fatigue. Or celle-ci est aussi un signal qu'envoie l'organisme : il faut donc en tenir compte et adapter son rythme plutôt que de chercher à la masquer.

Dépendance, problèmes cardio vasculaires… les premières études sur ces produits pointent par ailleurs des risques accrus par la consommation de ces boissons, que la puissance du lobby et du marketing des entreprises ne parviennent plus à masquer.

« La fatigue passagère ne se combat vraiment qu'en se reposant »

AMÉLIOREZ VOTRE MÉMOIRE

QUELLES ACTIVITES POUR ENTRETENIR LA MÉMOIRE ?

L'activité qui stimule le plus la mémoire est la lecture : elle sollicite l'attention, la perception visuelle, la reconnaissance, la construction d'images mentales, l'organisation des informations...

Chaque information nouvelle peut être une occasion de faire travailler la mémoire : retenir les numéros de téléphone, les noms des stations de la ligne de bus...

« Le sommeil a un effet magique sur les informations récemment acquises.

Une alimentation saine et variée apporte au cerveau ce qui lui est nécessaire pour bien travailler. »

5 CONSEILS POUR PRENDRE SOIN DE SA MEMOIRE

- **1. Prenez soin de votre sommeil**
- **2. Mangez équilibré**
- **3. Lorsque vous sollicitez beaucoup votre mémoire, faites des pauses**
- **4. Entraînez votre mémoire et stimulez votre cerveau au quotidien**
- **5. Évitez tout ce qui peut nuire à votre cerveau (café, alcool...)**

LES VRAIS ENNEMIS DE LA MÉMOIRE

- **Le stress à haute dose**
- Les **somnifères hypnotiques** qui altèrent le sommeil
- le **tabac et l'alcool**
- le **cannabis** qui affecte la mémoire à court terme

Pour mettre toutes les chances de votre côté pour les examens, il faut réviser intelligemment.

Tout d'abord, il est évident que plus vous travaillerez vos cours tout au long de l'année plus l'assimilation des informations sera progressive et de meilleure qualité.

Pour cela, vous devez **exercer votre « mémoire à long terme »**, c'est avec cette mémoire que vous retenez des informations comme les numéros de téléphone, des données répétitives qui s'emmagasinent au départ dans la mémoire dite à « court terme » et qui, à force de pratique, ont glissé dans votre mémoire à « long terme ».